INFLUENCED
成为网红

The Impact of Social Media on Our Perception

如何打造社交媒体影响力并脱颖而出

［美］布莱恩·鲍克瑟·瓦赫勒　著
（Brian Boxer Wachler）

高娟　译

中国出版集团
中译出版社

图书在版编目（CIP）数据

成为网红：如何打造社交媒体影响力并脱颖而出 /
（美）布莱恩·鲍克瑟·瓦赫勒著；高娟译. -- 北京：
中译出版社，2024.9
书名原文：Influenced：The Impact of Social
Media on Our Perception
ISBN 978-7-5001-7872-9

Ⅰ.①成… Ⅱ.①布…②高… Ⅲ.①网络营销—研究 Ⅳ.① F713.365.2

中国国家版本馆 CIP 数据核字（2024）第 095669 号

Copyright © 2022 by Brian Boxer Wachler
Published by agreement with Baror International, Inc., Armonk,
 New York, U.S.A. through The Grayhawk Agency Ltd.
Simplified Chinese translation copyright © 2024
by China Translation & Publishing House
ALL RIGHTS RESERVED
著作权合同登记号：图字 01-2023-5102 号

成为网红：如何打造社交媒体影响力并脱颖而出
CHENGWEI WANGHONG: RUHE DAZAO SHEJIAOMEITI YINGXIANGLI BING TUOYINGERCHU

著　　者：［美］布莱恩·鲍克瑟·瓦赫勒（Brian Boxer Wachler）
译　　者：高　娟
策划编辑：刘　钰
责任编辑：朱小兰
文字编辑：苏　畅　王希雅　朱　涵
营销编辑：任　格

出版发行：中译出版社
地　　址：北京市西城区新街口外大街 28 号 102 号楼 4 层
电　　话：（010）68002494（编辑部）
邮　　编：100088
电子邮箱：book@ctph.com.cn
网　　址：http://www.ctph.com.cn

印　　刷：中煤（北京）印务有限公司
经　　销：新华书店
规　　格：710 mm×1000 mm　1/16
印　　张：20.5
字　　数：250 千字
版　　次：2024 年 9 月第 1 版
印　　次：2024 年 9 月第 1 次

ISBN 978-7-5001-7872-9　　　　定价：79.00 元

版权所有　侵权必究
中　译　出　版　社

致我的双胞胎女儿，乔丹娜和米凯拉——或米凯拉和乔丹娜（我希望你们俩都没有觉得被轻视）。在新冠大流行期间，当我的工作和生活节奏被放缓时，如果不是你们建议我入驻TikTok平台，就不会有这本书。你们引导着我，让我在平台上通过发声、树立风格和假发造型找到自我。

本书也要献给汤姆·米勒教授，他是我在加州大学洛杉矶分校演讲和辩论队的教练，他教会我批判性思维的重要性，并培养了我在寻求真理的过程中进行权衡的能力。

题 记

影响力可能是人际技能的最高境界

我们过去接触它的次数越多,受到的影响越大。

——罗伯特·B. 西奥迪尼博士,

《影响力》一书的作者[1]

我不想影响任何人。

——金·卡戴珊[2]

推荐序

我既是一个在 TikTok[①]、Instagram[②] 和 YouTube[③] 上坐拥数百万粉丝的网红，也是一名已获得专业资格认证的整形外科医生。我初识布莱恩的方式真的令我别无选择。如果这句话能激起你的好奇心，那么你就能理解我被布莱恩吸引的原因。

在 TikTok 上有一个名为"医生兄弟链"（Bruhchain）的接龙视频被疯传。在这个接龙视频中，人们跟着一首歌的节奏摇头晃脑，然后转而面向镜头，模仿唱这首歌的口型，唱着"兄弟"（Bruh）。这是一种有趣的趋势，它是这样运作的：当有一个医生发了一个视频后，下一个排队的医生再发一个视频，以此类推，就像多米诺骨牌一样。我还记得那一天，当时我正在办公室忙着给病人看病，我的粉丝们开始@我，我成了下一个要发接龙视频的人。我的手机不停地响，因为

[①] TikTok 是抖音集团旗下的短视频社交平台，最初以"抖音"为名在中国市场崭露头角，随后于 2017 年下半年面向国际市场更名为"TikTok"。——译者注

[②] Instagram 简称 ins 或 IG，中文名为照片墙，是一款运行在移动端上的社交应用，以一种快速、美妙和有趣的方式将随时抓拍下的图片彼此分享。——译者注

[③] YouTube 是一个视频网站，早期公司位于美国加利福尼亚州，由美国华裔陈士骏等人创立，让用户下载、观看及分享影片或短片。——译者注

我当时正处在"击球手"的位置上，粉丝们反复提醒我，要求我"履行职责"。我当时纳闷"医生兄弟链"是怎么开始的呢？于是，我回过头去翻了翻视频序列，想找出发布第一个视频并@了所有在这个链中的医生是谁：答案是布莱恩。当然，我在参与录制这个系列视频时也很乐在其中。

　　从那时起，我见证了布莱恩在TikTok上迅速崛起的过程，很少有人在短短数月内达到他的程度。我目睹了他如何创造自己的风格，在该平台上判定与健康有关的视频的真伪，在Z世代①人群中，人们把布莱恩的做法称为"扣帽子"（cap）。当所有人都在视频中使用"cap"这个词和帽子的蓝色表情符号来指出虚假信息时，布莱恩将其提升到了一个新的高度。他买了一顶真正的宝蓝色帽子（与表情符号帽子的颜色相同），在帽子前面贴了一张白色的长方形纸，并用记号笔在帽子上写下：CAP。他以这种方式开始，并将其打造成他在社交媒体平台上的标志：布莱恩和那顶蓝色帽子！既有趣，又醒目，更重要的是，布莱恩用他的蓝色帽子来解决社交媒体上的一个泛滥的问题：如何鉴别虚假信息。

　　社交媒体应用程序在视频资源被准许进行广泛而迅速的传播之前，并没有设置一个"真相警察"对社交媒体上发布的内容的真实性进行审核。布莱恩全身心地投入医生的角色中，研究视频的话题，并以一言不发的力量作出回应：在视频的最后戴上他的蓝色帽子（表示某视频的内容是虚假信息）。久而久之，人们相信他是一个可靠的消息来源。现在观众迫切地观看他的视频，直到最后看到他的判定结

---

① Z世代是一个网络流行词，也称为"网生代""互联网世代""二次元世代""数媒土著"，通常是指1997年至2012年出生的这代人，他们一出生就与网络信息时代无缝对接，受数字信息技术、即时通信设备、智能手机产品等影响比较大。——译者注

果，就像人们焦急地围在土拨鼠洞旁，看看土拨鼠"菲尔"是否会出洞（这意味着春天即将到来）①。布莱恩深知社交媒体的力量，也知道他的视频资源可以使成千上万的人，甚至可能令数百万人决定买或不买某件商品，这些商品不会给人们的健康带来任何好处，甚至可能对身体造成损害。另外，如果他说某件事"not cap"，你就会相信视频展示的信息是真实的。

你可能能感觉到，布莱恩拥有罕见的好奇心、创造力、分析能力与职业道德、关怀、经验和对公共服务的奉献精神。这些都能解释为什么布莱恩是写《成为网红》这本书的最佳人选——这是一本关于社交媒体的最全面的且"毫无保留"的书。

你有没有发现自己总是在刷新页面，看了一个又一个视频，才突然意识到一两个小时已经过去了？你是否经常被"叮""嗡嗡"或振动提醒打断，去查看手机？你是一起床就浏览社交媒体，还是在你睡觉之前查看？如果你有一段时间没有查收信息，是否会感到焦虑？这些都不是巧合——这个结果是被设计出来的，正如本书所揭示的那样，这一结果是有意为之的。

社交媒体为我们提供了无穷无尽的信息和娱乐方式，它将我们与他人联系起来，是一个强大的创意表达渠道。然而，社交媒体也有其黑暗的一面。无论你是想知道你的孩子是否在健康地使用社交媒体的父母，想了解社交媒体如何影响我们的认知和大脑的研究人员，还是

---

① 每年2月2日都是北美地区的土拨鼠日，美国宾夕法尼亚州著名的土拨鼠"菲尔"（Punxsutawney Phil）会在当天黎明时分，如果它探出头后能看到自己的影子，这意味冬天还有6周才会结束。当日，数千民众通宵聚集，等待菲尔作出预测。北美传说认为土拨鼠可预测天气，若土拨鼠在2月2日看到自己的影子，就表示冬天尚有6周才结束；相反如果土拨鼠看不到自己影子，当年的春天便会提早来临。——译者注

渴望成为网红的人，这本书都能满足你的所有需要，它囊括了对许多网红的采访，他们在本书中首次分享他们或好或坏的经验。

这本书将围绕但不止于以下内容展开讨论：帮助你了解社交媒体如何影响我们的大脑感知和处理信息的方式；应用程序如何决定我们看到的信息；如何分辨一个网红的帖子是不是付费推广；网红对儿童和青少年的影响与成年人有哪些不同；如何辨别你是否沉迷于社交媒体以及如何应对；社交媒体如何积极或消极地影响我们的身心健康；我们是否可以在没有社交媒体影响的情况下做出独立的决定；羞辱对儿童和成人有哪些影响；如何将你打造成网红以及社交媒体的未来是什么样子的。

本书扣人心弦地揭示了社交媒体的积极一面及其弊端。在这本书中，有很多令人印象深刻的、漂亮的内幕消息是布莱恩从包括他自己在内的网络红人那里以及从其他渠道收集来的，这是其他人无法做到的，这本书中的内部见解在其他地方是无法找到的。读完本书，你将掌握丰富的社交媒体知识，以及如何成功管理生活的知识，社交媒体的氛围只会越来越浓，你会感到神清气爽，对改变自己的生活充满信心。

我之所以写这篇序言，是因为本书是一本我们都需要阅读的重要书籍。这本书对于每一个对这个话题感兴趣的人来说都是一个能改变游戏规则的著作。据我预测，它将在未来几年内被大家引用。本书是一本关于社交媒体的书，你将在它的陪伴下踏上你的人生之旅。就像布莱恩的视频带来的吸引力一样，在你读完之前，你将无法摆脱这本书，然后你还会想要再读一遍。这本书的影响力就是如此巨大。享受本书吧！

——托尼·尤恩，医学博士

前　言

一个网红的自白

> 我们嘲笑自己的未来。
>
> ——梅尔·布鲁克斯，喜剧专辑《2013 年的老人》[1]

我要坦白。实际上，我有三件事要坦白。

首先，我承认，在我开始这个项目的时候，我并不是一个成熟的网红。我在社交媒体平台上结交了很多朋友，关注了很多人，也收获了一定量的粉丝并被媒体大量曝光，但我与"真正的网红"还相差甚远。

其次，2021 年 9 月，当我有意尝试与 TikTok 上的人接触时，我都不知道自己在做什么。

最后，当我作为一个网红开始获得一些关注时，我的帖子迅速走红，在写这本书的时候，我不知不觉地陷入了许多我一直在研究的陷阱中。

既然我已经把自己的丑事都抖出来了，我就回顾并解释一下我成为一个网红的过程以及我是如何在一开始被纯粹的好奇心所影响的。

在 2021 年新冠大流行的封闭期间，和大多数医生一样，我的医疗工作急剧放缓，给我带来了很多令我不习惯的空闲时间。一天，我的双胞胎女儿们找到我，催促我说："爸爸，TikTok 上有一些非常好的医生，你应该成为其中一员。"

令我惊讶的是，我发现这个想法引起了我的兴趣。除了寻找一些可以填补我新的空闲时间的事情之外，我还提出了三个理由来测试我在 TikTok 上的影响力：这可能是消除 TikTok 上传播的错误信息的好方法（也有很多有用的信息）；我可以获得一个更全面的视角，作为这本书研究的一部分；而且正如我将在接下来的章节中详细解释的那样，我认为它有希望给我带来乐趣和愉悦的多巴胺。正如我们将在引言和第三章中详细讨论的那样，这是跟赌博、吃巧克力、吸毒等时发生的神经化学释放是一样的。同时，我也想证明我是女儿们的"酷爸爸"。

我戴上了科学家的帽子，以发起一项研究项目的坚韧和细致的态度开始了这项工作。我设定了在 TikTok 上拥有 1 000 名粉丝的目标并告诉我的女儿们，一旦我们成功了，我会给自己买一台新的平板电脑。我开始录制和发布不同类型的视频，并沉浸在 TikTok 的数据中。我分析了结果，确定哪些话题带来的点赞数除以视频点击量的比例更高，以及哪些话题被分享的次数最多。我创建了我自己的指标，我称之为"粉丝效率比"，即我的账户的视频点赞总数除以给定时间段内（例如，六小时或一天）的新粉数量。起初，需要超过 100 个视频点赞才能获得一个粉丝，这个比例是 100∶1。因此，我推断，如果我的频道在我所有的视频中总共收到一万个赞，我将获得一百个新粉丝。我对我的个人信息和简历措辞进行了微调和修改，以优化最佳比例，并最终达到 26∶1 的比例。因为根据我的计算，一万个赞会产生大约 384 个新粉丝，效率大幅提高。

我几乎每天都发布视频，并且无论是在粉丝给我评论时，还是当他们在其他视频中 @ 我的时候，我都会经常与我的粉丝交流。我在 TikTok 上尝试过的另一个功能是直播，在直播时我可以直接与粉丝互动。这个过程发展得如此迅速，占据了比我预想的更多的时间，我每天花 2~3 个小时创建内容并与我的粉丝互动。虽然很累，但我能感觉到多巴胺开始渗透进我的大脑，刺激我继续前进。

我经历了太多的挫折。TikTok 有一个频繁更换算法的坏习惯，这意味着在我破解一个代码后不久，TikTok 又把它们混合了。不用说，这些变化影响了我的视频效果。每次发生这种情况时，我都会进行测试、二次测试和分析，以找出问题所在。

有时，我会因为走错一步，意外违反 TikTok 平台的规则。我想在此提醒每个想成为 TikTok 网红的人：千万不要在 TikTok 直播上发布眼部手术的视频。如果你不听我的建议，欢迎来到 TikTok 炼狱。几个星期以来，我的视频被禁止在热门的"For You"页面上进行播放推广。我的点击量、点赞量和分享量直线下降，我的多巴胺水平也直线下降。我变得心烦意乱，出现戒断症状。我从零积攒的所有动力都化为乌有了。我的感受犹如遭受了当头一棒。

最终，我被解封，通道重新向我开放，我才重新燃起热情。然后，我就开启了一个突破，我第一个走红的视频诞生了。当你在 TikTok 中制作一个视频时，它与其他人先前的视频并排（或在上面或下面）时，这被称为接龙。我为一款可疑的护肤霜产品提出了建议。创造者们通过修图制造了一些假的残影（用 Z 世代在 TikTok 的行话来说就是"扣帽子"或者虚假的东西)。我用"医生对神奇血清有反应"这句话戏弄观众,然后是"这是什么?"。接下来是我的大爆料:"当然……这是得'扣帽子'(假)的。"

在我发布接龙视频 30 分钟后,我花了大约 30 分钟在 TikTok 直播上回答问题。我认为视频的进展顺利,但不知道如何将它转化为有形的指标。我好奇地查看了视频的状态。你瞧,它的点击量已经超过十万次了!我发布的视频已经进入热门视频的行列。

在开车回家的路上,我无法描述那种笼罩着我的兴高采烈的感觉。作为一名医学专家和外科医生,在我的整个职业生涯中,我获得了一些成就,但以前从未有过这样的感觉。多巴胺充斥着我的大脑,这让我感觉比一个咖啡上瘾者在黑暗中闯入星巴克咖啡店,偷走所有的咖啡豆,然后疯狂地一杯接一杯地喝下去还要兴奋。一路上,在多巴胺泛滥的阵痛中,伴着车窗空气轰轰的震鼓声,我扯着嗓子唱着帕特·贝纳塔尔 1982 年的热门歌曲《黑夜的阴影》。幸运的是,一路上没人打开窗户听见我的声音。

我相信你能猜到我接下来做了什么:我奖励了自己一台平板电脑。我还设定了一个新目标——让我的粉丝量突破 1 万。到那个时候,我会在周末带我的女儿去洛杉矶海岸附近的卡塔琳娜岛度假。

没过多久,我就实现了这个目标,然后,我们度过了一个短暂的假期。在岛上时,旅店的无线网络信号很弱,我感到很焦虑。如果没有顺畅的无线网络,我怎么发布视频、回复评论以及做 TikTok 直播呢?这怎么行!

果然,那个周末我的粉丝数量突破了十万。我正式成为一个网红!但我能感觉到我和我的双胞胎女儿们之间出现了一些紧张关系。我没有意识到 TikTok 已经成为我们大多数对话的主题,当然,是因为我总是提起它。

所以,如果我的孩子们开始反感 TikTok,因为它占据了我所有的注意力,而我却忽略了她们时,该怎么办呢?我还有更重要的事情要做!我把目光放在我的最终目标上:获得一百万粉丝。我在执行这项任务,我势不可当!多巴胺对粉丝的渴望折磨着我,使我就像赛车手一样猛踩油门。

我的女儿们的天真创造了一个 TikTok 版的科学怪人,我失去了控制。我被点击量、点赞量、分享量和粉丝数量包围,尤其是当我的人气开始超过许多家喻户晓的名人和知名网红时。

当我的女儿们试图和我谈论她们这一天的见闻的时候,我的情绪达到了崩溃的边缘。我忙于回复 TikTok 上的评论,没有注意到她们在说什么。我的妻子和女儿们都觉得,除了阻止我使用 TikTok,她们别无选择。

事与愿违。我觉得自己被背叛了,因为我认为女儿们的行为表明她们不再支持我。我以为她们因为失去了我的关注而产生了嫉妒和怨恨的情绪,当时我觉得这不公平。我反驳道:"说得好像你们从来没阻止过一样。"我拒绝与她们讨论 TikTok。

总有那么一刻,因果报应会找到上瘾的人(比如我)。当一个新的视频再次被指控违反平台规则时,报应就来了。

账号被封的感觉是痛苦的。TikTok 怎么能不再推广我的人气视频呢?我怎么能如此疏忽,没照顾好我网上的虚拟宝贝呢?

我被迫后退一步,经历了一种被称为"习得性无助"的心理状态。无论我怎么努力,我都无法让我发布的任何视频火起来。这一次,在与 TikTok 分离期间也就是重归现实之后,我顿悟了。我一直很内疚,因为我忽视了现实生活中的孩子,而去关注我在虚拟世界的宝贝。我意识到我是一个网红,也是受到影响的人,就像一个咒语一直在我的神经系统中穿行一样。我已经与家人严重分离,释放出来的内疚感令人震惊。我一本正经地走进卧室,关上门,哭了起来。

我不断地向家人道歉,恳求她们的原谅。谢天谢地,她们接受了我的道歉。人气视频恢复后,我成为一个完全不同的角度的网红——一个接地气的、健康的人。我必须平衡自己的多巴胺,始终把家人放在第一位。她们对我来说远比我数百万的粉丝更重要。

这就是我的忏悔——我是一个康复的"TikTok 成瘾者"。

成为网红可能让人上瘾并具有破坏性。我的经历是一个警示性的故事,但至少我可以说,在我的理智和家人都完好无损的情况下,我安全地到达了彼岸。

另一个令人宽慰的消息是,我并不是唯一一个陷入困境的人。你很快就会发现,在创作这本书的过程中,我采访过的几乎每一个网红都承认,在某种程度上,他们都经历过类似的阶段。他们的社交媒体令生活失控,有时就像冲出轨道的过山车。让我着迷的是,我所经历的似乎是一种常态,而不是例外。然而,至少到目前为止还没有一本针对网红、粉丝和用户的手册,告诉他们如何预防这种现象或者如何在问题失控之前解决问题。填补这个空白成为我撰写这本书的另一个原因。

诗人艾略特曾经写道:"人们在被影响时进行了无意识的选择。[2]"我相信他的逻辑是双向的——无论你是主动成为网红的,还是一个"被动网红"。浏览,点赞,评论,分享,发帖,直到你吃饱喝足,就像在拉斯维加斯吃了顿自助餐一样,你得睁大双眼,确保你付出的时间和精力是值得的,对你认为是真理的信息要有鉴别力并始终选择与你有血有肉的亲人在一起,而不是与屏幕上闪烁的人在一起。

这正是《成为网红》一书的意义所在。

目 录

001 —— 导 言

011 —— 第一章
沉迷于点击：什么是网红？

027 —— 第二章
从众如流：我们的认知商是如何被社交媒体的影响劫持的？

043 —— 第三章
大脑的欲望：智能手机比性更好吗？

061 —— 第四章
一再上钩：为什么年轻人如此容易受到网红的影响？

083 —— 第五章
一切都是假象：一些网红如何歪曲他们自己和事实？

103 —— 第六章
迫在眉睫的危险：在社交媒体的影响下，哪些严重的威胁是显而易见的？

123 — 第七章

网红带货：社交媒体网红与我们多年来喜爱的传统名人有何不同？

143 — 第八章

失魂落魄：我们是否因受到社交媒体的影响而注意力涣散、效率低下？

161 — 第九章

点击和偶像崇拜：网红的粉丝在什么情况下会沦为偶像崇拜？

177 — 第十章

成为网红：如何成为一个负责任、成功的网红并引领一种和谐的生活？

205 — 第十一章

与社交媒体共存：用户、网红、平台和企业如何和谐共存？

229 — 总结

社交媒体影响力的未来

241 — 后　记
245 — 致　谢
249 — 附录 A
271 — 附录 B
273 — 注　释
307 — 参考文献

导　言

我们都深受影响

在过去，当电视第一次大规模生产的时候，公众曾收到过度看电视会带来危险的警告。一些医学权威人士认为，屏幕发出的辐射会引发群体性脑癌。社会科学家提出假设，他们认为正在播出的电视节目会"让人变傻"，也会腐化孩子们的思想。专家们说，整整一代人都将变成没有思想的机器人。

这些预言从未成真，婴儿潮一代似乎安然地度过了电视革命，但是今天我们有一个全新的多爪鱼要对付——社交媒体。无论我们是否意识到，它的影响都是无处不在的，社交媒体对人类大脑和行为的潜在影响，无论利弊都是真实存在的，值得评估。

我们在社交媒体上读到的、看到的、听到的和体验的内容是否会对我们大脑的化学物质和我们的行为产生影响？Facebook[①] 新闻推送

[①] Facebook 又称为"脸谱网"，是一个社交网络服务平台，于2004年2月上线，现更名为 Meta。——译者注

中的某些类型的帖子是否会立即对我们的行为造成影响？你觉得没有？事实果真如此吗？我们来思考一下。在 Facebook 上开展的一项研究实验表明，你发的帖子的语气积极与否和你的朋友以及其他用户的发帖语气显著相关。他们发现，如果一个用户的帖子有积极的词汇，那么他的朋友发布类似词汇的可能性就会增加，而且这种效果会在第一次发帖后持续三天。相反，当你在帖子中使用负面词语时，你的朋友在发帖时也会倾向于采取相同的基调，这种效应也将持续三天。帖子中有情感倾向的词汇是具有传染性的，因为它们可以影响其他用户的情绪。[1]

请你思考一下：我在前面提到的这项研究只是 Facebook 上朋友圈中无意识地受到影响的一个缩影。当网红、媒体、广告商、政客和名人这些外部力量充斥在我们的社交媒体中时，我们的大脑和行为会发生哪些变化？他们如何操纵我们，为何要操纵我们？我们能做些什么来解决这个问题吗？如果社交媒体可以操纵成熟的成年人，那么它们对更沉迷于 TikTok 的青少年和儿童意味着什么呢？由于社交媒体看起来似乎存在自相矛盾的孤立效应，青少年患抑郁症和自杀的比率急剧上升。长时间使用智能手机会增加患高血压、肥胖症、低高密度脂蛋白胆固醇血症（高密度脂蛋白胆固醇则是"有益的胆固醇"）、糖尿病、压力调节能力受损、降低骨密度和引发视力疾病的风险。

我们每时每刻都在受到影响。在约 3.4 亿社交媒体用户中，近 70% 的人每天登录网站的目的只有一个：与网红互动或感知他们之间的联系。市场营销界对此的反应如何？《2021 年海外网红营销基准报告》对 5 000 家营销机构进行了调查，海外网红营销总额预计每年将达到近 140 亿美元。[2]

在当今世界，一个来自东京的少女（Coco）在 Instagram 上拥有

60万来自全球的粉丝[3]——相当于一家除了那些运营平台的人之外，几乎没有签订任何协议、受到权威的监控或进行信息流管理的严谨的银行。与此同时，总统选举也受到了推特和机器人的影响。由于这些以及许多其他原因，我们必须了解社交媒体的影响力及其网红的普遍性和影响力：我们如何受到它的影响，以及我们可以采取哪些措施来保护自己和后代。

神志不清

从某方面来说，这不是我们的错。我们很大程度上忽略了已经在进行中的心理进化。科学正在证明，我们对社交媒体世界及其网红的依赖，对我们的大脑如何运作，对我们如何思考、感受和感知周围的一切，甚至对我们如何对刺激做出反应，都产生了明显的影响。

多巴胺是我们大脑中与刺激我们的快乐中枢有关的神经递质，它可以在每条推特、Instagram 照片、TikTok 视频和 Facebook 分享时被释放出来。根据哈佛大学研究人员的研究，社交媒体及其网红产生的多巴胺及其对我们大脑的影响，可以像毒品和赌博一样强，也同样容易让人上瘾。[4]

人类天生就会释放多巴胺。不管怎样，我们通常会寻求阻力最小的途径来获得多巴胺。当我们没有从一个来源获得足够的多巴胺时，我们就会从更容易获得的替代品中寻找它来满足我们的多巴胺行为平衡（DBB），这是我创造的术语。我将其定义为多巴胺刺激平衡，表现为个体为寻求释放多巴胺及其愉悦效果而进行的活动。多巴胺行为平衡可能过高（例如，药物成瘾）或过低（例如抑郁症）。

有人可能会认为，"点赞"只不过是在设备上的瞬间点击。随着儿童和青少年利用社交媒体，这可不仅仅是点赞那么简单，我们将在第三章中介绍在这个过程中大脑的变化。

在一项研究中，研究者使用功能性磁共振成像（fMRI）评估青少年在观看各种 Instagram 上的照片时的反应。相比于点赞数较少的照片，他们更倾向于在点赞数较多的照片上点赞。在功能性磁共振成像上，点击"喜欢"的人在连接楔前叶和小脑的视觉皮层中活动活跃。当观看"危险"图像时，功能性磁共振成像显示了不同的大脑分区被激活：左前叶皮层、中央前回、额中回和额下回。[5] 以上以及其他的研究都证明总体灰色地带容量与社交媒体使用量具有相关性。

虽然有些人可能会认为这些发现微不足道，但科学表明并非如此。"赞"和其他表示声望的符号会提升个人的自我价值感，增强对更多多巴胺的渴望，迫使用户渴望获得更多。相反，当孩子面临相同情景时，网络欺凌的负面社会评论会降低他们的自尊，导致他们脱离社会，产生孤独和抑郁的倾向。每次嗡嗡声、叮叮声、警示声都会让我们兴奋起来，期待着网络给予我们的反应，往往会令我们与现实中周围的人形成隔离。当我们听到回复提示音，冲向电子设备时，我们正焦急地寻求其他人的认可，这些人通常是我们几乎不认识或根本不认识的人。我们是不是变得像巴甫洛夫的狗一样，把食物和某种声音联系在一起后会流口水？

我记得我在加州大学洛杉矶分校读书时，用小白鼠做过一个实验。我将一个电极插入老鼠大脑的快乐中枢，当小白鼠用爪子敲击连接杆时，一股温和的电流刺激了它们的大脑。一旦它们学会该怎么做，它们就不停地按连接杆。小白鼠们非常专注于这项活动，它们从不停下来吃东西或喝水。如果我没有切断电流，老鼠将不可避免地死于脱水和营养不良。

导　言

我们一坐就是几个小时，当我们伸长脖子盯着电子设备（现在被称为"短信脖"，这是一种真实的情况），焦急地查看下一条推特、Facebook 帖子、Instagram 照片和 TikTok 视频中的网红，或者不断检查我们自己的社交媒体帖子的成功时，问题来了：社交媒体是不是把我们都变成了对多巴胺上瘾的小白鼠？

你的认知商和影响力

在我之前写的书《认知商》（Perceptual Intelligence）中，我探索了大脑如何帮助人们看到过去的假象、错觉和自我欺骗。认知商（PI）是我们大脑区分现实和幻想的方式。高认知商既包括批判性思维，也包括感知或直觉。根据具体情况，这两种方法都是必需的，无论是辨别烤奶酪三明治上烧焦的脸的轮廓是不是圣母玛利亚（低认知商），还是强大的直觉说服你不要登上一架可能会坠毁的飞机——你没登机飞机也会坠毁（高认知商）。

我们很容易本能地对网红的影响视而不见。当谈到在社交媒体中区分事实和谎言时，我们需要增强批判性思维，帮助我们在网红的醉人效应中保持清醒，将根深蒂固的真实性与之联系在一起。不安全感几乎可以让我们相信任何看似能为我们感知到的问题提供解决方案的东西，这种情况我已经屡见不鲜了。例如，人们想要在短短七天内打造出轮廓分明的下颌线的愿望非常强烈，以至于人们会采用 TikTok 视频推荐的未经证实的方式（用手指神奇地摩擦掉脂肪层）或进行有潜在危害的口腔锻炼（反复咬硬橡胶球，可能会损伤颞下颌关节）。

你磨炼过的基于批判性思维的认知商告诉你：不要视而不见，好好想一想。

我帮助过许多我在 TikTok 和 Instagram 的粉丝，我让他们认识到，你不必做一个点头附和的人，也不必相信你在社交媒体上看到的一切。他们不断地在各种各样的视频上 @ 我，想验证这些视频中的信息是否属实。我会研究这个话题，并经常回复一个评论或视频，指出它是 cap（假的）或者 not cap（真的）。随着时间的推移，我已经成为 TikTok 和 Instagram 平台上负责辨别视频中的健康信息是否属实的人之一。这个职位的价值不容小觑，因为任何人都可以制作一个视频，几乎任何事情都可以像病毒一样传播，鼓励人们相信或做一些非常奇怪的事情，我将在本书讨论这些情况。

当我们从网红那里接收和处理信息、建议、报告和推荐时，我们有必要把我们的直觉放一边，因为直觉对我们的创造力是无价的，有时对我们的生存也是无价的。如果不能打开我们头脑中的批判性思维开关，就会导致我们从表面上接受错误信息，并做出违背我们最大利益的反应。例如，购买我们不需要的东西，模仿有害的行为，或尝试一种没有产生预期效果的虚假健康趋势。

与此同时，批判性思维和高认知商还可以从社交媒体网红那里识别出有益的、可靠的、无价的信息，这些信息即使不能改变生活，也会带来有益的后果。如果你想不再脱发，你可以明智地选择遵循一个流行的疯传视频的建议，该视频建议在头皮上喷洒迷迭香水。既然我们讨论的是毛囊的话题，另一个关于在脸上使用米诺地尔刺激胡须的疯传视频得到了医学研究的支持。[6]

我知道你可能在想：我怎么知道我该相信什么，不该相信什么呢？读下去吧，我的朋友，但请认识到，我们的大脑并没有经过训练从而每次都能识别出一个网红的建议是不是一个巧妙的营销宣传，无论他们在推销什么，无论这些建议是真实的还是虚假的。或者，可能只是为了获得更多的粉丝——这是网红和想要成为网红的人的一种重要营销手段。作为社交媒体的粉丝，我们的潜意识已经被设定为积极支持与网红的联系。我们毫不掩饰地信任网红，他们用被证明的真实性赢得了我们的信任，帮助我们建立了虚假的关系。我们的认知商被劫持的时机已经成熟，可能会做出令自己后悔的决定。

敬请期待：我们将在第二章"从众如流"部分更深入地讨论这个话题。

一切都在思想中

我的目标并不是诽谤那些网红。我非常尊重那些为平台提供有价值的服务（无论是辨别真伪、指导、娱乐，还是两者的结合）和在各自的平台上保持真实的自我的人。事实上，在写这本书时，我并不是完全依靠自己的研究和观察，我亲自采访了许多受人尊敬的女性和男性网红，他们的年龄、背景、兴趣和专业知识各不相同，这些人在致谢中都有列出。他们都有一个共同点，那就是他们都在社交媒体上取得了突破性的成功，拥有数百万的粉丝。

我也很清楚，许多人作为网红或依赖网红营销来销售他们的产品或服务谋生。如果你认为评判是我的意图，请你思考一下这个问题：作为一名网红，我为什么要恩将仇报呢？

我写这本书的真正目的是探索每次浏览时我们的思想和行为是怎样的。无论是点赞、关注网红，发布或再分享一个视频或一篇文章，发布或转发一张照片，还是举报社交媒体辱骂、上传视频或照片、经历社交媒体辱骂、写一篇评论或者只是浏览一些打发时间的内容时。

我还试图挑战我们对社交媒体影响力的看法，即什么是危险的，什么不是危险的。目前，由于这一课题还很新，我们尚不清楚在25年或更长时间内长期接触社交媒体会对我们的大脑和行为产生什么影响。然而，我们的短期数据确实令人惊讶，有时甚至令人震惊。虽然我没有塔罗牌，我将在结论部分分享我对未来的看法。

以下就是我将要解决的一些问题：

如果没有社交媒体的影响，我们的情绪和反应是否会变得不独立？

我们是否会忘记口头上一对一和一对多沟通的基本准则？

手段是否能决定认知？

一个真正的网红应该具备哪些特质？

内容创作型和生活指导型网红有什么区别？

网红是如何渗透我们的心理并通过他们的平台赚钱的？

当我们受到网红在社交媒体上发布的内容的影响时，我们的大脑和行为会发生哪些变化？

社交媒体如何影响儿童、青少年与成年人？

影响力如果没有直接影响我们的个人偏好和决策，那么它是如何造成影响的？

人们何时应该担心自己是否过于依赖或沉迷于社交媒体的影响力？

社交媒体羞辱对孩子和成年人有哪些隐性影响？

社交媒体的影响在多大程度上影响了我们的身心健康——是好还是坏？

我们如何确定何时向网红支付费用以显示对产品或服务的支持？

我们如何知道我们是否有足够高的认知商来区分哪些是假的，哪些是事实？

我们如何区分网红、骗子和伤害他人的人？

社交媒体在未来将如何发展？

在我看来，社交媒体影响力最美妙的事情之一是几乎每个人都有机会脱颖而出。一个疯传的视频可以把路过的沃尔特·米蒂变成一个沃尔特好男孩——后者是一只在 Instagram 上拥有超过十万粉丝的法国斗牛犬。[7] 尽管社交媒体有其缺点，但对于具有天赋、专业知识、创造力、观点或外表的人来说，也有无数机会成为轰动人物。与众不同可能等同于独特性和独创性，这是值得庆祝的事情，因为在这种情况下，名声会带来即时的接受度，否则这个人的生活可能就会寂寂无闻。通常这并没有什么错。

当我们一起踏上这段旅程时，请记住畅销书作家丹·斯瓦贝尔的一句话："让你变得怪异的东西，使你独特，从而让你脱颖而出。"[8]

让我们高兴地为这段感悟点赞，并把它分享给别人。

第 一 章

沉迷于点击：
什么是网红？

> 我想感知和理解事物的隐藏力量和规律，以便将其掌握在我的手中。
>
> ——萨尔瓦多·达利，艺术家[1]

你听说过这个词，毕竟，你正在读这本书。但是，究竟什么是网红？我是这样定义它的：网红是在一个网络社群中，通过制作内容、发布言论和提出建议，跟粉丝们讨论互动，以激发受众的情绪反应和行为追捧的人。

社交媒体有能力用一篇点击率、点赞率、评论率和分享率极高的帖子来带火一个崭露头角的网红吗？是的。是否需要一定的年龄、天赋或专业知识？不需要。有一定的文字功底是一个必要条件吗？通常情况下不是。任何拥有智能手机的人都可以在合适的时间利用合适的帖子赢得人气。这意味着什么？任何人都可以在没有任何资历认证的情况下成名（或开启成名之旅）。

就影响力这个词的本质而言，一个网红支配着巨大的权力，成为思想和行为的号召者,除了"点赞"和"点踩"的评论的数量,以及平台规则之外,基本上不会受到任何制衡。一个网红可以引导别人认为某个产品或服务是垃圾或是值得购买的,某个视频或照片很酷,某个虚假的健康潮流是可信的,某个新闻故事是真实的(或虚假的),某个政治家是值得你投票的,等等。

有两种不同类型的网红。

1. 内容创造者:博客博主、视频博主、专家,甚至是动物、无生命体、婴儿、幼儿和表情包。
2. 生活博主:有特殊才能的人、企业家、模特、演员、名流、运动员和政治家。

我们在电视节目或电影中看到的受欢迎的演员不一定是网红,即使他们已经积累了大量的社交媒体粉丝。你可以把网红看作数字优先的名流或者网络名人。一个典型的例子是化妆师詹姆斯·查尔斯,他在社交媒体领域的"重大突破"是像肥皂剧一样跟网红塔蒂·韦斯特布鲁克在 YouTube 上当着数千万人的面,上演了一场爆炸性的争执[2]。毫无疑问,查尔斯和韦斯特布鲁克的粉丝人数都超过了许多主流一线明星。

网红和传统明星之间有一个显著区别:真实性。网红被他们的粉丝认为是诚实可信的内容创造者,而传统的明星往往是因扮演角色而成名的演员。

第一章 沉迷于点击：什么是网红？

为什么人们想成为网红？

真相是有些人一开始就想创造一个能够赚钱的网红平台。他们听到了一些令人瞠目的故事，关于网红狗狗和网红儿童，他们通过付费帖子和广告赚得盆满钵满。（"如果他们能做到，为什么我不能？看起来很简单！"）在某些情况下，这些平台会提供所谓的"创作者基金"作为经济激励，以确保受欢迎的网红对他们保持忠诚，并继续发帖。根据特定的标准，需要获得批准才能拥有该基金的资格，这通常包括最低粉丝数量（例如1万）和页面访问量（例如10万）。除非你是卡戴珊、查理·达阿梅里奥、艾迪森·雷或ACE家族级别的人，否则这笔钱加起来通常不会很多，但它确实为这些网红提供了一种赞赏和感谢的象征。一些全职网红的收入完全足以养活自己。对于这些平台来说，这是有风险的，因为网红是"随意发帖者"，这意味着他们通常不会签署任何形式的阻止在其他社交媒体平台上从事同样的活动的竞业禁止协议，但是他们通常会这样做。

奥利奥网红的失败

网红可以通过在帖子中推荐产品或服务获得报酬。然而，如果网红没有公开他们为此获得了营销或广告费用，就可能会遭到强烈反对。

2014年就发生过这样的事件，当时英国Youtube博主丹·豪厄尔和菲尔·莱斯特举办了一场"奥利奥舔食比赛"，其他一些顶级网红也参与其中。这一切听起来都很有趣，但两

> 人没有透露他们与奥利奥的母公司蒙德莱兹达成了协议，并因举办比赛获得了报酬。英国广播公司的一名记者向英国广告标准管理局报告了这一情况，该视频被禁播，导致了各方的羞愧和尴尬。这就是为什么当网红不再真实的时候，名誉就会像饼干一样碎掉。

只是因为金钱，还是有其他原因？

有很多原因，但我将从我自己开始作为案例研究——我在前言中已经探讨过了。当我找到自己的最佳状态，分析我的指标，阅读和回复评论时，我的大脑就分泌出大量多巴胺。是的，网红确实会阅读他们帖子下的评论——通常内心是极度兴奋的。无论我们有没有时间或意愿去解决每一个问题，但看到这样的关注，我们确实会感到兴奋。相反，零评论会让人泄气，负面评论会导致极端的情绪，比如愤怒和怨恨。对于一个网红来说，忽视侮辱性和攻击性的评论通常需要很大的勇气。丹娜·布莱姆斯是洛杉矶的一名足病医生兼网红，她向我指出，有些人没有意识到网红也是"真人"，这就是为什么他们在那一刻可以随心所欲地写出任何自己感兴趣的东西。"人们没想到，网红也会看他们的评论。"

正如我在前言中提到的，我为了达到各种人气目标而头脑发热，沉迷于多巴胺，以至于忽视了我自己的家庭。在很短的一段时间里，不可否认，我是一个"不负责任的数码爸爸"。对于我和其他许多网红来说，社交媒体与盈利没有任何关系。我们使用社交媒体是因为它能平衡我们的多巴胺，在本书接下来的论述中，我将更详细地介绍多

第一章 沉迷于点击：什么是网红？

巴胺平衡。就我个人而言，我很少接受任何广告费，尽管我经常收到广告费。我只为那些产品合法、可以帮助人们或者我个人尝试过的品牌发帖。

在我看来，一个网红所感受到的紧迫感就好像一个扑克玩家，他赢了一波又一波，不断增加赌注，也冒着越来越大的风险。当然，赌徒们都想要大捞一笔，但真正促使他们继续赌博的是什么？即使在某个时刻，他们可能应该停下，但他们不能，因为多巴胺给人带来的感觉太棒了，让赌徒相信他们不会输。

多巴胺的刺激肯定不是我唯一的动力。我在社交媒体上（TikTok是我最大的平台）的根本目的是调查作为"事实"流传的流行和奇怪的健康信息。如果你还不熟悉，TikTok是由一家名为字节跳动的公司开发的基于中国的应用程序，在中国它被称为抖音。[3] 该应用程序允许用户创建可用于教育、教学或娱乐的简短视频。在我的账户中，我创建视频，通常是与别人先前存在的视频接龙，以此来证明或反驳一个观点（被称为cap，这是一种礼貌的叫法）。无论主题是通过喝咖啡和吃柠檬来减肥，还是在脸上涂牙膏来祛痘（顺便说一句，所有这些都是假的），我的目标都是以医学角度将虚假的信息剔除。直接深入研究医学来源，将氧化锆从钻石中分离出来。社交媒体中存在相当多的虚假信息，我觉得我好像在以自己的方式提供某种公共服务，把这些疯传的谬论扼杀在摇篮里，同时也证实有效的信息。

网红克里斯滕·梅耶斯是一名来自新泽西州的医科学生，她的动机与此类似："揭穿某些人们认为是真的但实际是假的的事情——为所有人创造空间，让他们谈论可能发生在他们身上的事情，或者他们想知道的关于自己和身体的事情。"她的目标是维持她所谓的"安全"教学空间，在这里她可以"传播知识，每天继续教育人们，帮助他们学习新东西"。

网红医学博士汤米·马丁在阿肯色医学科学大学（University of Arkansas for Medical Sciences）专门从事内科和儿科研究，他雄辩地阐述了自己的目标，这一目标可以被印在每一所医学院的墙上："在传播爱和积极的同时，教育、激励和启发尽可能多的人。"

马丁博士让我注意到成为网红的另一个可能的动机因素：慈善和博爱。当阿肯色州儿童医院（Arkansas Children's Hospital）的儿童血液学肿瘤项目最大的筹款活动因新冠大流行而取消时，他利用社交媒体在短短两周内筹集了超过1.6万美元。

抛开这些高尚的意图不谈，儿童和成人都被吸引成为网红的另一个潜在原因是寻求名声。尤其是对于儿童和青少年来说，成为一个网红可能会弥补他们在学校的社交的不适感和冷遇。如果15岁的女孩或男孩能从一个帖子上吸引10万人的注意力，就可以增强他们的自尊心，在同龄人中赢得一些尊严和"街头信誉"。作为网红，他们的成功可能意味着他们可以在学校走廊里昂首阔步。在当地学校出名是一回事，在"TikTok出名"则完全是另一个档次。对于一个孩子或青少年来说，成为受欢迎的人而不必冒险亲自出现在某个地方，做一些值得注意的事情（比如在聚会、课外活动上，或者在体育运动中），并且可能会被校霸羞辱，但这种想法看起来非常诱人（尽管网络欺凌是真实存在的），就像从一个"无名小卒"变成一个"有名人士"一样。

对于成年人来说，社交媒体也可以通过各种各样的方式给他们想要的成名机会。也许有些人从未放弃成名的渴望，这可能源于儿时从未实现的梦想。也许有些想成为演员、音乐家、歌手或舞蹈演员的人从未取得过重大突破，不得不走上朝九晚五的职业道路。社交媒体可能是一个让人自由发挥创造力的地方。它可能只是想在聚光灯下晒太阳——无论是比喻还是字面上的意思。

成为一个网红会让你觉得自己的观众就潜伏在某个地方。虽然你不会收到传统意义上的掌声或进行谢幕，但是看到点击量和点赞量的激增，阅读所有热情洋溢的评论，还是会感到兴奋。网红有一个优点，那就是他们不必在观众面前的舞台上进行"现场表演"，这可能会让人感到恐惧。（大约 75% 的人对公共演讲的恐惧排在第一位，高于对死亡的恐惧。）[4] 他们可以在闲暇的时候发帖，从实时互动和结果中获益，不必承受现场表演的压力，也不必担心出错或忘词。对于所有拙劣的视频拍摄，总有一个最终能达到"刚刚好"（或足够接近于好）的标准。

有些人之所以成为网红，背后的另一个动机是他们享受给一大群人带来快乐的感觉。娜塔莉·阿奎拉是 TikTok 和 Instagram 上的一名网红模特，她分享了自己家人的有趣视频。[5] 在一系列特别有趣的视频中，娜塔莉的母亲因为生父亲的气而购买了一艘皮划艇。当她的父亲看到这个全新的皮划艇，并且注意到他的妻子没有买用来划船的桨时，笑点就出现了。

这些来自普通家庭的有趣的生活片段，以一种未经编排的方式与人们产生共鸣，它为那些对电视真人秀明星的做作行为不感兴趣的人提供娱乐。正如娜塔莉向我描述的那样："我喜欢分享家人的有趣时刻。"

娜塔莉的视频也让我们看到了温馨的家庭生活，而一些观众由于自己的个人情况是无法体验到这种感觉的。结果是观众感到振奋，他们的情感空白被填满了，因为他们被欢迎进入亲密的家庭场景。娜塔莉向我解释说："我的很多粉丝告诉我，他们的父母已经不在一起了，或者他们和父母关系不亲密。看到我的视频和我家人的动态让他们很开心。"

也有一些网红，他们真的渴望有一天能在电视和电影摄像机前工作。他们的梦想是从一种媒介跳跃到另一种媒介。我为写作这本书采访的一位人才经理在 YouTube（至少有 100 万粉丝）和 Instagram（至少有 50 万粉丝）等平台上招募人才，让他们成为电视名人（或作家）。目前，他倾向于避免与 TikTok 的网红合作，因为"总的来说，我不认为这些才能能转化为电视节目——至少我没有看到几个能转化为电视节目的人"。

创造数字

达到什么样的数字才能称得上是一个成熟的网红呢？某人因一个视频走红并不意味着他就能成为网红。这有点像音乐中的"一鸣惊人"，比如德西的午夜跑步者在 20 世纪 80 年代的热门歌曲《加油艾琳》（Come On Eileen）。"一朵玫瑰不能成就一束鲜花"，就像一个疯传的视频不能成就一个网红一样。

网红的标准之道是让社交媒体粉丝、朋友或订阅者突破 100 万大关。然而，一个人达到 10 万就可能被认为是一个成熟的网红，这足以吸引注意力，并潜在地吸引广告收入。在排名的底端，拥有 1 万粉丝的人可能被称为微网红。

这些群体中的每个人的关键是有一群活跃的粉丝作为基础。像德雷克、爱莉安娜·格兰德、披头士、迈克尔·杰克逊或麦当娜一样，这种成功是持续不断的，在一段时间内一支接一支地推出热门单曲。一个真正的网红的衡量指标（即评估点击量、点赞量、评论和分享数

第一章 沉迷于点击：什么是网红？

量的算法）具有可被证明的强大实力。

有时候，一个不为人知的小众话题可能会在眨眼间迅速吸引大量的、热情的粉丝。想想穆尼布·沙阿博士，他是一个白手起家的网红。仅仅一年后，他就在各个平台上积累了数百万名粉丝。沙阿博士和我分享了一个有趣的观察："在社交媒体上，你可以住在任何地方，发布一个视频，然后找到一个与你有相似兴趣、文化、背景和理想的人组成的社群。例如，如果你真的很喜欢滑冰，有些人可能会认为你很奇怪，但那只是你周围的人，但是你在网上就可以找到一大群有类似兴趣或癖好的人。"

然而，确定重点和创建社群只是战斗的一半。网红永远不会冒着失去粉丝和排名的风险，放松自己的脚步。出于同样的原因，在帖子被疯传之后，十几个被遗忘的无用帖子也会导致网红的影响力开始下降。甚至发帖的频率过低也会降低网红的地位，因为发帖的一致性是关键。发帖时间没有硬性规定，每个平台都不一样：YouTube 大约一周；Instagram 大概每周两次；TikTok 基本上每天都有，或者每周至少三次，但有时一天就发了不止一次。

可以说，应付这么多的产出要做很多工作。然而，对于粉丝或偶然的观察者来说，成为一个网红似乎不费吹灰之力。多伦多的斯宾塞·巴博萨告诉我，她的朋友们无法理解她为自己的帖子付出了多少努力。他们会这样对她说："'你说你工作很努力是什么意思？你整天都在拍视频。那可不算一个职业。'或者人们会说我没在工作。我明明工作得很努力，但没人看到。"

我也收到过这种反馈。有些人认为成为网红很容易——只要轻按手机上的"录音"，然后开始说话就行了。当我说人们看不到的幕后发生了很多事情时，我并不是在寻求同情。对于我和许多其他网红来说，我们的每一篇帖子都花了大量的精力做准备：我的时间可能包括回顾我的粉丝提出的与医疗相关的问题，浏览相关研究，准备、录制和剪辑真实的视频。

人们问我的员工："谁在帮助布莱恩博士使用社交媒体？"

他们回答说："没有，都是他的功劳。"

通常这时，大家都惊呆了。

为了保持这些数字不断上升，我给自己施加了很大的压力，以确保我的内容始终是新鲜的或与新鲜事物相关的；它得包含一个原始角度；它必须具有广泛的吸引力，拥有强大的粉丝比例。这些都是事实，在理想情况下，这些被我发出的帖子将经受得住时间的考验。优秀的网红都知道，当人们回复类似"哇，我以前可不知道！"和"谢谢你，非常有帮助！"之类的帖子时，你已经击中了靶心。或者，如果这是一篇有趣的帖子，评论区会变成一片黄色的大笑表情包的海洋，一直延伸到评论区的底部。我还试过把帖子分成两个部分（例如，"身体技巧第一部分""身体技巧第二部分"），让帖子变得"更有黏性"。

当主题视频做得足够好时，它就可以启发未来的一系列视频。我的一个系列包括我戴着长长的金色假发（现在不要太兴奋），扮演一个令人讨厌的父母。然后我换了另一顶假发，变成了父母的女儿或儿子。

这个系列源于我录制的第一个走红视频，一个母亲责骂她的儿子："摸黑打电话会毁了你的眼睛！"

他反驳说："妈妈，TikTok 上的布莱恩医生说那是一个误区。"

"如果是在 TikTok 上发的，那就不是真的！"她咆哮着说，然后她的脸就像在幻想自己的爱人一样亮了起来，接着说，"但如果是在

第一章 沉迷于点击：什么是网红？

Facebook 上……"

当一个疯传的帖子获得主流媒体关注时，比如在主要的电视、互联网或广播网络上，这个数字就有可能成倍增长。我发的名为"头发生长秘诀"的帖子证实在头皮上喷米水是一种有效的治疗方法，可以让头发长得又长又厚（只对人来说有效，不要在马身上尝试），这个帖子被雅虎财经选上了。我的另一篇文章"长高小贴士"在 ladbible 网站上被推荐。这种曝光对网红积累影响力和整体受欢迎程度有积极影响。

网红支持团

一些成功的网红，比如名人，他们的幕后有助理、化妆师、经纪人、经理、公关人员、技术专家和律师在工作。

许多网红的拥护者都不知道，看似真实的展示可能是高度策划和有组织地植入产品或服务的产物。这些信息源上的产品列表由广告商付费购买，通常是全国性的大公司。照片和视频可能会被篡改。帖子可能是由助理、公关人员，甚至是专业写手编纂的，网红实际上并没有贡献过任何实质性的言论。然而，不管哪一方是内容的实际创造者，一旦这些看起来很自然的帖子出现在网红的动态中，它就带有名人的官方认证标记，帖子的内容将供粉丝接收和处理。

一个集体社群

当然，网红效应的影响不仅存在于网红与其粉丝之间。无论网红是在与五亿还是五百万人交流和互动，回应小组都可以成为一个群体，发展一种独特的心理和个性。这群粉丝和追随者接受了一项使命，无论好坏，他们都有能力将网红的信息传播得更广。从本质上讲，这个群体就是当代版本的角马群（我们将在第二章中详细介绍）——有时候他们会盲目地接受并传递来自网红和他们同伴的肯定性暗示，即使这可能意味着成为掠食者狮子、老虎和猎豹的主菜。

例如，2014年高露洁推出了木炭牙刷。品牌方没有从传统广告开始营销，而是向200名社交媒体上的网红支付了费用，这些人总共拥有2 400万粉丝。[6]这些网红把高露洁牙刷写进了他们的帖子里。使用#What The Black（"什么是黑色"）标签，这些帖子看起来很自然，一点也不像广告。这次活动非常有效，一开始就引起了轰动。

什么是网红营销？

网红营销已经成为各种公司的合法业务。这是一种社交媒体营销，包括从网红那里获得代言或带货的助推。许多此类活动都得到了资助，希望通过利用网红的影响力和他们从粉丝那里赢得的信任来提高销售额。

社交媒体专家杰森·法尔斯在其著作《赢得影响力：重塑网红营销以点燃你的品牌》中对这个概念进行了一些调整，以引起人们对网红（influencer）一词的"影响力"部分的关注，去掉了结尾的"r"，从而将重点放在影响某人的行动上，而不是放在组织上。与其说"嘿，我们的营销预算有100万美元，就靠金·卡戴珊的推特吧！"，不如利用影响力实现预期目标并为客户提供真正感知价值。[7]

一些营销咨询公司已经改变策略，将网红营销纳入其中，而其他公司则将其作为自己的唯一领域。企业正在不断寻找一种理想的特洛伊木马,它可以打破所有社交媒体的噪声,并为其产品和服务迎来全国或全球的关注。他们会为有影响力的营销公司和内容创作者团队掏钱,这些公司和团队可以成功地提高品牌知名度,增加网站流量,并提高销售额。有效和无效背后的知识和见解在不断变化,所以网红营销人员需要密切关注指标和即将到来的趋势。现在,品牌可以绕过网红营销公司,直接接触网红变得更加容易。例如,TikTok 提供了"创作者市场",在这个市场中,经批准的网红和公司可以直接联系。在 Instagram 上,品牌可以直接向网红进行推销。

现在你已经了解了网红是什么,他们会做什么了,是时候开始调查屏幕另一边的人是怎么看的了。当你在浏览社交媒体网站时,你看到了什么,你又相信了什么?

第二章

从众如流：我们的认知商是如何被社交媒体的影响劫持的？

无知比知识更容易产生自信。

——查尔斯·达尔文,《人类的由来》(1871)前言[1]

不管你是否意识到,在你生命的某个时刻,你已经"从众如流"了——也就是说,你已经跟随了大多数人的想法,而不是基于你自己的思维过程。这可能是美好的,也可能是糟糕的,取决于具体情况。例如,如果你在电影院,有人尖叫着:"着火了!"人们从座位上冲出来,奔向紧急出口,你可能会扔下你的爆米花,加入他们,对吧!在这种情况下,从众是一个常识,没有太多风险,除了错过电影和失去你的爆米花。你的生存本能和批判性思维会告诉你,嘿,牺牲是值得的——我宁愿活着也不愿和爆米花一起被烧焦。

罗伯特·B.西奥迪尼在他的启示性著作《影响力》中介绍了"群体"在广告中的崇拜效应。[2] 如果让你在一家客满的中餐馆和对面一家空无一人的中餐馆之间选择,你会选哪一家?当然是客满的那个。

从众心理也体现在网红的帖子上:你越容易吸收信息,这些信息越可能会导致你改变对某个话题的看法，甚至可能会动摇你的购买意愿，反之亦然。如果一个网红诋毁某人或某个产品，他／她的粉丝们就会开始交流，破坏某人的声誉或公司的销售额，从众心理随之产生。后者的一个突出例子是：珀洛东在2019年的运动器材广告中遭到了社交媒体群体的抨击，他们认为该公司的广告有"性别歧视"和"反乌托邦"的嫌疑。[3] 这样的标签可能是主观的，反映了社会规范的移动目标，但是，当涉及社会媒体的反应，顶级网红可以驱使群体把嫌疑当作事实，然后传播出去。

就从众心理而言，一个人的认知商的高低取决于环境。并不是说任何人都够聪明。相反，这意味着一个人要拥有选择何时应该跟随一大群人的行动，而不是独自行动的能力，这表明这个人有很强的批判性思维（高 PI）。那些盲目地跟随大多数人的人，既不处理事情，也不解释现有的事实，他们相信自己的直觉。或许，他们可能受过良好教育，也还算聪明，但在那个时候，似乎他们在决策方面的表现显示出他们的批判性思维较弱（低 PI）。

同样的原则也适用于在社交媒体上的影响力。有时从众如流可能是有益的，而在其他情况下，这样做可能对自己和他人有害。让我们先来看看后者。

跟着魔笛手

一个在特定主题领域有真正权威的网红可能值得被他们的粉丝关注。运用你的批判性思维来判断网红的假设是否可信，他们的建议是否值得效仿，以及是否存在偏见（比如需要付费的、有赞助的帖子）。对网红发出的帖子的好评、点赞和评论的数量有时能代表推荐的有效性,也不总是这样。后者的潜在危险性是显而易见的:帖子的受众倾向于相信表面价值,仅仅因为得到了很多人的热情支持,他们便情绪高涨,希望帖子的内容是真实的。我经常发现社交媒体上的真实健康信息和疯传的视频之间没有任何关联。虚假信息可能是由网红的自我激励目标驱动的,包括虚构的政治宣传、一厢情愿的想法(我称之为痴心妄想)、信息迎合或产品营销,也可能是一个错误的数据。我们生活在一个数字信息易于操作且生产成本低廉的世界,这意味着来自魔笛手网红的错误信息可以瞬间创造出一大批醉心于痴心妄想的信徒。他们的群体越大,认知商就越低,因为他们往往容易相信群体,而不利用自己的批判性思维技能进行深入挖掘,区分事实与虚构。

以刮痧为例,这是一种中国古代的疗法,刮痧板通常由石英或玉石制成。一些网红制作了15~30秒长的视频,这些视频在网上疯传,视频中人们用一把刮痧板摩擦下颌骨,企图得到一个尖锐的下颌轮廓。[4]听起来很棒,对吧?治疗前后的照片可以使用不同的灯光和镜头角度,让观众相信治疗是有效的。人们在视频中看到的可能是移动组织液的暂时效果,这可以用许多物体来完成,包括自己的手。当然,这误导了数百万观众,让他们相信刮痧有神奇的修身功效,这让他们产生了不切实际的期望。然而,拥有强大的批判性思维能力的人意识到,再多的刮痧板摩擦、下巴按摩或痴心妄想也不会奇迹般地赋予任何人一个轮廓分明的下巴。

相比之下,皮肤科医生穆尼布·沙阿博士在一篇医学论文中描述了含有水尤恩酸和视黄醇的护肤霜的益处,这与另一个吹嘘喝葡萄干腌制的水可以清除粉刺的网红形成了鲜明的对比(这是cap即虚假的)。

当帖子的内容涉及医学建议,包括皮肤护理时,你理性的、质疑的头脑都需要保持警惕，因为网络上的欺骗比比皆是。沙阿博士指出，仅仅利用视觉上的烟雾和镜子欺骗观众，让他们以为某种疗法是有效的，这是多么容易的事情。例如，沙阿博士解释说："他们（网红或创作者）可能会为视频拍摄无滤镜照片，并声称这是一张'以前'的照片。然后他们再加一个滤镜来制作一张'事后'的照片。对我来说，这简直就是欺诈。"

小心那些魔笛手，他们在没有医学事实和研究支持的情况下，兜售神奇的产品和疗法，让粉丝失望或造成更糟的后果。起码这是不负责任的行为，这会给消费者带来钱财损失，更有甚者，可能带来比原来的问题更严重的医疗问题（例如对产品过敏）。在我们的网络世界里，任何图像和视频都可以被篡改，眼见不一定为实。

有真正的魔笛手吗？

是的，魔笛手很有可能曾经是个真实存在的人，就像罗宾汉可能曾经以某种形式存在过一样。花衣魔笛手的传说出现在古代民间传说和文学作品中，包括歌德的诗歌（《捕鼠人》）和格林兄弟的故事（《哈梅林的孩子们》）。在19世纪，罗伯特·布朗宁写了一首著名的诗《哈梅林的花衣魔笛手》。[a] 在这个故事中，它源于某种真理的萌芽，花衣魔笛手（其真实姓名已经被历史遗忘）是一个中世纪的人物，他在1284年从老鼠的围攻中拯救了哈梅林镇（德国下萨克森州）（显然早于捕鼠夹的出现）。吹笛人用他的魔笛成功地把老鼠引出了小镇，他

第二章 从众如流：我们的认知商是如何被社交媒体的影响劫持的？

> 因此被封为英雄。不知出于什么原因，小镇没有在经济上补偿吹笛人的服务，所以他用他的魔笛引诱了 130 个孩子，他们再也没有出现过。因此，短语"支付魔笛手"的起源，意思是一个人必须还清债务，否则将遭受迫在眉睫的严重后果。
>
> 魔笛手继续出现在现代文化中，从不同的反派（蝙蝠侠漫画和各种电视节目，以及 2010 年的动画电影《怪物史莱克》）到各种名为魔笛手的电视连续剧。在硅谷电视节目（2014—2019）中，程序员理查德·亨德里克斯（由托马斯·米德蒂奇扮演）开发了一款可以尽可能地压缩数据尺寸的应用程序。这款应用程序和公司名称被恰当地称为"魔笛手"，毫不隐讳地暗指等待着支持和追随它的合作伙伴、员工、投资者和用户的不幸。
>
> **注释：**
>
> a. 拉斐尔·卡杜欣，《魔笛手背后的残酷真相》，BBC 旅游版，2020 年 9 月 3 日，https://www.bbc.com/travel/article/20200902-the-grim-truth-behind-the-pied-piper。

可耻，真可耻

无论我们是否意识到，当我们在社交媒体上发布动态时，我们每个人的指尖都有巨大的力量。无论我们在特定主题方面是否有资格，掌握的知识渊博与否，是否需要点击维基百科才能获得线索，我们都有权在我们选择的社交媒体平台允许的范围内对任何问题表达我们的意见（这是相当大的自由）。我们的影响力可以把一个人提升到神一样的高度，或者在网上公开羞辱一个人，只需简单地敲几下键盘就能把他打倒。无论帖子是事实、虚构、猜测性的八卦，还是灰色地带，都不重要，一旦一份声明被发送到网络世界，它就可能会激起长期的涟漪，就像在池塘里扔一块鹅卵石一样，并可能永远在数字宇宙中徘徊，随时都有可能重新出现。皮尤研究中心最近报道说，55% 的人是通过社交媒体接收新闻的，这意味着，除了准确的报道外，还有大量的虚假信息在没有支持性证据的情况下被当作事实接受，特别是当涉及可能在某种程度上被认为是可耻的行为时。[5] 人类似乎倾向于假设和相信别人最坏的一面，流言蜚语似乎可以追溯到人类交流的早期。

在网上公开羞辱成年人是一个相对较新的概念。在过去，在社交媒体出现之前，幕后八卦是传播谣言、指控和判断的主要工具。现在只需要一个简单的 Facebook 帖子就可以让整个社群群情激愤，尤其是在家长团体中，比如下面这些（有点夸张的）例子：

"真不敢相信吉莉安居然允许她八岁的儿子麦奇不戴头盔骑自行车！我昨天在麦克道戈尔和维恩的街角看到他，用我的手机拍了这张照片！真不负责任！"

"莫伊拉今早把她流鼻涕的女儿肯德拉送到幼儿园去了！她怎么了？"

"雪莉还在喂她八岁的儿子尼克呢！我前几天在募捐会上听到他要'妈妈的奶'。恶心！"

"当我在乔氏超市的时候，凯特琳把她两岁的女儿一个人留在购物车里32秒半，她走进了意大利面的过道。在这个视频中我有证据——你自己看看时间有多长！"

第二章 从众如流：我们的认知商是如何被社交媒体的影响劫持的？

"我在街上看到李允许她的儿子金海把一个塑料水瓶扔到普通的垃圾桶里。这可太糟了。她应该教他回收利用！"

哎哟——这些帖子来自"家长警察"的中伤！

当涉及与育儿相关的敏感问题时，社交媒体的群体性影响现在已经成为一种可以接受的在舆论法庭上做出判断的方法。密歇根大学C.S. Mott儿童医院的研究人员最近对475名母亲进行了一项研究，61%的人承认曾在饮食和营养、母乳喂养到儿童护理决定等问题上受到过同龄人的批评。[6]

这是经常发生的事情：一位母亲在聊天中抛出了一个关于儿童疫苗潜在风险的天真问题。另一位母亲抨击她对这个问题一无所知。其他人则对这枚情感炸弹做出反应，加入了争论，一个比一个更激烈，攻击那位敢于质疑疫苗必要性的妇女。一夜之间，这种情况升级为对那位问了真正问题的母亲的全面踩踏。这样一来，一个妈妈聊天群就会变成一群喷子，拥有足够的权力，立刻践踏这位女性的声誉，最终给她贴上"坏妈妈"的标签。

医学博士普林茨·马格诺利娅，她是来自威斯康星州密尔沃基市的麻醉师，她也是个网红，有四个孩子，她对这个问题特别敏感："作为母亲，我们很容易被责备。比如，如果你和你的孩子在公园里，你试图同时处理多项任务，并快速写一封电子邮件。有人给你拍了一张照片，它被发布出来，然后所有人都来羞辱你。"

我们都会犯或大或小的错误，在生活的不同时期做过令人尴尬的事情。我当然也有，尤其是在我的童年时期，我很高兴当时没有带着摄像头的智能手机！然而，我们很少准备好看到令我们羞愧的行为被捕捉并公之于众，而这在社交媒体上经常发生。似乎最初的帖子还不够尴尬似的，社群里的其他家长，也许还有一些外面的家长——开始发表评论，表达同样（如果不是更大）的不屑。突然之间，每个人都变成了警察、法官、陪审团和新闻播音员。让打击行为开始吧！评论开始弹出。只需一次就可以引发一场强大的海啸般的反应。不久之后，数十人——也许是数百人甚至数千人——从众如流地开始羞辱朋友、邻居或他们甚至不认识的人，严重损害了受羞辱者的感情和声誉。

2020年3月，在新冠疫情大流行的危机暴发之际，一位名叫马特·科尔文的资深空军技术中士和他的兄弟诺亚抓住了一个机会。[7] 由于他们预计消毒洗手液会用完，诺亚冒险去田纳西州和肯塔基州的每一家药店，买光了每家店的消毒洗手液。诺亚回来后，马特在亚马逊网站上以高价出售了大约17 700瓶洗手液。随着一瓶又一瓶的洗手液被卖了出去，消毒洗手液的短缺成了美国人民的全国性危机。在被《纽约时报》曝光后，科尔文兄弟收到了来自亚马逊网站的勒令停止信和来自州检察长的不友好警告，基本上是警告他们在国家灾难期间进行价格欺诈是违法的。尽管两兄弟因逃避罚款被逮捕，但他们的确免费捐赠了大量消毒洗手液。

科尔文兄弟是否有过可疑的商业行为？他们是否冷酷无情，对社会不负责任？然而，并不是每个人都能给予科尔文兄弟哪怕是一丁点的原谅或同情，因为他们试图在困难时期支持他们的家庭（也很少有人欣赏他们对美国资本主义的狡猾解读），但是，正如莫妮卡·莱温斯基在流媒体平台HBO Max节目《15分钟的羞耻》所揭示的那样，科尔文兄弟做的事情应该被所有人认为是过分的。[8] 他们不仅收到了数千封充满仇恨的电子邮件和短信，还在社交媒体上遭到了猛烈抨击，以至于他们不得不关闭自己的账户。当他们的家庭住址被曝光（这种行为被称为人肉搜索）时，他们遭到了披萨订单恶作剧和死亡威胁。他们家人的生命安全受到了极大的威胁，他们不得不安装安全摄像头，这最终被证明是一个明智的举动，因为他们捕捉到了一个闯入者在他们家猛砸前门。由于担心自己的生命安全，他们带着家人搬走了。也许有一天，在这样的案件中，我们会说："好吧，已经受够了。"网红和账户拥有者可以不再假装自己是自封的法官和陪审团成员。

为什么人们比钓鱼高手更能大胆地把自己的观点投进数字世界？问题不在于社交媒体能做什么，而在于它做不到什么。社交媒体缺乏的是面对面的互动。面对别人说一些批评的话是需要很大的勇气的。你上一次主动纠正别人的错误是什么时候？可能是很久以前的事了，对吧？大多数人不能或不愿这么做。但在社交媒体上，这种不舒服的面对面障碍已经不复存在，即使是最胆小的人，也很容易在他们孤独的堡垒里点击手机或电脑时发起攻击。

刻薄的孩子们

社交媒体羞辱对儿童和青少年的影响更大。公开羞辱和各种形式的欺凌一直在学校和操场上上演，但现在一个孩子可以在几秒钟内大胆地用帖子抨击另一个孩子，哄着小组里的其他人加入进来，让他们更加羞愧。对于受到攻击和排斥的十几岁的孩子来说，这样对待他们可能会产生创伤性的、持久的影响，并留下痛苦的伤疤。当孩子们被迫选择站在一边时，友谊可能会破裂。这导致患有社交焦虑症和抑郁症的孩子人数不断增加，自杀率也在上升。[9]

不幸的是，儿童和青少年最容易招致社交媒体羞辱。学校的网红（相当于以前的"受欢迎的孩子"）可以在任何时候对任何人进行评判，并使用一些相当狡猾的技巧来逃避有争议的帖子（例如当代俚语、委婉语，以及家长们无法理解的表情符号）。肥胖羞辱在青少年中是一个普遍的主题，皮肤羞辱（嘲笑有很多粉刺或严重痤疮的孩子）也是如此。

在大多数情况下，这种数字羞辱和虐待不会发生在父母们经常出没的 Facebook 上。TikTok、Instagram 和 Snapchat①是 Z 世代的首选社交媒体平台，他们的行为更有可能不被那些可能会斥责他们的权威人士发现（尽管社交平台规则已经很严格）。这一代人是所有年龄段中数字化程度最高的一代人，他们对行为和语言特别敏感，这意味着羞辱具有更重要的意义。正如《福布斯》杂志的一位记者所言："他们是在经济衰退、金融危机、战争、恐怖威胁、校园枪击以及科技和社交媒体的持续关注下长大的。总体结果是，这一代人受到了惊吓，在经济和社会动荡中变得谨慎和坚强。"[10] 再加上新冠大流行和 2021 年 1 月 6 日美国国会大厦被自己的人袭击，你可以理解为什么一些 Z 世代对外部世界有点担心和愤世嫉俗。

作为一个公共的支持社群的群体

我们已经讨论了很多关于社交媒体上的"坏"和"丑"的问题，是时候解决社交媒体中的群体影响力问题了。尽管正向从众行为并不总是得到应有的关注，但在社交媒体影响中却存在大量正向从众行为。当涉及给予团结一致的声音时，这一点尤其明显，有时会转化为

---

① Snapchat 又称为"色拉布"，是由斯坦福大学的两位学生开发的一款"阅后即焚"的照片分享应用。——译者注

第二章 从众如流：我们的认知商是如何被社交媒体的影响劫持的？

幽默。

2021年5月，模特达科塔·芬克发布了一段视频，成功地恶搞了数百万男孩和男人。当她从脸上剥下"皮肤"（实际上是一张面膜）时，视频传达了这样一个信息："回到男人不知道女性在经期过后，必须剥掉皮肤层的时代。"[11]许多女性赞同这个内涵笑话，评论道："非常感谢你让这一切正常化！女人不需要为此感到不安！""他们真的没有上健康课吗？""我还记得第一次去皮时我有多害怕。"

芬克出色地将全球数百万女性团结在一起，这是社交媒体上最大的恶作剧之一。她的视频获得了超过2 100万次观看，400万次点赞，20万次评论——其中大部分是女性发表的。信不信由你，我后来需要二次加工她的视频来解释这是假的，因为许多人开始相信女性在月经周期结束后确实需要剥去皮肤，就像蛇蜕皮一样。看到一些人试图挽回面子，回答说："亲爱的，当我们第一次看到它的时候，我们都知道它是假的，这很有趣。"

通过技术和通信，我们有能力发出求救的呼喊——不是对超人，而是作为一个集体超级英雄的社交媒体社群，从广泛的人群中寻求帮助和建议。社交媒体推广的即时性和简单性使网红、微网红或在职父母能够通过众筹为有价值的事业筹集资金，并在发布帖子后几秒钟内开始计算捐款数额。或者，当她的父亲去医院做紧急手术时，个人可以请求朋友们集体祈祷。

我想起了一个关于我的朋友摩尔夫妇的社群故事。2021年4月，他们一家刚从洛杉矶搬到犹他州的帕克城。宙斯——那条他们心爱的重达81千克的狗失踪了，可能是被偷了。摩尔夫妇在脸书上发布了宙斯的照片，并绝望地请求大家帮忙找到它。社群散布了消息。第二天早上，盐湖城一位名叫尼克·肯尼迪的男子在工作地点附近听到宙斯在雨中的嚎叫声，他把走失的狗带进屋里。该公司的员工通过 Facebook 传播了这条狗被找到的消息。最终，Facebook 上的两条线索相交了，宙斯安全回到了摩尔夫妇身边，继续享受舒适和爱。[12]

我把这比作迪士尼动画片中著名的"黄昏吠叫"，《101 条斑点狗》里一连串的汪汪叫声、尖叫声和嚎叫声从一只狗传到另一只狗，敲响警钟，一起拯救庞戈和佩蒂塔的斑点狗狗脱离危险。[13]

出于各种原因，社交媒体群体的成员通常会停下手头的工作，支持他人，即使不兴奋，他们也会感到荣幸，他们可能是真心想帮忙，也可能是想炫耀自己有多聪明、人脉多广、多么足智多谋。然而，在社交媒体的世界里，向某人提供信息并不意味着它会在其他人的推荐中自动被选中和接受。与各种影响一样，基于与权威性相关的一系列因素，存在着可信度和信任度的等级制度。举个例子：作为一名医生和研究人员，当我回答关于健康的问题时，我会在我的粉丝中获得很高的信任。但如果我开始建议哪里可以找到最好的婚纱，我觉得没人会把我当回事（尽管我从来没有真正尝试过这样做，所以谁知道呢？别担心，我不会那么做的）。

即使赌注不一定是天文数字般高或可怕，群体也会前来救援。一个家庭可能刚搬到一个社群，需要找一个值得信赖的儿科医生来照顾他们的孩子。也许马桶堵了，你需要一个可靠的水管工。或者你只需要一部值得推荐的电视剧来刷剧。无论你是需要当地的餐馆、理发店还是房地产中介的推荐，还是需要关于如何去掉白衬衫上的红酒渍的建议，在你的社群里可能至少有一位专家有完美的解决方案（或者他知道其他人有）。

也有记录在案的案例，有人根据发布的社交媒体视频、照片和其他内容确诊了疾病。[14] 并不是鼓励每个人在没有获得适当的学位和执

第二章 从众如流：我们的认知商是如何被社交媒体的影响劫持的？

照的情况下都挂起医疗招牌，但研究表明，根据个人的外表甚至照片中使用的背景来识别某些疾病是可能的。一个习惯在 Instagram 上发布深蓝色和灰色背景的人可能会显示出精神疾病的迹象。[15] 经常使用不连贯的短语或某些咒骂语言可能是滥用药物的迹象，而越来越重视宗教语言与糖尿病有关。这并不是说我们有资格诊断口无遮拦的弗雷德叔叔是个瘾君子或者迷恋玛洛玛斯的萨拉阿姨，她定期发布帖子，帖子的内容通常与她的巧克力棉花糖糖果和最喜欢的圣人——一个糖尿病患者有关。

事实上，某些语言可能归因于某些与健康完全无关的事情，例如一个人的职业。例如，你知道会计比其他职业的人更爱说脏话吗？当一个网红雇用其他人来写文章时，从文章使用的语言中收集信息是非常困难的。

医学博士西亚·萨利赫是南非开普敦的一名初级卫生保健内容的提供者，他告诉我他是如何帮助提高人们对各种医疗问题的认识，并对特定的个人产生影响的。正如他所描述的："我发布了一个关于贫血的视频。一名妇女患有严重贫血，但她不知道。她去做了检查，并输了血。她现在感觉好多了，生活质量也改变了。"

我的眼科专业提供了许多潜在的疾病发现条件。人们在社交媒体上发布照片——假设这些照片是在最佳条件下拍摄的（被摄者直视摄像机，闪光灯已打开，红眼还原已关闭）。[16] 例如，当一只眼睛的瞳孔出现黑色、白色或黄色的反射，而另一只眼睛的瞳孔是红色的时候（正如照相机闪光灯所预期的那样），就可能检测到"异常的红色反射"。这可能是眼部肿瘤或疾病的征兆。不言而喻，我不建议你扮演医生，诊断和治疗自己或他人。但你可能会利用你的社交媒体影响力发出"黄昏吠叫"，敦促照片中的人立即咨询眼科医生。

在下一章"大脑的欲望"中，我们将探索社交媒体的影响、性、巧克力、可卡因和赌博有什么共同之处。虽然这些都是人们在新冠大流行期间做得更多的事情，但这不是我的讲述目标。我们的终点在更远处。

第 三 章

大脑的欲望：智能手机比性更好吗？

我不是对巧克力上瘾,是巧克力对我上瘾。

——玛丽·米里亚姆

在加勒比海地区,五分之一的长尾黑颚猴会寻找并饮用发酵糖(用外行人的话说,就是甜酒)。[1]

塔斯马尼亚和澳大利亚小袋鼠对罂粟籽如此上瘾,以至于它们可以吞噬足够的田地,形成一个麦田怪圈。[2]

据悉,在亚马孙雨林中,一些美洲虎会用能致幻的雅格藤的叶子来补充它们的肉食饮食。[3]

当我们谈到猫科动物的时候,我们都知道家养猫喜欢吃猫薄荷,也被称为樟脑草、猫草或荆芥。然而,你可能不知道为什么猫不能抵抗这种植物。因为它含有一种叫荆芥内酯的精油,可以刺激动物大脑的嗅觉部分,并触发杏仁核做出奇怪的反应(比如,你的小猫在吃了猫薄荷之后就像一个摇摇晃晃的瘾君子)。[4]

这一切意味着什么?科学已经证明,野生和驯养的动物在醉酒、嗑药方面和人类一样有能力。有些生物甚至比我们更容易沉迷于它们的癖好。澳大利亚的一种有袋动物被称为雄性棕色物袋鼬（对于老鼠来说这个名字很有意思），它可以连续 14 个小时不间断地交配。可怜的动物在这段时间内耗尽了自己的精力，之后它的免疫系统崩溃，它就死了。[5]

在引言和第一章中，我描述了多巴胺的作用——一种微小但强大的神经递质，能刺激快乐中枢。对于人类和大多数动物来说，多巴胺的存在是驱动行为的原因，因为即时的满足感提供了一种令人难忘的奖励，这种奖励太诱人了，无法抗拒。

我们可以把人类难以抵御诱惑的绝大多数原因归咎于多巴胺。这些外界刺激产生的多巴胺让我们感觉很好，这就是为什么我们渴望更多，过度放纵，有时甚至上瘾。

如果适量食用，黑巧克力对健康有各种好处（包括心血管相关的），并模拟多巴胺对我们系统的影响。假设你是大多数崇拜巧克力的人之一（如果你没有或过敏，就一起来吧）。为了得到巧克力，你通常必须开车去市场，停车，进入商店，购买巧克力，然后吃掉它（就我而言，它经常在我回到车上打开车门之前就被吃掉了）。

现在，如果巧克力对你来说更容易获得，你认为会发生什么？例如，假设你可以打开家里的橱柜，取出你最喜欢的巧克力条。你会非常兴奋，狼吞虎咽。扔掉包装纸后，你记得当你抓起第一块巧克力时，你在橱柜里看到了另一块巧克力。

嗯，你会想，这有多神奇？我不需要费力地去商店或在网上订购，然后等待它到达。再吃一块不会有事吧？

在你意识到这一点之前，第二块巧克力已经在你手中，并且正在被蹂躏。

第三章 大脑的欲望：智能手机比性更好吗？

你的多巴胺水平正在飙升，但是只需要很少的努力，而且没有任何障碍。吃完第二块巧克力后，你记得在橱柜里发现了第三块。然后你就掉进了可可的陷阱。

当你用智能手机浏览社交媒体上动态的几个小时内，猜猜是什么驱使你继续刷下去？是多巴胺。对于许多人来说，智能手机的冲击让他们头脑发热，以至于忽略了生活中的重要领域，只为了从一篇又一篇的帖子中得到点击率。萨克斯媒体集团 2021 年进行的一项调查显示，宁愿放弃性生活也不愿放弃手机的人是前者的两倍。太滑稽了——但至少性病会减少。[6]

你能想象如果活泼的马蹄蟹有智能手机，我们的海滩会有多空旷吗？另外，如果有能力使用 Instagram 和 TikTok，雄性棕色物袋鼹的寿命会更长吗？

大脑的诱惑

多巴胺在大脑中有四条奖赏途径：中皮层、黑质纹状体、中脑边缘和漏斗结核。每当我们咬一口巧克力棒，多巴胺能通路就会被刺激，多巴胺河就会流动，加强刺激它的行为。社交媒体活动不涉及任何卡路里相关的活动，所以不像巧克力，人们吃多了也不会有饱腹感，所以会一直吃下去。当多巴胺被随机刺激时，就像赌场里的老虎机一样，它会产生更强的强化效果。同样，社交媒体提供了一个不可预测的环境，可以接收不同数量的点击量和点赞。老虎机和社交媒体带来的不可预测的收益才是它们具有吸引力的关键。

当今最普遍的同伴识别指标是观看次数和点赞次数，它们通过快乐中枢释放出大量多巴胺。当我们的帖子和转发收到很多点击、点赞和积极的表情符号（比如笑脸）时，我们感觉很好的原因是我们体内泛滥的多巴胺。当一个视频被数百万人观看和点赞时，我很惭愧，我也因为多巴胺而兴奋。我们对这些社会刺激的反应就像我们一个接一个地往嘴里塞好时巧克力一样。每一块巧克力似乎都比上一块好，在我们意识到这一点之前，袋子已经空了。我们开始意识到自己倾向于在哪里浪费了太多的时间——除了参加社交媒体页面上的活动，我们还过于关注网红的动态。

当一个网红的新帖子出现在我们的社交媒体页面上时，会发生什么呢？叮！多巴胺的铃声响了，我们因兴奋而头晕目眩。我们急需观看视频，即时获得满足，查看有多少人点击了哪个按钮，其他人在评论区说了些什么。用时装模特兼电视名人金·斯托尔茨的话来说："当我们在智能手机上收到一个小脉冲信号时，我们的多巴胺水平也会得到一定提升。我们既兴奋，又期待。当我们感受到这一点时，我们就越来越想要这样做。所以我们看手机的时间越来越多。"[7]

在我发布几乎每一个 TikTok 视频后，我都会感到惊讶，粉丝们为了获得"首评"字样的荣誉，争相评论。通常，由于许多人同时这么做，有时甚至会引发一场小型争斗，他们会争着证明谁是第一个评论的人。我想他们会体验到一种强大的多巴胺的作用，正如我热衷于在别人的帖子下"抢首评"时体验到的那样。

智慧流失

无论是大人还是小孩，当他们在社交媒体上收到一百多个生日祝福，数十个额外的点赞，虚拟气球和五彩纸屑，快乐的表情符号和可爱的评论时，都会感到温暖，受到激励。不管我们承认与否，我们都会沉浸在虚拟世界的广泛拥戴中无法自拔,由此产生的多巴胺在我们的大脑中游走。这些回应证明了我们对人们的重要性,尽管点赞比步行去商店,筛选货架上摆放的几十张陈旧的贺卡要容易得多,但收到点赞可比收到一张老式的贺卡有意义多了。

反过来,如果我们没有收到一定数量的来自在线社交媒体的生日奖励,会发生什么呢?或者当我们听到收到新消息的提示音,回应一张我们认为棒极了的自拍的照片或者视频却反响平平时,我们的感受如何?我们的快乐中枢感到空虚,变得焦躁不安。带来了哪些结果?不快乐、孤独、焦虑、压力,在某些情况下还有抑郁——尤其是儿童和青少年。在我接触社交媒体的早期,我类似的经历比我愿意承认的次数还要多。

比如在我发的一个视频中,我戴着一顶长长的女性假发来模拟一个场景:一个女孩错误地用一片柠檬敷在脸上来治疗痤疮。(郑重声明:请不要这样做!)这段视频是为了宣传我的《No Cap 健康秀》的播客节目,穆尼布·沙阿博士是我视频中的嘉宾。我以为这个视频会像全垒打一样爆红。不幸的是,它失败了。我为我的作品没能火起来而感到沮丧,甚至由于它的失败还引发了我的一些情绪上的困扰。我对这个视频的期望很高,因为我和沙阿医生一起宣传该播客的首个视频很受欢迎。戴着假发的时候,我把土豆贴在脸上,展示一种不同的本土祛痘疗法。(严格来说,土豆含有水杨酸,这种物质可以祛痘。我建议你只使用经过批准的化妆品,不要用土豆泥。)

具有讽刺意味的是,与我们的快乐中枢密切相关的多巴胺可能会导致如此可怕的结果。不幸的是,人类被社交媒体中激动人心的世界所影响,这种吸引的冲动可能会将成年人、青少年,尤其是儿童引入歧路。

> ### 这个诺贝尔奖得主棒极了
>
> 不知为何,我怀疑大多数人是否听说过一位名叫阿维德·卡尔森博士的瑞典科学家。他对人脑科学的贡献值得被歌颂。卡尔森博士的发现不仅有助于发明治疗帕金森病的药物,而且在20世纪50年代,他还是第一个发现多巴胺是神经元间传递信号的神经递质的科学家。尽管他的多巴胺研究在当时并不受欢迎,但当前已经被认为是所有关于这一主题的研究基础。a
>
> **注释:**
>
> a. 丹尼斯·盖琳,"阿维德·卡尔森博士,发现了帕金森病的治疗方法,享年95岁",《纽约时报》,2018年7月1日。https://www.nytimes.com/2018/07/01/obituaries/Arvid-Carlsson-Who-Discovered-a-Treatment-for-parkinsons-Dies-at-95.html.

由于在智能手机上进行社交媒体互动是一个相对较新的现象,有关这一主题的科学数据仍在生成和研究中。然而,我们不必远瞻就可以看到,孩子们会沉迷于智能手机,宁愿待在被窝里玩手机,也不愿遵循父母的建议"出去玩"——"出去玩"是X世代①和婴儿潮一代在闲暇时的备用活动。如今的孩子和青少年不在院子里玩富有想象力的游戏,也不和朋友在操场上或商场里闲逛,他们经常独自一人在房间里拿着手机,从一个社交媒体切换到另一个社交媒体。他们的社交活动主要通过发布、分享、评论,也许还会互相发短信进行互动。几十年前,青

---

① X世代由美国的《时代》杂志提出,指的是出生于20世纪60年代中期到70年代末的年轻人。——译者注

少年常常占用座机,在电话里喋喋不休地聊上几个小时!(是的,虽然我已经长大了,我还记得以前的日子:旋转拨盘式电话、带线的壁挂式电话、忙音和无法通过来电显示识别的骚扰电话。)青少年通常如此不习惯打电话,以至于一想到这样做就会感到焦虑,这种现象并不罕见。

由于目前的沟通和同伴参与模式,今天的青少年约会的次数比前几代少得多(X世代和婴儿潮一代的约会率分别是56%和85%),对汽车和驾驶感兴趣的人似乎也更少。[8] 几乎每个婴儿潮出生的人在高中毕业时都有驾照,如今只有四分之一的高中毕业生有驾照。我们是否应该恢复那些上一代社会不可或缺的一部分,比如汽车影院,倡导汽车和约会呢?

这可能有一些好处——至少对于像我这样过度保护孩子的父母来说——现在的孩子比前几代人的性生活要少得多;平均而言,他们从11年级开始学习——比Z世代晚了整整一年。更令人感到刺激的消息是:青少年怀孕率每年下降7%。[9]

我敢肯定你开始有一种不太舒服的感觉,觉得我还有别的(不好的)事情要说——你是对的。早期的科学研究表明,随着儿童和青少年继续使用社交媒体来维持他们的多巴胺行为平衡行为的持续,他们的大脑正在发生变化。加州大学洛杉矶分校最近对13岁至18岁的青少年进行了一项研究,用功能性磁共振成像技术(fMRI)来测量大脑血液流动的变化,测试别人给他们发在Instagram上的帖子点赞对他们大脑的影响(大脑神经元活动与血流变化相结合,这是一个非常宝贵的工具)。结果让人大开眼界:当他们的照片被点赞时,大脑的一个区域——左伏隔核(有点像奖励中心)就会活跃起来。[10] 在另一项同样利用核磁共振成像的研究中,青少年更倾向于给已经有大量赞的照片上点赞(这与前一章中提到的从众心理有关)。[11] 与此同时,连接楔前叶和小脑的视觉皮层活动次数显著增加。当看到不太好看的照片时，核磁共振成像显示，大脑中完全不同的区域受到了刺激，这些区域包括左前皮层、中央前回、额中回和额下回。

请注意，在受控的情况下，这些大脑变化在研究期间发生的时间很短。想象一下，当大脑仍在发育的年轻人在通常无人监督的情况下，连续数小时受到或积极或消极的社交媒体影响，会发生什么？更糟糕的是，我们知道我们的孩子在做作业和学习的同时，还在用他们的设备进行多任务处理。截至目前的数据显示，这些常见的青少年习惯会导致前扣带皮层的灰质密度变小。[12]

所有这些大脑变化对我们的孩子意味着什么？如果他们选择通过社交媒体而不是性生活来获得多巴胺，你知道我们应该感到担忧。别担心，我并不鼓励他们出去进行更多的性活动（尽管我确实建议他们多进行面对面的社交活动）。从怀孕、性传播感染、宗教信仰等其他几个角度来看，禁欲可能是最好的选择，但事实证明，作为智能手机成瘾代价的禁欲，对他们的大脑发育不健康，因为他们的执行功能变得吃力，然后注意力开始分散。[13]

你可能听过这样的陈词滥调："看太久电视会腐蚀孩子的大脑。"研究表明，这不仅仅是一个带有警告的都市传说：负面影响的程度在很大程度上取决于基因。[14]（例如，一个具有攻击性DNA的孩子在观看暴力动作片后更有可能表现出这种行为，而一个不具有攻击性的孩子则不会有类似行为。）然而，当谈到社交媒体的参与时，这种影响会成倍增加，因为青少年的大脑中枢——不管他们的DNA如何——在多巴胺像尼亚加拉大瀑布一样汹涌澎湃的时候，他们的大脑活动就会变得断断续续。当多巴胺的闸门关闭，大脑"干涸"，孩子就会退缩到孤立状态，变得沮丧，这可能会导致更严重的精神健康问题（例如抑郁症）。

虽然关于长期影响的研究仍处于初级阶段，但已经有几项研究考察了社交媒体对青少年的影响。在一项这样的研究中，事实证明，那些随机获得较少点赞的孩子比那些有很多点赞的孩子更容易对自己产生消极的想法。第二项研究持续的时间为一个学年，研究发现当孩子发出的帖子的点赞次数过少成为经常现象时，孩子因此产生负面反应会导致抑郁症状的加剧。在第三项研究中，那些曾经被欺负过的孩子对自己收到的点赞的反应更加敏感，因此更容易出现抑郁症状。[15]

我希望你没有因为这些发现而泄气。正如我在整本书中所阐述的那样，社交媒体的影响力有很多积极的方面。但当涉及我们孩子的双重心理健康时，如同从地里拔出一株郁金香：花很漂亮，但花根却布满了瘤状物。孩子们是从社交媒体中学习并与同龄人建立健康的联系吗？还是在社交媒体网站上耗费了太多时间，以至于阻碍了他们进行真正的社交互动，形成良好的学习习惯，以及摄入适当的营养和做锻炼呢？他们是不是每隔一段时间就能读一本课外书？他们是否仅仅依靠点赞的数量来决定自我价值？

如果你或你的孩子表现出任何异常，比如出现情绪化、过度孤独或孤僻的迹象，那么你可能需要咨询你的家庭心理健康顾问，评估产生该迹象的根本原因并寻找解决方案，你们还有时间施行挽救。

如果智能手机是一把双刃剑，哪面的影响更大呢？

现代的孩子，尤其是青少年，他们比前几代人更快乐吗？在你回答这个问题之前，请记住，他们可以访问智能手机上他们可以或想要的一切：无限的事实、建议、信息、娱乐、购物、快递服务等。我知道，我又开始暴露年龄了，但当我还是个孩子的时候，碰巧在凌晨三点打开电视时，在大多数频道上看到的都是一成不变的《深夜秀》（*The Late Show*），或是推荐一把可以沿着汤碗，切出完美的胡萝卜丝的刀的模糊广告。如今，孩子们可以在任何时候观看 HBO Max、网飞（Netflix）、TikTok、YouTube。任何正直的（或思想错误的，取决于你的观点）青少年还需要什么？

"监控未来"的数据显示，在屏幕上花费更多时间的孩子和青少年不如其他的孩子快乐。所有年龄组儿童的不快乐程度似乎都随着花在社交媒体上的时间而加深。当短暂沉浸于社交媒体的时间变成长期性的行为时，抑郁症的发病率也开始飙升。科技似乎并没有为孩子和青少年的幸福铺路。[16]

因此，家长们面临着一个重大挑战。每四个孩子中就有三个拥有智能手机，他们离不开智能手机的原因有很多，包括他们需要与父母保持联系，建立和维持友谊，以及与日常生活中有益的技术（如应用程序）保持同步。即使是带有提醒功能的日历也可以作为一个很好的工具。只要不牺牲学业、友谊、锻炼和健康饮食，偶尔查看一下社交媒体通常是没问题的。

现实情况是，父母为智能手机设定界限和规则，就像应对其他潜在风险一样。根据所有现有的研究，他们的做法虽然古板但正确。父母通过限制智能手机的使用时间，确保他们的孩子在不使用社交媒体的情况下做事。但是从长远来看，对那些有潜在大脑变化或抑郁倾向的孩子，这种做法是远远不那么令人满意的。

知道什么时候该收手——然后退出

网红同样容易受到多巴胺激增的诱惑。正如斯科茨代尔的整形外科医生兼网红瑞奇·布朗医学博士对我说的那样："当一篇帖子疯传时，会有一种肾上腺素激增的欣快感觉。我知道我们都有同感，这太疯狂了。"

从个人经验来看，我也可以证明个人在发帖到帖子走红的整个过程中受到了怎样的推动力，对我来说，这种推动力立即开始渗透到研究和准备 TikTok 视频以及研究竞争性帖子的热门列表中，让我的帖子能够切中要害。我已经可以想象出粉丝们点赞、评论和分享的反应，这种想象激发了我的创作灵感。帖子一上线，真正的乐趣就开始了。我一整天都在观察他们的反应。我承认，一开始，不管人们的反应是什么，我都为此痴迷。如果帖子的点赞在高点起步，我想象自己可以获取突破百万的点赞量。（对我来说 TikTok 的吸引力简直可以与麦当劳相提并论！）如果某个帖子在网上的反响一开始就低，那么这预示着这个帖子受到的关注会呈现缓慢的上升趋势，还是以失败告终呢？我可能会为此感到焦虑和担忧，担心自己是否出了差错，是否有什么办法重新调整帖子的网友参与度（这有点像多次按电梯的楼层指示按钮，希望它能让我更快地到达我的楼层）。

是的，等待帖子的反响的感觉就像在赌场——我把硬币塞进去，拉动操纵杆，希望三颗樱桃同时齐刷刷地滚到一起。我摩拳擦掌，脉搏跳得很快，一想到这个帖子可能会上热门，就兴奋得直流口水。

我能达成下一个里程碑吗？这个帖子会助我挺进下一个百万粉丝级别吗？

奖励的不可预测性让人兴奋不已。我可能会搞砸或中大奖。人们可能会给我发爱心笑脸的表情，或者截然相反的表情符号，甚至发表恶毒的评论。无论迎接我的是哪种方式，我也是个人，情绪的起伏是真实的，并不有失我的身份。虽然我在帖子沉没的时候会感到失望，但这种感觉是转瞬即逝的，因为只要我的下一个 TikTok 视频受到关注，我就会克服失落感，从头再来。

位于密歇根州底特律的托尼·尤恩医学博士是一位整形外科医生，也是一个网红，他是本书推荐序的撰稿人，他是这样描述帖子蹿红的感受的："这就像赌博，你不知道下场豪赌何时到来。当你上传视频的时候，多巴胺的反应会让你深陷其中。一开始你没有收到很多反馈，突然，在你发布了第四个视频后，好像每个人都参与其中，你看到你发布的视频有一百万的点击量。更重要的是，你还收获了所有的评论，你的粉丝数量也在激增……你体内的多巴胺冲上高峰，这就是挑战所在。"

卡兰·拉詹，英国皇家外科医师学会会员，临床医学学士，一位伦敦的英国国家医疗服务体系（NHS）的综合外科医生，他也有类似的感觉："这就像你在赌博，在掷骰子桌上玩得很开心。你想知道你的快乐会持续多久，你能在那张桌子上赚多少钱，你的天花板在哪里？然后，一旦你的快乐水平降低，你就寻找下一次冲上多巴胺高峰的机会。"

对我来说，TikTok 最令人兴奋的方面之一是能够证明真伪或反驳事实。作为一名医生和研究人员，我可以在很多方面帮助人们，比如帮助他们避免无效的治疗，省一笔钱，帮助他们避免危险，或者验证一种自然疗法的有效性，但主要是澄清谬论，外面有很多虚假信息。偶尔，我会设法提供信息并收到网友的反馈，这些信息将改变别人的生活。例如，有一次我在 TikTok 直播时，一位粉丝评论说她现在脸上涂了防晒霜（防晒霜已经被科学证明可以减少皱纹和皮肤癌症的风险）。这个评论确实让我觉得我作为一个网红对人们产生了真正的影响，这条评论从另一种角度给我带来了多巴胺刺激，激励着我创作更多这样的视频。

然而，与赌博的一个关键区别是，发帖有可能获得现金奖励。点击量、点赞、评论和分享都很棒，但当人们在评论中标记他们的朋友时，会有额外的推动作用。在 TikTok 上，人们有时会创作接龙视频。粉丝们（或非粉丝）也可以创建自己的反应视频进行接龙，并在转发之前将其接续到我的视频中。网红喜欢这样，因为你会因为这篇帖子而获得更多的名声，并继续获得赞誉。

在前言中，我坦白了自己对 TikTok 的上瘾及其对我家庭的影响。从那以后，我尽我最大的努力来弥补过错，改正我对家人的态度。这并不是说我是完美的，没有偶尔的失误。有一次，我带女儿去看排球比赛。随着时间的推移，我有一种强烈的渴望去做 TikTok 直播，于是我从赛场中溜出来，走到我的车里。进入车内后，我穿上 TikTok 医生服——套上白大褂、戴上帽子，把口罩挂在脖子上，然后在 TikTok 上直播了一个小时。随后，我换好衣服，偷偷回去看剩下的比赛。

没有伤害，就没有过错，是吗？错！我没有意识到的是，我女儿的一些队友碰巧在 TikTok 上关注了我。在午休时间，TikTok 提示他们我正在"直播"，他们告诉了我的女儿们。你可以想象我的耻辱，被迫退出她们的比赛来满足我对 TikTok 的上瘾。在回家的路上，女儿们的沉默清楚地表明，角色互换了，这次我才是那个犯错的孩子，被抓了个正着。

2020 年 9 月，businessinsider.com 发表了一篇题为《社交媒体是寄生虫，它在榨干你的生命》的文章，但这篇文章基于的前提是：社交媒体应用程序想达到的唯一目的是模拟赌场老虎机对人脑的影响。正如作者所写："他们用承诺的认可和奖励来吸引人，你的工作被广泛分享，你的理由被强化。你可以通过积极的反馈，甚至任何反馈来获得多巴胺。"[17] 换句话说，社交媒体网站在每一个转折点都撒下了糖果屑，吸引用户回来。

据报道，80%的手机用户在早上醒来后的15分钟内就会查看他们的智能手机。[18] 本着开诚布公的精神，我承认我是其中之一，主要是因为我把手机当闹钟用。我对自己说，既然我现在手里拿着手机，让我们看看 TikTok 怎么样了。这种上瘾的行为会让你焦虑——特别是当你开始一天的工作时，你会分心、效率低下、对工作和周围的人漠不关心。

当我把手机上的社交媒体应用程序静音时，我发现自己每天多了几个小时的时间，更新了思维带宽，拥有了更自由的想象力，拥有这些想象力的时间原本都会浪费在阴暗刷屏（花大量时间在占用你时间的应用程序和网站上，经常关注负面新闻，可能会产生误导，有时甚至是危险的）中。你不需要在禁欲问题上走中世纪路线。相反，你可以有选择地删除某些应用程序，不要把太多精力放在社交媒体网站上。如果你必须继续关注某些网红的消息，至少让最近疯传的狗狗或猫视频和名人丑闻的通知和提醒静音。（我既不能确认也不能否认，我妻子因为掉进了狗狗视频黑洞而感到内疚），所有这些持续不断的嗡嗡声、叮叮声和哔哔声正在使你的大脑充满多巴胺，因为你无法抗拒去看最新的花边新闻。一旦你上钩了，你会觉得好像你的手机发出的每一个声音和振动都是生死攸关的问题，因为你可能已经患上了严重的错失恐惧症（害怕错过）。

法耶兹·阿吉布是佛罗里达州迈阿密的一名急诊医生，他也是个网红，他有意设置在某些时间段关闭社交媒体应用程序的通知，避免分心。"你知道'眼不见，心不烦'这句话吗？"他问道，然后接着说，"确实如此，因为我会锻炼或做工作。当我完成时，我会对自己说，哦，天哪，我已经有差不多 7 个小时没有查看 TikTok 了。所以这帮助我减少了花在这些应用上的时间。这可能会很耗时，现在在住院工作期间，我想把大部分时间花在成为一名急诊医生上。重要的是分清轻重缓急。"

当然，在保持一个人的激情方面，也有一些可以原谅的地方。如果你是一个体育迷，你需要了解你关注的球队的分数，排名，球员受伤等提醒。如果你想跟上主要新闻的步伐，一个可靠的新闻来源可能就是你所需要的全部。无论你站在政治立场的哪一边，都要避免含有任何政治宣传成分的警报，因为这些警报的目标就是激怒你。

既然我们已经确定了社交媒体会对我们的大脑产生什么影响，接下来我们将调查为什么儿童和青少年更倾向于被那些怀有邪恶意图的网红引诱。

第四章

一再上钩：为什么年轻人如此容易受到网红的影响？

让你感觉良好,而不去关心一件事情的真伪,这在道德上也是糟糕的。

——埃德蒙·韦·蒂尔,《四季的循环》[1]

我不会以任何方式假装自己是一位育儿专家,也不会试图利用TikTok将这本书变成育儿指南。有一对十几岁的双胞胎女儿可能会让我每年获得一张父亲节卡片,有一天,我还会获得当之无愧的紫心勋章,但我不是专家,也不打算在这里提供任何育儿建议,除了两件事:(1)永远不要假装比你的孩子更了解社交媒体,因为他们在使用社交媒体上胜过你;(2)别讲父亲式的老掉牙的笑话,孩子们会因此反对你。

相反,我们将研究为什么年轻人如此容易成为社交媒体网红的猎物,探求这个现象背后的脑化学、神经科学和心理学原因。网红的世界提供了一种认可、与众不同和虚幻的接近成名的感觉。网红提供了变酷的额外诱惑——但如果他们宣扬不负责任的行为的乐趣(如过度沉溺于酒精和垃圾食品），就要小心了。

我们还将调查父母是如何至少在一定程度上承认自己的孩子已经失去了纯真，尤其是在他们还没有迈出第一步的时候，就已经创造了他们的数字足迹。最后，我们将探讨年少成名的网红在成长过程中可能发生的事情：他们能否能向成功的职业生涯过渡，或者他们是否正在走向一个沉寂的未来？

并不是说社交媒体对孩子的影响都是不好的、是不负责任的，或传达了空洞无聊的内容。不少网红提供了丰富的教育信息，可以改善年轻人的生活。例如，澳大利亚前医科学生、新任医生、医学博士、网红萨拉·拉夫被称为"学习 Tok 女王"，她为学生提供关于"网课笔记的最佳方式"和"最佳学习音乐"等主题的有趣提示和技巧。拉夫博士 15 岁时就开始使用 Instagram，她表示，她帮助那些"可能没有其他途径获得家教或校外额外帮助的孩子，这样他们就不会落后或被忽视"。

社交媒体对孩子们的另一个积极影响是，它可以轻松地为全世界获取内容的人们提供连接方式。乔希·欧图森亚，一位来自华盛顿州西雅图的网红喜剧演员，碰巧是第一代尼日利亚裔美国人，他能够联系到在伦敦、迪拜和全球各地的家人和朋友。正如他所描述的那样："我们生活在这样一个时代，任何人都可以获得以前人们无法获得的无限信息。很多孩子没有意识到有多少免费的信息正在传递给他们。在世界上的一些地区，这使得他们比前几代人受到更多的教育。"

即便如此，我们都需要了解情况，提高警惕，防范社交媒体影响力失控可能对年轻人造成的短期和长期影响。我们把出生于 1997 年至 2012 年的一代，称为"Z 世代"，他们在成长过程中经常接触到网红，当他们几乎没有采取任何防范措施的时候，他们的神经是最脆弱的。会出什么问题呢？

他们是手枪

体重25克，长4厘米，生活在珊瑚礁中，却能打出致命一拳？

这可不是谜语或笑话。手枪虾是鼓虾科（Alphidae）家族的一部分，是一种微小的动物，它们对待自己的猎物有一种特殊的能力，他们的猎物包括小螃蟹、其他虾、虾虎鱼和海洋蠕虫。手枪虾有一个大钳子，有时可以像它的身体一样大，可以产生巨大的力。当爪子"咔嚓"一声折断时，它会释放出令人讨厌的气泡冲击波（对一个只有四厘米长的生物来说很强大），在短暂的瞬间，它的温度像太阳一样高（约为4 427摄氏度）。产生的能量比一声枪响还大。通过这种声波瞄准，猎物立即丧失行动能力。然后，开始享用晚餐！[2]

我提到手枪虾的超能力，并不是在暗示网红真的会麻痹和消耗任何人，而是在描绘一幅他们可以对我们的孩子做什么的隐喻画面。儿童和青少年已经成群结队地涌向社交媒体，作为他们维持多巴胺的首选来源（如导言以及第一章和第三章所述），这与青少年和年轻人的注意力分散和前额叶活动增加有关（我们很快就会深入讨论脑前额叶皮层的作用）。在一组重度使用智能手机用户中，延迟满足感的感觉减少了，这反映出他们变得更加不耐烦了。研究人员发现，该结果与参与者大脑中的结构性白质连接有关，大脑中的这一区域与奖励处理和行为的执行控制有关。[3]这些大脑变化产生的多巴胺水平，相当于尼亚加拉大瀑布奔流而下的水。对我们的孩子来说，最终的结果就像每隔几秒钟就被一只手枪虾击中一样，只不过这种感觉很好，而且他们还想再来一次。

即使只是预先想到即将到来的多巴胺高峰也能驱使某些行为。在一项研究中,研究人员向恒河猴释放了与水有关的奖励信息。尽管它们在那个特定的时刻不需要水,但它们的多巴胺还是上升了,仅仅是因为它们知道水(尽管不是香蕉那样更诱人的东西)一会儿就要来了。[4]

在孩子和青少年开始浏览网红页面之前,也是如此:他们知道可能会发生什么,所以他们可能会在真正吸引他们的多巴胺冲动之前产生多巴胺冲动。一旦他们看到一个特定视频的标题,他们就会对即将到来的事情有更强烈的感觉,体内的多巴胺就开始冲击。TikTok 的 FYP(For You 页面)在构建这种巨大的期待感方面非常有效。当一个粉丝在当前视频上滑动屏幕时,一个看似无关的新视频(但实际上是基于用户的点击历史)会弹出来,让观众无法抗拒。

发育中的青少年大脑

儿童和青少年最容易受到同伴意见和网红的影响,是因为他们的大脑和身份尚未完全发育吗?答案是肯定的。众所周知,从出生到成年,人类大脑的某些部分在不同的时间发育。科学家已经证明,位于前额后面的前额叶皮层在青春期前(男孩 12 岁,女孩 11 岁)再次发育,直到 25 岁才趋于成熟和完善。[5]

为什么这一点如此重要?前额叶是大脑的控制中心,负责管理和协调组织、决策、社会行为和情绪等许多功能。脑前额叶皮层在青春期发育之前和青春期期间的时间范围是等长的,因为这是大脑成熟并吸收重要信息的时候。无论大脑在这段时间内保留了什么,都有可能永远记住。出于同样的原因,任何被丢弃的东西都有可能"噗"的一

第四章 一再上钩：为什么年轻人如此容易受到网红的影响？

声消失！

约翰·巴奇博士在他广受好评的著作《在你知道之前》中描述了中风后人类大脑发生的变化。⁶这种医学事件的受害者会丧失几个重要功能中的一个或多个：记忆、语言、视觉或情感。大胆猜测一下大脑的哪个部分受到了损伤——前额叶皮层。你感到惊讶吗？中风患者基本上失去了他们大脑的首席执行官，它为无数功能提供了目标和方向。当老板宣布退出时，公司就变得散漫，失去目标。巴奇博士提到了各种各样的案例，在这些案例中，中风患者似乎能够利用他们身体的某些部位完成日常任务，但却在没有任何逻辑或理由的情况下执行。例如，中风患者可以毫无困难地喝一杯水。然而，当空杯子在他们面前重新斟满时，他们还会不停地喝——即使他们已经喝饱了，一点也不渴。

一个健康、成熟的青少年可能是非常聪明，富有才华，在学校里得到全 A 成绩并且自诩是个成熟的人的。与此同时，随着脑前额叶皮层的扩张，某些方面的判断可能受到影响——就像中风患者失去了对那个区域的控制。青少年可能不会无限量地喝水，但大脑中的首席执行官还没有足够的经验或知识来批判性地思考网红传递的信息。孩子们和青少年正在一杯接一杯地"喝着"网红的建议、想法、意见和各种各样的内容，即使它们是不必要的或不合适的。由于大脑发育的时间规律，他们的认知商已经处于严重劣势。

这可能有助于解释那些没有任何逻辑的极端案例的趋势，不知何故，这些不合适的内容找到了一种在社交媒体领域吸引孩子的方法。

对于那些认为青春期孩子在判断和决策方面出现意外失误时"会变傻"的父母来说，或者你根本不明白为什么他们会被某些你认为对他们来说太危险或太成熟的事情所吸引，给他们一些空间吧。他们的前额叶皮层正在进行改造，同时他们的荷尔蒙也在激增，这可能会成为一种危险的组合，你不这样认为吗？

缺乏安全感的青少年大脑

青少年发育过程中还会发生其他重大变化，包括下丘脑 - 垂体 - 肾上腺（HPA）轴反应，一旦被激发，会导致应激激素增加。[7]就好像孩子们面临的挑战还不够多一样，让我们通过提高他们的敏感反应水平，让他们更加焦虑和不安吧！

作为成年人，当我们因为没有足够的时间研究而对解决一个问题缺乏信心时，我们会走捷径——有时会相信权威人士的观点，权威人士可能是名人。想象一下，在这种情况下，什么会发生在不安、焦虑的儿童和青少年的身上，他们严重依赖网红，把网红作为他们的主要信息来源。[8]他们是不是像是拿着一根一端配有插头，另一端配有插座的延长电源线走来走去，想找个人帮忙接上电源？

瑞典研究人员通过研究 YouTube 上的名人对孩子的影响来探究这一现象。通过研究一个特定的瑞典 YouTube 用户（一个名叫密斯·露丝贝的年轻女孩，她提供了一个化妆教程）的影响，研究人员发现，孩子们更有可能接受网红的态度和信念，即使它们与产品和品牌无关。[9]孩子们认为网红有助于构建自己的身份认同，并作为榜样，影响自己想要扮演和投射的角色。一旦网红与自尊心较低的年轻粉丝建立了这种关系，他们就更容易俘获粉丝的信任，使得粉丝将其作为信息和产品推荐来源。

问题：通常谁会成为班长？答案很简单：最受欢迎的孩子。

我们的孩子，通常不愿意花时间研究产品或服务，在购买时采取最便利的捷径：他们毫不犹豫地遵循网红的建议，以获得强大的、即时的多巴胺，并想办法让他们找到自信。尤其是当一个孩子缺乏安全感，并且是同龄人中的一员时，这种情况会更加明显，因为他们会追随同一个数字，相互激励，做出相同的时尚的购买决定。

觉得自己与众不同

孩子们也可能被网红的魅力所诱惑，因为他们可能还不够成熟，无法分辨现实和精心安排的幻想。他们可能在从一个社交媒体网站跳转到另一个网站时，不知道什么是真的，什么是假的。现实可能是模糊的。对于孩子们来说，识别网红是否像他们所说的那样并不容易，这意味着孩子们可能只是从表面上进行判断。

当孩子们与一个网红建立情感联系时，一种被称为"准社会关系"（PSR）的动态关系就形成了。这并不是一种真正的社会关系，但对于受影响的个体来说，这似乎是一种社会关系，因为大脑将这种强烈的情感联系解读为真实的关系。孩子们比成年人更渴望有人陪伴，这就是为什么他们如此被这些准社会关系所吸引。[10]

今天是谁在扮演着榜样的角色，让我们的孩子觉得自己与众不同？在哪里可以找到他们？他们给我们的孩子灌了什么迷魂汤？这些人与现实生活中出现在智能手机、平板电脑和笔记本电脑屏幕上的人是同一个人吗？

事实上，网红可能有也可能没有任何合法的凭证，除了以下一项或多项：特定的视觉外观和吸引力；网络魅力和激情；一个小众领域的表面知识；不同寻常的技能或天赋；制作视频或自拍的创造性能力；吸引追随者的观点或视角；撰写不超过 280 个字符的文案的天赋。

在第一章中,我介绍了真实性的概念。当涉及网红时,真实性对孩子们意味着什么?

早在 1969 年,一位年轻的长老会牧师弗雷德·罗杰斯身穿羊毛衫,打着领带,在 PBS 电视台主持了一个儿童节目:罗杰斯先生的社群。罗杰斯令人安心的微笑和温和的态度使他能够教育、娱乐、安慰年轻人,并以他的方式用社会教训影响年轻人。父母和孩子都毫不掩饰地信任电视上的这个好人。[11]

罗杰斯是凭什么赢得观众的青睐的?罗杰斯具有真实性,他是一个真正有爱心的人,他试图让孩子们感到自己与众不同。他在自己的电视节目中创作和演唱的许多歌曲,比如《你是独一无二的》和《我喜欢这样的你》,都是为了给年轻受众带来这种体验。

和罗杰斯先生在一起,我毫不怀疑"所见即所得"这句话。除了引进普世价值观和帮助孩子们获得良好的自我感觉之外,他没有任何隐藏的目的。我敢肯定他一定化了一些典型的舞台妆,用了护发产品,但除此之外,他真的很厉害。我确信他必须扮上一些典型的舞台妆和发型,但除此之外,他才是真正的主角(他的羊毛衫是他母亲为他织的)。

至于今天的社交媒体网红,我们可就不确定了。每一个都是不同的,截至本文撰写之时,没有任何网络(如 PBS)或管理机构(如联邦通信委员会,又称 FCC)来审查网红和他们的内容,或者在必要时提供家长警告(尽管所有社交媒体平台都有平台规则)。他们已经向粉丝们证明了虚拟的真实性。

如今许多网红在银幕上化妆被认为是合情合理的。毕竟,他们的图像在眨眼间就能出现在数百万台设备上。在任何媒体中,有谁不想

第四章 一再上钩:为什么年轻人如此容易受到网红的影响?

在如此广泛的受众面前展现出自己最好的一面,激起他人的共鸣呢?

儿童和青少年的困难在于他们是否有能力区分什么是真实的,什么是网络幻象。他们的认知商再一次受到挑战。一个网红看起来很光鲜亮丽是一回事,但如果这个人被塑造成一个与他自己不相似的人,并假装外表是真实的,就会给人们带来问题。我们的目标不仅是真实,而且要以一种自然的方式"看起来像自己"——尽管是美化的或概念上理想的方式。如果孩子们知道一些网红付出了巨大的努力来制造这种令人信服的假象,他们会怎么想?在某些情况下,他们花在拍摄电影或电视节目上的时间和演员一样多。有些人精心设计发型、妆容和服饰,让人感觉像是一个自然的视频或照片。他们真的在使用他们在账户上推荐的每一款产品吗?观看视频和点击帖子的孩子们是否意识到,他们的英雄和女神可能只是在演戏,只是想通过给产品做广告赚钱?

每个看过《罗杰斯先生的邻居》的人都清楚,他的世界是纯粹的幻想,尽管客厅本身远没有任何花哨的东西。无论是过去还是现在,孩子们都不会相信罗杰斯先生的家里有五颜六色的布景、一辆手推车、一座城堡,还有会说话和唱歌的木偶。

网红的世界就是另一番景象了。网红通常会把他们的家"搬进"社媒平台,适当展现一些私人生活——有时候甚至直接拍摄他们的卧室。如果银幕背景确实是网红的合法私密空间,那么它还属于舞台布景吗?网红和他们的主导者(有些人有主导者),让粉丝们看到想让受众体验的商品。所有的一切都以某种方式、状态和形式推销品牌。

孩子对此有什么感觉?与众不同的信任感。孩子们会为他们能经常性地如此接近名人而感到荣幸。可以肯定的是,至少通过电视或电影屏幕根本无法实现与明星的这种近距离接触,因为它们缺乏社交媒体具有的亲密感。

在这种情况下，被网红的世界所接受的特殊性提供了一种即时、连接和亲密的感觉，这种感觉在名人（网红）和粉丝（关注者）之间前所未有。想象一下，如果我们回到几十年前，能够以这种特殊的私人方式接触到玛丽莲·梦露、丽塔·海华斯和詹·曼斯菲尔德等好莱坞明星，这可是报社和小报都没有的机会。一方面，工作室塑造的这些人物的神秘感将不复存在；另一方面，受众会觉得他们好像是玛丽莲、丽塔和杰恩的密友——这些人以前被认为是如此遥不可及的，以至于"明星"这个词很恰如其分。

然而，无论我们以哪种方式来审视它，网红/关注者动态都是一种单方面的情感关系，提供了亲密和友谊的假象。"关注者"这个词的字面意思本身就暗示了一种被动的立场。点赞、购买、滔滔不绝的评论等，相当于对公认的领袖鞠躬致敬。这种献身精神成为网红、产品营销人员和广告商的赚钱方式。

这个建议很酷

信不信由你，《瑞安的世界》动漫中的瑞安·卡蒂是一个10岁的YouTube用户（又名"视频博主"），目前拥有超过3 000万的订阅者。他通常的视频是带观众看他的日常生活，包括吃早餐。他打开玩具，然后以一种似乎是自然的方式对它们进行评论，而不是像传统的舞台广告那样。孩子们觉得他们与他们的"朋友"瑞安有一种特殊的关系，并且隐约地相信他的建议。当一个网红以这种方式把他们和一个产品联系起来时，孩子们所拥有的情感感受被称为意义转移。[12]

瑞安有能力利用这些粉丝的情绪，在一年内赚取2 950万美元。

第四章 一再上钩：为什么年轻人如此容易受到网红的影响？

他现在拥有自己的品牌玩具、服装和家居用品，这些产品也在塔吉特、沃尔玛和亚马逊销售。自 2019 年以来，他甚至在尼克国际儿童频道（Nickelodeon）出演了属于他的电视节目《瑞安的神秘玩伴》（*Ryan's Mystery Playdate*）。

很少有人会对瑞安和他的家人的收入感到怀疑。然而，瑞安的建议绝对是合理的吗？人们肯定会感到奇怪，尤其是自从 2019 年 8 月 29 日《真相广告》（*Truth in Advertising*）提出申诉以来，它声称"近 90% 的《瑞安玩具评论》（*Ryan ToysReview*）视频包含至少一条针对学龄前儿童的付费产品推荐，而学龄前儿童还太小，无法区分广告和评论"。[13] 那么，我们来解释一下在前面提出的问题：瑞安真的在使用他推荐的所有玩具吗？虽然我们不确定他的情况，但对青少年网红的采访显示，他们经常使用他们完全支持的品牌，但总有例外。[14]

广告与现代家庭

不久前，郊区的家庭购物主要在当地的购物中心进行。妈妈会拖着她的孩子们从一家商店逛到另一家商店，也许会让孩子们骑上一匹电动小马，在他们逛完商店，度过漫长的一天后，拿着冰激凌离开。

如今的形势已经完全改变了——也许是永久性的。儿童网红决定什么是酷的（比如衣服和玩具），然后粉丝央求他们的父母点击链接并购买这些产品（我们只能希望大多数孩子不会无限制地刷信用卡）。对于忙碌的父母来说，他们不再需要开车去商场，抢停车位，在商店里逛来逛去，寻找促销品，在货架上寻找合适的尺寸，等待孩子们在试衣间里试穿，以及排队付款。如果这算不上一件幸事，起码也算是一种解脱。最棒的是，他们可以避免孩子在停车场发脾气的尴尬。

网上购物逐渐取代实体零售市场并不是什么新鲜事,新冠大流行和保持社交距离为这一趋势增添了动力。如今,无论好坏,据报道,"73%的孩子在网上看到儿童网红的推荐后,会让父母买点东西"。[15]

除了前面提到的与大脑发育、荷尔蒙和自尊有关的问题之外,儿童特别容易受到网红的广告的影响,因为他们的广告素养(识别和批判性评价广告的能力)不足。[16] 广告商(包括网红页面上的广告商)非常清楚这个事实,并利用这个特点来有针对性地投放广告,好吧,我就直说了,这是在利用幼稚的青少年的大脑。[17]

网红广告已经形成了一个巨大的业务,预计到2020年底该业务的营收规模将达到138亿美元。[18] 由于我们还停留在这种现象的起始阶段,广告商和网红之间的关系很少受到监控或监管,所以这项业务的海底可以称得上是一个无底洞。有些在线营销平台,如《一个印象》(One Impression),已经成为新的广告商人的星探,在互联网上寻找下一个有吸引力的儿童网红来做出最酷的选择(他们客户的衣服、玩具和其他产品)。

儿童网红的未来会怎样?

有人认真地思考过以下问题吗?

提问:有哪些保护儿童网红的童工法?[19]
回答:无。
提问:这些富有的儿童会变成什么样子?
回答:你的猜测和我一样。

提问：他们长大后还会发布自拍、视频、在屏幕上推荐产品吗？

回答：等等，他们不是已经这么做了吗？

提问：当他们过了变声期，长大成人，他们的粉丝还会支持他们吗？

回答：让我看看我的水晶球（不一定）。

如果儿童网红们失宠了（例如陷入丑闻），成为资本主义营销人员的猎物，或者最糟糕的是，最终变得无关紧要，他们会怎么样（从我成年后的经历来看，这是任何网红最害怕的事情）？如果没有独特的技能，从长远来看，他们依靠什么生存？考虑到好莱坞年轻明星成年后面临的考验和磨难，我预计至少对他们中的一些人来说，道路会很艰难，除非他们的家人为备选职业计划提供支持（包括接受适当的教育）。

我们只能希望儿童网红们的内部圈子（家庭）把他们的最大利益放在心上，并且在决策中考虑到他们子女的长期生活。从罗斯·汤普森·霍维克（滑稽剧明星吉普赛·罗斯·李的母亲）到帕特西·拉姆齐（年轻的儿童选美冠军乔恩·贝内特·拉姆齐被谋杀的母亲），如果这些明星的妈妈们能说明问题的话，关注儿童网红的未来福祉就是我们要追求的最大利益。现在的父母在孩子太小还没有发言权的时候就把他们的孩子介绍给世界，这已经是司空见惯的事实了，尤其令人担忧。事实上，孩子们可能还没有到有发言权的年龄。请允许我对此类现象进行解释。

喜爱晒娃还是过度晒娃——这就是问题的所在

一方面，我们的孩子被社交媒体影响的世界所吸引，很重要的一点是：这绝不是孩子们的错。早在孩子们进入现实世界之前，他们就已经进入了虚拟世界。据估算，至少有四分之一的婴儿超声图像被发布在网上。随着时间的推移，网上对新生儿的关注会越来越多：三分之一的父母在医院病房里分享他们新生儿的照片。如果你已经为人父母，你能感同身受吗？好吧，至少你有个好伙伴。在这些帖子之后，还有无数张被朋友和家人欢迎的照片。这种感觉一直持续到生日，幼儿园和小学的第一天、圣餐或者成人礼、毕业典礼、夏令营、毕业舞会……

看看这些统计数据：仅在美国，92%的两岁小孩已经有了在线身份。[20]对于朋友和家人来说似乎很棒，但是对于孩子们自己呢？在未经许可的情况下，有多少数据痕迹在营销人员和产品广告商之间传播？当面部识别技术延伸到社交媒体时，下一波进步浪潮会发生什么？这些两岁的孩子已经出现在多少个目标名单上了？当人们深入了解互联网上如此普遍的诈骗和掠夺活动时，这只是冰山一角。

我们理所当然地认为网络捕食者是潜伏在网上、诱惑和吸引我们孩子的最邪恶的东西。这些人确实很可怕。据我们所知，他们可能是我们看似无害的邻居。但是，我们的孩子最初是如何迷上互联网的呢？谁负责创建一个如此广泛、目录齐全的图书馆，供全体公众浏览呢？

答案很明显：孩子的父母。虽然这看起来是无害的，但孩子的母亲、父亲，也许还有其他监护人，是负责创建孩子的大量数字档案的人，他们让这件事看起来像是一件本就该这么做的事情。由此产生了一个问题：孩子们从自己那无知地、鲁莽地发布他们想发布的讯息的父母那里，可以获得任何法律意义上的权利和保护吗？

我并不是在嘲笑那些为自己的孩子感到骄傲，想要与他人分享他们的宝贝的父母。他们的做法是可以被理解的行为，当然，我和我的妻子也感到内疚，我们也通过 Facebook 等社交媒体向他人分享过孩子的信息。没有人能彻底解决的困境是当父母过度分享（包括与他们不认识的朋友或粉丝分享）时，会导致数据和内容不断增加、传播和恶化。除了成为网红的营销人员和广告商以及各种捕食者的素材外，还有一个很明显的、简单而容易被忽视的问题，很少有父母为此考虑，那就是孩子的合法隐私权。

与所有新事物一样，为了解决这个问题，人们创造了一个新的术语：晒娃成瘾。简而言之，这个术语指的是父母可以通过各种方式分享关于孩子的信息、图像和其他内容。这个词暴露了一种内在的冲突，父母有决定如何以及披露哪些关于孩子的信息的权利，而孩子也有保护自己信息的权利。

约翰尼·B. 古德

现在，我想和大家分享一个值得被关注的故事，故事的主人公是约翰尼，一个患有多动症的 8 岁男孩，他因为行为问题多次被停学。[a] 他的母亲在社交媒体上发布了儿子的照片，以及学校关于他的不当行为的报告，她希望她能从其他人那里得到建议和解决方案，并与其他面临类似情况的父母分享她的经验。这些帖子演变成了一个博客，现在已经吸引了大量粉丝。

一切似乎都很好，对吧？约翰尼的妈妈为她的儿子做了一件有价值的事，同时也帮助了其他妈妈。这里有一个遗留问题：随着时间的推移，成年的约翰尼会如何看待他整个童年的

> 苦难经历在社会上引起了轩然大波？他的数字足迹——他从未对其进行过任何输入——会对他未来的大学录取、工作申请和人际关系产生影响吗？抛开所有这些问题不谈，如果约翰尼的童年后来对他来说是一件尴尬的事，从情感的角度来看，他只想把这一切抛在脑后怎么办？有了大脚怪般的数字足迹，他将如何摆脱这一切？
>
> 注释：
>
>   a. 斯坦西·B. 斯坦伯格，"分享：社交媒体时代的儿童隐私"，埃默里法律杂志第 66 期，no. 4（2017），https:// scholarlycommons.law.emory.edu/elj/vol66/iss4/2/。

法律目前正在努力制定一项政策，既不侵犯父母的权利或他们的决策权，又保护孩子的隐私权。立法者需要回答这些具有挑战性的问题：孩子在什么年龄有足够的权力与父母对抗？当已经有了这么多处于灰色地带的内容类型时，法律该如何制衡这些问题？

在互联网出现之前，事情似乎没这么复杂。报纸和杂志文章缺乏博客文章的即时性和潜在影响力。在大多数情况下，出版物的编辑人员会权衡哪些主题适合公众消费。尽管这些事情确实被公开了，但与今天无限的博客圈相比，普通人可以获得的编辑空间要比现在少得多，最极端的报道往往被保存在《国家询问报》上。

让我们来看看过去发生的一个更"积极"的例子：一个自豪的母亲可能会抱着她漂亮的婴儿走进专业摄影棚，希望孩子作为一名杂志模特得到大家的认可。家长将签署所有必要的弃权书，照片将被人们传阅。这些小天使最终成名的概率是百万分之一。

现在，让我们将上面的场景与现代的"晒娃"场景进行比较：如果父母发布孩子的照片，对孩子的不当行为进行羞辱，会怎么样呢？这种情况正在以惊人的频率发生。一些绝望的父母在公共网络论坛上揭露了孩子的不当行为，目的是让孩子们难堪，从而扭转他们的行为。当这种事情发生时，网络纪律很少奏效。如果说带来了哪些变化的话，那就是孩子们怨恨父母，并把他们对于父母的怨恨作为荣誉徽章对他人展示。少数人享受着这种关注，并被激励做出更恶劣的反叛行为。他们可能会鼓励其他人也这样做。

同样，当这些孩子长大后，他们年轻时的滑稽动作已经被成千上万或数百万人看到，并且仍然可以通过谷歌搜索访问时，会发生什么呢？孩子们应该为他们13岁时的所作所为付出他们一生的代价吗？

父母很久以前已经披露了大量关于孩子的信息，关于这个问题的争论将持续多年。就目前而言，父母对子女的福祉有着更直接的担忧，尤其是关注那些有时候在自己平台上不加控制，对自己行为不负责任的成年网红时。

影响和被影响

经过多年的法律斗争，美国的监管机构最终能够取缔针对未成年人的有害产品广告，如酒精和香烟。你可能会认为这些法律和限制中至少有一些可能适用于互联网。不幸的是，和其他事情一样，针对未成年人的互联网法律与限制的漏洞层出不穷，变通方案也花样繁多。虽然为了防止出现此类可疑内容，传统广告和横幅广告受到严密监控，但有一件事往往会逃过审查：网红的帖子。当人们考虑到正如我们在本章前面所交代的那样，儿童和青少年由于大脑发育和高度易受影响的心理而容易受到这些事情的影响时，这一点尤其令人担忧。

根据阿姆斯特丹大学（University of Amsterdam）的一项研究，当网红在帖子中颂扬饮酒的好处时，有很多地方值得关注。[21]

孩子们会本能地被这种冒险的内容所吸引，比如吸电子烟，而且我们都很清楚，如果身边有这种东西，他们肯定会去尝试。

上述研究的统计数据发人深省：在接受调查的网红中，有64%的人发布了饮用含有酒精的饮料对我们有利的内容。十有八九，网红在推荐某些酒精饮料或开玩笑说喝酒和聚会的好处时，不会考虑粉丝的年龄。许多帖子都附上人们大笑、玩得很开心以及做他们认为很酷的事情的照片和视频。这传达了一个明确的信息：喝酒是一种有趣的游戏，酗酒没有任何不良后果。想象一下，如果罗杰斯先生推荐了一杯马提尼酒而不是一杯橙汁会造成怎样的后果？

更多研究表明，网红正在导致青春期前和青少年酗酒行为的持续增加。[22] 这不应该让你感到惊讶，因为网红似乎"有吸引力、值得信赖和专业"，而且如前文所述，未成年粉丝很难区分不值得信任的网红和真正负责任的权威人士。因为孩子们不认为社交媒体上的网红是陌生人，信任他们，年轻的粉丝们甚至更愿意听从网红的酒精建议，而不是流行歌星、电影明星或电视明星的警告或警示故事。

停止你手头正在进行的事情——请关注这个事实：年龄在14岁到17岁的青少年中，有三分之一的人会搜索他们追捧的网红推荐的产品。如果他们在开始在线搜索时还没有饮酒，他们更倾向于在收到网红的饮料建议后开始喝酒。如果他们已经碰巧在饮酒了，他们很容易更频繁地在父母的酒柜偷酒喝。

成年网红在他们的辩护中，可以声称他们有权发布他们想要的任

第四章 一再上钩：为什么年轻人如此容易受到网红的影响？

何内容，他们无法控制谁在阅读他们发出的内容。无论他们是否意识到这一点，这种情况正在成为酒类公司及其广告商的福音，他们现在有了绕过监管机构的新宣传途径。不幸的是，发帖声称酒精的好处并不是网红推荐给孩子的唯一的潜在陷阱。

网红吃什么，他们就吃什么

我们都知道孩子们喜欢一些影响他们健康的东西：快餐、含糖零食和富含果糖的饮料。美国有超过20万儿童患有1型或2型糖尿病。[23] 美国疾病控制与预防中心（CDC）的报告称，五分之一的美国儿童的体重超标。[24] 如果将网红的因素加入要考虑的因素中，情况会更加复杂。

关于社交媒体上的网红对儿童食物摄入的影响的研究才刚刚开始。在最近一项涉及176名9岁至11岁儿童的研究中，研究人员调查了网红对其粉丝饮食习惯的影响，对涉及健康和不健康食品的帖子进行了测试。[25]

研究结果得出了每个家长最害怕的结论。那些推荐不健康（高糖、果糖、脂肪、胆固醇、卡路里等）零食的网红会导致儿童对这些不健康食物的摄入量大大增加。关于快餐店（如肯德基和麦当劳）的帖子获得了异常高的点赞和非常多的评论。

人们可能会乐观地倾向于认为，那些发布健康食品（高纤维、高营养、低脂肪、低卡路里、低胆固醇）的网红会对未到青春期的小粉丝的饮食产生积极的影响——事实上没有。健康饮食的网红建议并没有以某种方式改变孩子们的饮食习惯。

这让我们回到了我在本章早些时候得出的结论（如同我举的手枪

虾的例子）：儿童往往缺乏成年人的基本批判性思维能力，无法辨别真相和幻想。他们的大脑对多巴胺的反应更强，而且还没有完全发育成熟，这意味着他们很容易受到网红发出的帖子的影响，而且由于使用社交媒体，他们的神经系统发生变化的风险也更高。在前面提到的营养研究中，研究人员得出结论，未到青春期的粉丝无法区分赞助（付费）广告和非赞助广告，即使他们知道，他们也不在乎。

  我希望我冒险对社交媒体上的网红对我们孩子的影响的批评能发人深省。我们有责任保持警惕，保护我们的孩子远离潜在的危险，无论这些不当的负面网络影响是故意的还是无意的。重申我在本章开头所说的：多巴胺是一种极其强大的神经递质。当它充斥在我们孩子的大脑中时，孩子们的感知可能会变得扭曲，他们很容易成为网红的猎物，网红有一系列策略来操纵一系列主题，进而影响孩子们的行为。

  至于成年人，别忘了有些领域的成年人也容易受到虚幻的影响力世界的影响，我们将在下一章中探讨这个问题。

第五章

一切都是假象：
一些网红如何歪曲
他们自己和事实？

> 帽子戏法是一种需要艺术家和公众合作的艺术,必须记住这一点。
>
> ——E.M. 巴特勒,《魔法师的神话》[1]

一个多世纪前,传奇魔术师哈里·胡迪尼曾说过一句名言:"眼所见,耳所闻,心所信。"[2]

可以肯定地说,如果胡迪尼今天还活着,表演他那令人瞠目结舌的、挑战死亡的特技和技巧,他将成为一个相当有影响力的社交媒体人物(尽管有很多免责声明,大意是"永远、永远、永远不要在家里尝试")。值得注意的是,胡迪尼很清楚自己的艺术属于娱乐范畴。虽然他的成就显然需要天赋、技能和大量的实践,但他从不假装自己的成就有什么超凡脱俗的地方。首先也是最重要的一点,他认为自己是一名艺人。

顺便说一句,我可能用这页顶部的那句话愚弄了你。实际引用是以"魔法"而非"帽子"开头。在社交媒体上,网红和内容创作者同样可以轻易地欺骗我们。

那么，我们如何看待当今活跃在社交媒体上的网红呢？他们属于魔术师或艺人的范畴吗？他们是真正的权威人士吗？他们的言论和建议可以得到粉丝的信任吗？还是说，无论何时为了方便网红自己，他们介于两者之间？

我认为，网红可以是上述的任何组合，只要他们能在现场清楚地区分假象和现实，诚实对待方法和结果，并以负责任的方式提供信息和指导。虽然社交媒体上有许多声誉良好的网红符合这些标准，但也有一些人不顾一切地发布信息，提出没有事实根据的所谓的解决方案，这可能会给公众造成伤害。

波士顿的儿科运动医生杰西·安德拉德——网红"杰西博士"，她向我表达了类似的观点："我们进行研究是至关重要的。我看到人们不进行研究就制作并发布视频。这些信息在网上疯传，误导了一大群人。"

当我戴着手术帽在 TikTok 上发布视频时，我代表的是我自己——一名经过多年大量学习研究和培训才获得医学学位的外科医生。说实话，任何人都可以穿戴手术帽和白大褂，在社交媒体平台上假装自己是医生。你甚至不需要这套行头。在社交媒体上，任何人都可以声称任何产品或治疗方法可以治疗疾病。这是具有欺骗性质和不道德的。具有讽刺意味的是，他们不负责任的说法越令人震惊，帖子越容易被疯传。没有人充当官方的监督机构，提醒和保护观众免遭故意或无意的庸医和误导性信息的侵害。

如果你仔细看电视广告和涉及医疗专业人士的商业广告，如果相关人员不是真正的医疗从业者（或者任何他们自称是的人），你通常会看到一个很小的标题，上面写着"演员饰演"。由"瑞克医生"——

第五章 一切都是假象：一些网红如何歪曲他们自己和事实？

"父母人生导师"主演的广告尤其有趣，这位满头白发留着胡子的演员，试图治愈人们所表现出与自己父母非常相似的无法控制的行为（例如，抛弃"活着，笑着，爱着"等陈词滥调；学习如何正确地进行"藜麦"一词的发音；如何不呻吟地坐下来）。

虽然我们都知道像瑞克医生这样的喜剧角色并不是真实存在的，但在社交媒体平台上，要区分这些人却并非易事。免责声明不是必需的，所以它们很少出现。人们怎么能区分江湖骗子和真正的医生，或者只是穿着白大褂或手术服不亦乐乎的人呢？正如杰森博士对我说的那样："我见过一些穿上白大褂，假装是医生的人。我认为这是一种误导。当人们故意歪曲自己的资质并误导公众时，这可能会造成伤害。"

在许多社交媒体平台上，虚假接龙越来越普遍，广告商窃取真实医生的社交媒体视频片段，并将其与另一个视频结合起来，进行误导性的产品代言。丹娜·布莱姆斯博士就是这种邪恶行为的受害者之一。[3] 她发布了一段视频，视频中她对一种她不认可的减肥产品竖起大拇指，事实上，她认为这种产品可能会导致饮食失调，对人们有害。她向 TikTok 报告了这一违规行为，TikTok 回应道，这个接龙视频很好，没有违反平台规则。布莱姆斯博士在她自己的帖子中谴责该平台允许这种情况发生（"真可耻"），因为正如她确定的那样，他们不想失去广告收入。值得称赞的是，至少当医生报告广告商的类似滥用行为时，他们往往会做出回应。该平台现在有一项政策，如果视频中的医生或网红正在代言某一产品或服务，则禁止任何发布视频的付费广告宣传。

请注意，此类违规行为不仅涉及健康建议，这些恶作剧还可能涉及从烹饪到时尚再到园艺和许多其他主题领域（至少没有人会因为这三个类别而生病或受伤——除非我开始做一个"与布莱恩医生一起烹饪"的频道)。然而,如果此类违规视频涉及金融和投资等领域呢?你真的会相信一个外行能指导你如何理财吗?然而,所谓的金融专家在社交媒体上的行径十分猖獗,他们提供各种各样的错误信息,这些信息可能会以惊人的速度耗尽你的银行账户的钱财。例如,在比特币的世界里,突然之间,每个人都像巴菲特一样精通投资。2021年年中,就连金·卡戴珊也加入了这股热潮,提供了"以太坊 Max"——一种替代加密货币。卡戴珊女士在她的世界里可能非常富有和成功,但你会相信她的理财建议吗?[4] 很多人都这么做了。

当遵循网红的建议时,人们可能想问一问,"消息来源是谁?"和"谁在幕后(以及谁在化妆、设计服装和布景)?"我们太容易被愚弄了,难以看穿假象,因为没有任何实体创建一个安全网来提供警告,我们都希望相信我们解决日常问题的方案可以神奇地出现在我们的智能手机上,就在我们眼前——这可以追溯到本章开头胡迪尼的名言。这就是我们的感知智能会遭到破坏的原因。

网红的外表远不止眼前所见。让我们驱散这些迷雾,准确定位我们大脑中假象的来源,了解网红如何利用并"劫持"我们的认知商,让网红接受他们营造的假象并非事实,回顾我们在监控网红的道德行为方面的立场,尤其是在广告方面。

首先,让我们从一个简单的事情开始,比如如何让姓名有内涵,我们很少思考,但却揭示了很多关于人类心理以及受众如何与网红联系的问题。

第五章 一切都是假象：一些网红如何歪曲他们自己和事实？

我们被自己所吸引，也被我们希望成为的人所吸引

为什么我们喜欢某些网红？是因为我们自我意识中根深蒂固的心理裂痕，还是我们可能缺乏安全的身份？

事实证明，我们喜欢与自己相似的人，也就是我们希望自己被他人看到的样子。这是人的本性，我们通常是无意识的。美国某个州最常见的名字常常源于该州的名字，这是巧合吗？以肯为例。肯塔基州的叫肯的人比美国其他任何地方都多。路易斯安那州叫路易斯的人口也是如此。大多数叫乔治的人住在乔治亚州。你认为弗洛伦斯市最多的人住在哪里？当然是佛罗里达州。请记住，这些居民中的大多数人并不在这些州出生，而是搬到这些地方的，他们甚至没有意识到自己为什么这么做。

社交媒体网红开发的个人资料会演变成成熟的、可识别的在线角色，这些角色与"肯们""路易斯们""乔治们""弗洛伦斯们"有关联，无论他们住在哪里。他们可能会定制自己的平台，吸引尽可能广泛的受众，着眼于该群体认同和认为真实的东西。自我认同对网红来说是一种强大的诱惑。一项研究表明，儿童认为自己与他们最喜欢的网红相似，这与准社会关系（PSR）有关，我们在前一章中讨论过，这种纽带可以转化为可信度。

我们更喜欢和自己相似的人，这种观念可以追溯到人类的进化史。如果在数千年前，一个金发矮个子的陌生人来到一个聚集着棕发高个子人的村庄，他看起来与村庄里的这群人截然不同，这个人往往不会被群体接受并被视为威胁。

不管我们是否承认，我们都容易被有魅力的人吸引。科学研究表

明，当参与者看到漂亮的面孔时，大脑的奖励中心眶额叶皮层外侧会被激活（你好，多巴胺）。[5] 不公平的现实是，有吸引力的人更有可能被雇用，赚更多的钱。[6] 考虑到以上因素，我们如何接受以下关于社交媒体网红的真相？

a. 我们倾向于关注那些长相、思维和行为与我们相似的人。
b. 我们倾向于关注美丽、自信和成功的人。

是的，（a）和（b）可能同时是正确的，因为网红和他们的粉丝之间相似的假象纯粹是一种渴望。粉丝可能希望模仿他们所选择的网红，幻想变成他们，或者妄想自己已经变得像他们了。由于这种假象发生在可以保护隐私的设备屏幕上，它就变成了一种持续的、自我延续的幻想。为了帮助我们理解这个概念，让我们来看看如今在众多平台上最受欢迎的十大网红（最受欢迎的网红排名可能会在一瞬间发生变化，但你会立刻会明白我的观点）：[7]

1. 克里斯蒂亚诺·罗纳尔多，粉丝超过 5.17 亿：以俊俏的外表著称的足球明星。
2. 贾斯汀·比伯，粉丝超过 4.55 亿：歌手和万人迷。
3. 阿丽亚娜·格兰德，粉丝超过 4.29 亿：歌手兼演员，即使素颜也被认为很美。
4. 赛琳娜·戈麦斯，粉丝超过 4.25 亿：歌手、演员和美女，她的走红可以追溯到她的童年选美时代。
5. 泰勒·斯威夫特，粉丝超过 3.61 亿：歌手，被包括《马克西姆》杂志在内的众多出版物评为世界上最美丽的女人之一。

第五章 一切都是假象：一些网红如何歪曲他们自己和事实？

6. 德韦恩·约翰逊，粉丝超过 3.42 亿：前职业摔跤运动员转型为演员，他的银幕名气无疑在一定程度上是由他帅气的男子气概和强壮的体格推动的。
7. 凯蒂·佩里，粉丝超过 3.38 亿：长相独特的歌手，通常被认为很有吸引力。
8. 凯莉·詹纳，粉丝超过 3.33 亿：以上镜造型闻名的媒体人。
9. 蕾哈娜，粉丝超过 3.32 亿：长相出众的偶像歌手（出生于圣迈克尔，在巴巴多斯布里奇敦长大）。
10. 金·卡戴珊，粉丝超过 3.19 亿：我们如何定义她？比方说，她是一个有吸引力的"媒体人"，就像她的妹妹凯莉一样。

现在，你明白过来了，这些最热门的网红中没有一个长得碍眼的。虽然你可能不会觉得上面提到的每个网红都对你本人有吸引力，但不可否认的是，他们对各自的受众来说都以某种传奇的方式具有吸引力和魅力。

我们如何利用这些信息来帮助自己？我们可以通过认识到我们容易受到对那些让我们想起自己、认为自己有吸引力并渴望成为的人的偏爱的影响，来保护我们的认知商免受潜在的伏击。在这种情况下，我们希望能够确定我们何时开始受到客观和准确信息以外的因素的影响。

当然，并不是所有网红的吸引力都来自外表，尽管漂亮的外表并不会给人气减分。一些粉丝在精神上或情感上被网红页面的内容和真实性（或至少是令人信服的假象）所吸引，二者必须始终共存。

屏幕滤镜——网红的假象是如何引出多巴胺的

众所周知,所有类型的演员和表演者都会化妆,并使用各种各样的产品来掩盖自己的缺陷,无论这些缺陷多么微小或是突出,甚至是想象出来的。相当一部分名流也因其极端的尝试而闻名,他们通过从面部到臀部的多次整容手术来扭转衰老过程。人们很难谴责他们的做法,因为娱乐圈的审美标准似乎高得不可思议,小报摄影师们也不遗余力地捕捉名人最糟糕的一面。这不仅适用于女性,演员莱昂纳多·迪卡普里奥、杰森·莫玛和范·迪塞尔只是这些年来因自己的"啤酒肚"感到羞耻的少数男星。[8]

在这方面,没有比社交媒体更残酷的了。在社交媒体上,一位著名的美国说唱歌手、词曲作者和长笛演奏家莉佐(梅丽莎·薇薇安·杰斐逊饰)因体重超标受到了一些过于严苛的羞辱和欺凌。早在2020年,带有攻击性的表情包就流传开来,在这些表情包中,莉佐被描绘成一枚从军用飞机上扔向伊朗的"炸弹"。[9]这件事的影响如此之广,以至于这位歌手觉得她必须关闭自己的Twitter账户一年半,直到2021年才回归。

如果这还不明显的话,莉佐一直努力展现真实的自己。她明确地决定不改变自己的形象。她的照片和视频都是真实的,没有经过滤镜处理。你在她的照片和视频中看到的都是真实的,这样人们才有机会看到真实的她。她的社交媒体形象不是假象,而是她在网飞公司播出的节目——《泰德·拉索》(杰森·苏迪基斯饰演)中扮演的真实角色。

考虑到一些网红受到如此严苛的对待,你就能理解他们和其他人为什么会检查自己的照片,并在社交媒体上为图像和视频添加滤镜。

喷子——不是斯堪的纳维亚侏儒那样的角色，而是那些在社交媒体上发表煽动性评论，想要激发受众情绪的人——在发帖时拥有巨大的权力，他们可以侮辱或破坏任何他们想要贬损的人，而不必亲自面对受害者。在许多情况下，他们会使用假名或表情符号作为个人资料名称或图像，因此甚至不需要丝毫勇气就可以发布针对网红或任何人（尤其是小学同学）的攻击性内容。与社交媒体相关的自由可以把普通人变成恶毒的喷子和欺凌者，就像社交媒体之王一样。在一个安全的地方，比如评论区，人们可以诋毁网红或粉丝，而不会受到公众曝光或其他后果的威胁。很多人可能会被一个群体的"归属感幻觉"所吸引，不假思索地加入羞辱的行列。他们因对共同对手的仇恨或歧视结缘，不会感到一丝内疚（听起来有点像球迷和他们所支持的球队，你不觉得吗）。社交媒体空间已经成为这种无端攻击的猎场，因为很多人都在以某种方式进行攻击。

莉佐绝不是唯一一个持反滤镜态度的人，这表明拥有超模的外表并不是激励和吸引粉丝并提高他们的多巴胺水平的唯一方法。皮肤科医生，网红穆尼布·沙阿博士表示，滤镜"给粉丝创造了一个完美的假象，并设定了不切实际的期望"。年轻的网红斯宾塞·巴博萨在她的 TikTok 页面上用"这太正常了"作为标题，强调她更喜欢在没有任何视觉欺骗的情况下塑造自己。她有时会跳过化妆程序，断然拒绝使用任何美颜滤镜。她关闭了滤镜，尽管在默认情况下，应用程序在创建帖子时就已经开了滤镜。她向我解释："就我个人而言，我只是不想推广这个理念。每一张照片，你都看不到一个人摆拍照姿势的方式或者她的照片是如何被修图的。在我看来。我觉得应该有一个免责声明。"

巴博萨女士作为一个网红，她认为对真实性的承诺是非常必要的，尤其是对十几岁的女孩。Instagram 公司的一份内部报告显示，近三分之一的青春期女孩表示，当她们"对自己的身体感到不满意时，Instagram 会让她们感觉更糟"。[10] 据推测，与 TikTok、Snapchat 和 Facebook 等其他平台相比，Instagram 更像是这方面问题的温床，因为该平台的照片和视频更关注身材。在另一篇 Instagram 公司的演讲中，一些令人震惊的统计数据被曝光：13% 的英国青少年和 6% 的美国青少年认为他们的自杀倾向与这个平台有关。[11]

由于这是一个全球的共性问题，人们会认为全世界都会强烈要求对此采取行动。到目前为止，还没有这样的事情发生。然而，挪威等少数国家已经采取了一些主动措施，制定了法律，要求给修过图的内容贴上标签。此举的目标是"让人们意识到，广告中完美的身材并不像人们在现实生活中那样"，这种做法似乎很崇高，但只有时间才能证明这项努力是否会产生切实的影响，防止或扭转社交媒体粉丝追求不良身材形象的相关问题，以及其他国家是否会采取类似的立法。[12]

我与沙阿博士和巴博萨女士处于同一阵营，避免使用滤镜和其他任何可能让我看起来更像乔治·克鲁尼的技术操作。虽然我当然会尝试创建最清晰的图像，只使用基本的照明，但我的自拍灯直径高约 9 厘米，可以夹在手机上，这是为了给观众带来更积极的体验，我不化妆。偶尔，我会戴上一个金发女人的假发（剧透提醒：这是我在社交媒体系列中扮演的一个角色）。

#CAP

即使是成功的、可信的主流名人也会成为社交媒体上错误观念的牺牲品。2020 年，《创智赢家》（*Shark Tank*）电视节目中的鲨鱼之一

第五章 一切都是假象：一些网红如何歪曲他们自己和事实？

洛里·格雷纳无意中在一个视频帖子中传播了错误信息。她让当时的数十万名 TikTok 粉丝识别她手里拿着的运动鞋是粉色、白色，还是灰色、天蓝色（或蓝绿色）。她声称，如果你观察到前者，你就是右脑型思维者；如果你看到后一种颜色，你就是左脑型思维者。

好吧，秘诀是什么？你肯定会问。

这里的秘诀就是没有秘诀。我在一篇帖子中展示了这全然是一则虚假信息。[13] 颜色解读并没有透露出人们的任何信息，人们在屏幕上的照明设置不同，会导致运动鞋呈现出不同的颜色。

这种解释相对无害，对吧？毕竟，没有人受伤（尽管在不同的观点上爆发了一些分歧）。成千上万的人无意中被格雷纳误导了，误解了运动鞋的颜色，这真的重要吗？有没有人因为认为自己是右脑型思维者还是左脑型思维者而受到伤害？可能没有，但请考虑以下情况：格雷纳的视频来自演员威尔·史密斯，他在 TikTok 上拥有数百万粉丝。突然之间，这些数字看起来如此惊人，以至于你会想到还有哪些所谓的事实是毫无根据的——无论是来自格雷纳女士、史密斯先生还是无数其他网红。这些其他信息可能不像误导你是右脑型思维者还是左脑型思维者那样无害。

法耶兹·阿吉布博士认为，当任何网红传播任何类型的错误信息时，他们都会自动被归类为"不良网红"，特别是如果"你追求点击量，而不是提供真实的内容。"他和我一样，认为网红有责任保证所有视频的准确性——无论错误内容是有意还是无意的。这不仅适用于网红的受众，也适用于整个平台，因为你永远不知道错误信息会传多远。正如阿吉布博士所说："这又回到了你的道德准则上，你得诚实地对待自己和受众。"

一个网红有责任说出真相，并承认撒谎，无论是大是小。一个网红的不严谨行为可能会影响到一大批网红，他们的可信度会因为错误的主张而受到损害。当有人发布一些不准确的东西时，仅仅是通过关联，每个网红都会在可信度上付出代价。

由于我碰巧是网红医生，所以我发现自己正处于一种学术的流行之中。我们围绕社交媒体建立了一个组织松散的平台观察团队，在这个团队中，我们提出哪些是虚假信息，哪些不是。我们通过给粉丝分配任务，让他们在遇到可疑视频时提醒我们，然后在评论中标记我们，以引起我们的注意。高认知商的人会质疑那些古怪说法的真实性，不管这些说法是谁说的，也不管有多少人点了赞。那些认知商低的人可能缺乏批判性思维，在不提出问题和质疑的情况下接受表面上的虚假信息，通常甚至会写下滔滔不绝的评论和分享帖子，从而将虚假信息传播出去。传播的范围越广，虚假信息就越有空间滋生，并被毫无戒心的受众视为事实。

幸运的是，医学界并不是唯一一个主动监督网红行为的团体。[14] 一个名为"网红"的 Instagram 网站曝光了经过修图和美化的照片，以及那些传播错误信息的人，尤其是关于新冠大流行的错误信息。该网站由一位名叫"C"的女性运营，在没有任何货币化的情况下开始执行任务。在新闻报道的世界里，一些网站，如 Factcheck.org、Politifact 和 Snopes，它们在努力区分事实与虚构。然而，当涉及根深蒂固的政治信仰时，它们的主张能否削弱"假新闻"就值得怀疑了。人们相信他们想相信的，尤其是当涉及有关他们选择的政党的信息时。如果他们碰巧遇到这些网站更正的事实，反对者可能会声称他们偏向另一方。如果我们不能信任事实核查人员，我们应该去哪里寻找真相？支持"另类事实"概念的人表现出较低的认知商，或者为了自己的目标故意混淆视听，我们需要直接去了解事实一词的定义："有

第五章 一切都是假象：一些网红如何歪曲他们自己和事实？

实际存在的东西……实际发生的事情……一段客观现实。"¹⁵在区分事实和虚构时，最好不要让情绪影响到认知商，尤其在科学问题方面。例如，进化论已经被科学和医学证明是事实，但也有人不希望它是真的，因为它与他们的宗教世界观相矛盾（本质上往往是情绪化的）。正如杰森博士所说："当你提供基于医学的信息时，你不应该带有情绪，因为事实不是意见。有时网红在他们的信息中掺杂了很多情绪和意见，这让他们很难做到客观。"

网红广告固有的假象

2015年夏天，金·卡戴珊在Instagram上写了一篇热情洋溢的帖子，吹捧孕吐药琥珀酸多西拉敏和盐酸吡哆醇（Diclegis）①的好处。她一边拿着一小瓶药丸，一边表示"经过研究，不会增加婴儿健康的风险"。¹⁶虽然她确实建议孕妇就此咨询医生，但她在判断上犯了一个错误：她忽略了该药物的副作用（例如严重嗜睡），并且没有对既往病史进行检验。

猜猜接下来是谁联系了卡戴珊女士？美国食品和药物管理局——他们在私下和公开场合严厉警告网红，要求他们停止给产品贴上错误标识。该帖被匆忙删除，这一切都很好，除了卡戴珊女士与Duchesnay公司（Diclegis的药物制造商）的关系仍未公开，也不明

---

① 2013年4月8日美国食品药品监督管理局（FDA）批准Diclegis（成分为琥珀酸多西拉敏和盐酸吡哆醇）治疗妊娠妇女所经受的恶心和呕吐。Diclegis是一种缓释片，意向为对妊娠时恶心和呕吐对保守处理反应不佳的妇女，这些保守处理如饮食和生活方式调整，包括吃几小餐代替三大餐，吃低脂肪容易消化的刺激性食物和避免闻激发恶心的味道等。——译者注

确。在她的帖子中，她表示这是她的医生开的处方，这让她感觉好多了，但不清楚这是否涉嫌付费代言。

这件事突然变得让我们捉摸不透。在这种情况下，对网红完美的幻想已经远远超过了真实性因素。卡戴珊女士可能对美国食品药品监督管理局的警告感到尴尬，但这对她有什么实质性的影响呢？帖子下架不需要太多努力，她也不需要支付任何罚款，她的粉丝也没有受到影响。有什么能阻止她或其他人重复这种行为？正如下面我们将要讨论的那样，联邦已经颁布相关法律，以提高网红广告的透明度。

撇开卡戴珊事件不谈，网红欺诈（即使不是彻头彻尾的谎言，也是一种假象）仍然是企业和消费者担心的问题。一些网红绕开社交媒体平台的监管，购买虚假的粉丝、点击量、点赞和评论。是的，你没看错：可以购买评论，以表明他们成功地参与了产品广告宣传，并向品牌收取更多的发帖报酬。由于即使是虚假的、设计好的观点和点赞也有可能产生真正有利的反应，因此几乎不可能将二者区分开来并证明发生了什么。

阿吉布博士向我描述了许多内容创作者一旦涨粉就会掉入的陷阱。各大品牌用现金诱惑他们植入广告。如果广告没有在帖子中被识别出来，那么粉丝们如何区分网红真正推荐的内容和付费广告的内容呢？他们做不到。阿吉布博士向其他网红提出了以下问题："当有更便宜的替代品时，你会接受一个你推荐的太贵的维生素软糖广告吗？你觉得向你的观众推销这些东西，你心安理得吗？"

医学博士萨拉·拉夫不喜欢指责其他网红，因为她认为每个人的平台都是属于自己的。然而她也有自己的底线："就我个人而言，我不会追随一个出卖自己的网红。我完全支持网红推销他们喜欢和使用的产品——特别是如果他们就是以此谋生的话。有时推荐产品是一份工作，他们也需要付房租。我完全支持品牌合作。我特别不喜欢的是，他们——比如那些出售排毒茶等减肥产品的健身网红，为了赚钱可以做任何事，即使他们知道这种做法不起作用。"

2019 年，Entrepreneur.com 网站报道了另一种与虚假产品广告无关的欺骗行为：近四分之一的网红为了夸大他们的广告价值，故意谎报他们的参与度数据。[17] 一位英国网红声称拥有 23 万粉丝，并与 22 个品牌合作；她发出的每个帖子收费 1 000 美元。从表面上看，这似乎不是一笔很大的风险资金——直到你意识到 96% 的订购都是假的，这意味着每个广告商都在不知情的情况下为每条付费帖子浪费了 960 美元。

具有讽刺意味的是，至少在某些情况下，识别广告本身（带有 # 广告或某些其他标识符）可能会为广告商获得更理想的结果。在一项研究中，研究人员在一位网红的帮助下发现，使用广告标识符的帖子并不能抑制受试者的反应。[18] 如果有什么不同的话，"# 广告"标志似乎能将整体反应提高 19%。为什么当受试者知道这是广告时，他们会更容易被产品吸引呢？我们只能推测，这一披露增强了人们对网红真实透明的看法。

网络小镇的新警长

政府有什么责任保护人民免受这种欺骗？考虑到政府对社交媒体的理解已经远远落后于潮流，政府能为此做些什么吗？

2019 年 11 月，美国联邦贸易委员会（FTC）发布了针对社交媒体网红的特别指南，旨在制裁他们公开赞助信息的行为。[19] 几个月后，政府向各类网红发出了 90 封警告信，其中一半是名流，以使他们遵守新规定或其他规定。如果你想知道政府为什么选择这 90 个当事人，你只需要知道 93% 的顶级社交媒体名流违反了准则。政府还没有追究那些小男孩或小女孩。

以下是《社交媒体网红公开 101》文件中最重要的几点：

·当你与某个品牌有任何财务、雇佣、个人或亲属关系时，请公开。(粗体字同原文件形式)。

·请记住，标签、点赞、徽标和类似的向你展示品牌或产品的方式都属于代言。

如果是从国外发布的帖子，会影响到美国消费者，需要适用于美国法律，其他国家也是如此。

以上内容可以被进一步简化。如果你正在浏览社交媒体页面，看到一个带有"#广告""#赞助"或"#（公司名称）"合作伙伴标签的帖子，那么你就知道这位网红正在与付费赞助商合作。有了这样的监管措施，粉丝们就不再需要思考网红是否以任何方式通过积极推销产品获得收入。

对于那些通过广告和有利指标赚钱的网红和营销人员来说，第二点是最棘手的。透明度可能不是他们最好的朋友。自然，许多网红都不愿意在自己的帖子上加上带有赞助意味的标签，因为他们担心这会惹恼他们的粉丝，甚至可能导致一些粉丝脱粉。这些担忧是多余的，因为透明会让网红看起来更诚实，也更真实。因此，就像上面引用的研究显示的那样，采取透明的方式对年轻人来说更值得信赖。

就像所有与网红营销相关的事情一样，有些人找到了创造性的方法来利用这个制度。例如，有些网红尝试了相反的策略：他们没有隐藏广告植入是付费的，而是添加标签，表明他们有赞助商，而实际上他们并没有。例如，时尚设计师、网红帕拉克·乔希在 Instagram 上发布了一个中国著名手机制造商一加手机（OnePlus）的闪亮照片标志，并标记了他们的 Instagram 用户名。[20] 这是企图制造一种成功徽章的假象。如果一家知名公司赞助或与一位网红合作，这（大概）会提高这位网红在粉丝眼中的可信度。麻醉师，网红普林茨·马格诺利娅博士提供了这条建议，让你知道什么时候该停下："我认为你必须小心，赞助、品牌交易和追逐金钱变得比你最初的目标更重要了。"

有抱负的网红往往会不遗余力地提升他们的声望和庄重感，否则可能需要数年时间才能出头。还有另一种欺骗形式——网红对一家老牌公司的产品或服务表示"感谢"，尽管他们与该品牌没有任何关系。插画师，Instagram 网红莫妮卡·阿哈诺努曾经在 Instagram 上发布了一个定制的艺术品，用于宣传香奈儿的化妆品套装，这张照片有什么问题吗？问题就是香奈儿公司对此一无所知。香奈儿集团可能会让此事情翻篇，因为毕竟这是一则免费广告。然而，他们也有很多理由反对——也就是说，他们可能不赞成与特定的网红建立虚假的合作关系，特别是如果他们认为该网红与他们的品牌理念不符的话。

展望未来，指南准则、常识和自我监管的结合能成功吗？让网红给我们答案吧，他们不需要假象来引诱和操纵粉丝了？如果他们有值得分享的内容，无论是为了知识建设、解决问题还是纯粹的娱乐，我们都可以希望他们走上正道，让他们的帖子和声誉为自己代言。

汤米·马丁博士是阿肯色州小石城的住院医生，他也是一个网红，他给那些威胁要破坏网红同行诚信的不良行为者敲响了警钟："我们必须意识到，每一次互动都是永久的。它不会消失，它会一直伴随着那个人，直到他们离开这个世界。无论是路边的流浪者、评论区的喷子还是你最好的朋友，无一例外。每一句话，每一个动作都会留下永恒的印记，未来会怎样，是否会往这个方向发展呢？无论积极与否，都是取决于我们自己。"

正如喜剧演员，网红乔希·欧图森亚所说的那样："糟糕的演员不知道自己有多大的影响力。如果一个网红决定开始戴一些时髦的帽子，或者某种耳环和项链，就会有人买这些东西，因为他给他们带来了灵感。这是一回事。但是，如果一个网红鲁莽行事，宣扬有害行为，或发表可能伤害他人的言论或笑话，这可能会以一种非常阴暗的方式将某人推向边缘。"在下一章中，我们将探究事情会变得多么阴暗。

第 六 章

迫在眉睫的危险：在社交媒体的影响下，哪些严重的威胁是显而易见的？

我从没这么近距离看过人。

——爱丽儿,《小美人鱼》[1]

在第二章中,我们讨论了粉丝跟随各自的网红选择的引导他们的方向,如何像羊群一样发挥作用。有时,当网红在不考虑潜在后果的情况下,将信息传递或注意力吸引发挥到极致时,就会表现出阴暗的一面。

仔细想想,人类是为数不多的可以主动地,无论是有意还是无意把彼此置于迫在眉睫的危险之中的生物之一,他们通过哄骗,让他人做自残的事情。例如,狼群首领可不会指挥其团队吸食氯气来消除感染。

旅鼠是原产于北极地区的小型啮齿动物,它在智力方面受到了不应有的负面报道。如果你曾经被称为"旅鼠",请放心,这并不是一种赞美,这是一种侮辱。这个称呼意味着你缺乏个人思想,盲目追随领导者。然而,当我们谈到旅鼠时,这种贬义的提法实际上是没有事实依据的。根据挪威旅鼠作为一个大群体迁徙和死亡的镜头，人们认为这些生物容易上当受骗，并会自己陆续"跳下悬崖"，这是一个荒诞的传说。旅鼠如果知道有人知道这是假的，它们会很高兴的。根据挪威北极大学北极与海洋生物学系的一位研究人员的说法，它们迁徙可能是因为"社会压力、食物短缺或捕食者的威胁"。[2] 所以，旅鼠并不是会自杀的机器人。

从我们的天性来看，人类选择冒更大的风险是出于好奇心、冲动、寻求刺激，或者只是出于简单的鲁莽和愚蠢。我们中的一些人主动从一架飞机上一跃而下（跳伞），从约152米高的桥上跳下（蹦极），和约454千克重的角兽一起奔跑（和公牛一起奔跑），用固定在地面上的缆绳将身体抛出（空中飞人），在没有防护措施的情况下在陡峭的山上攀登（自由独攀），骑着两轮摩托车在一个电热环境中穿行（摩托车通过火圈），仅仅是为了好玩、冲击力，也许还有炫耀。

不计后果的狂热

人类通过"挑战不可能"的行为吸引人们的广泛关注，为自己打造即时名声的历史由来已久。1974年，一位名叫伊维尔·克尼维尔（本名罗伯特·克雷格·克尼维尔）的美国特技演员驾驶火箭动力摩托车穿越犹他州约1.6千米宽的蛇河峡谷。克尼维尔因为他的降落伞被提前打开而坠机，但奇迹般地活了下来。[a] 尽管近年来少有人愿意冒着生命危险尝试此类壮举，但"疯子"迈克·休斯是个例外。2014年1月，迈克骑着摩

第六章 迫在眉睫的危险：在社交媒体的影响下，哪些严重的威胁是显而易见的？

> 托车飞跃了近427米的亚利桑那州沙漠，由于此类行为非常罕见，迄今为止还没有掀起社交媒体的模仿热潮。[b]
>
> 不幸的是，2020年2月22日，为了证明世界是平的（是的，你没有看错，请参见第九章），迈克驾驶自制的蒸汽动力火箭升空，最终坠毁身亡。
>
> 注释：
>
> a. "史上最危险的10个特技"，CBS 新闻，2016 年 7 月 30 日，https://www.cbsnews.com/media/10-of-the-most-dangerousstunts-of-all-time/。
>
> b. 詹姆斯·杜贝克，《超胆侠"疯子"迈克·休斯死于自制火箭的坠毁》，NPR，2020 年 2 月 23 日，https://www.knau.org/2020-02-23/daredevil-mad-mike-hughes-killed-in-crash-ofhomemade-rocket。

我们自愿地做出很多鲁莽的举动，但如果我们强化网红的暗示，提高易受暗示的粉丝的易感性，会发生什么呢？在本章中，我们将看到当网红忘乎所以，煽动他们的粉丝时会发生些什么。首先，是一种越来越普遍的趋势：人们扮演法官和陪审团的角色，公开要求他人发表声明、书面发帖、照片、实践或其他他们认为不能接受的行为，通常基于他们的个人标准——有时完全不给被告辩护的机会。欢迎来到一个让人想起玛丽·雪莱的作品《弗兰肯斯坦》（Frankenstein）中描绘的瑞士日内瓦和德国因戈尔施塔特的世界，在那里，村民们变成了手持火把和干草叉的暴徒，他们要"打倒怪物"。

唤醒指控文化①的警觉性

当受欢迎的网红或拥有大型社群的普通人试图指控一个人或产品（通常是为了惩罚背后的公司）来展示他们的影响力时，就会爆发某些争议。社交媒体已经将网红和创作者变成了武器，他们用闪电般的速度攻击他人。我承认，网红或创作者在揭露一个明确的丑闻时，以某种方式保护了人们，这是有积极意义的。例如，目击者可能会发布一段视频，视频中一家公司向城镇的饮用水中倾倒有毒液体，毒害了整个社群。一个网红或社交媒体用户可能会转发它，让视频像病毒一样传播开来。最初的举报人可能利用社交媒体的影响力曝光了一起可能不会被报道的罪行，从而挽救了数十人的生命。（举一个现实生活中的具体例子，2020年5月25日德里克·肖文警官谋杀乔治·弗洛伊德的事件，如果没有旁观者用手机拍摄的事件视频，可能就不会被曝光。）

当一个人用"觉醒格律"挑战另一个人发布的观点、偏好、天真或老派价值观，达到公开羞辱的程度时，也会出现灰色地带。在许多情况下，有人完全有可能用一个无辜或无知的帖子煽动成千上万的人。我们都知道这是真的：单词可以有细微差别和多层意义。在社交媒体的世界里，一个人很容易在不经意间踩到地雷。一条被误导的帖子可能会导致各种标签在网上疯传，然后被贴上尤其是性别歧视、种族主义和恐同症（同性恋恐惧症）的标签。指控文化可能是一种欺凌。

马格诺利娅·普林茨博士特别关注儿童社交媒体上的大量评判性

---

① 指控文化（通过社交媒体或其他手段对人或事物进行公开谴责或抵制的文化现象）。——译者注

第六章 迫在眉睫的危险：在社交媒体的影响下，哪些严重的威胁是显而易见的？

欺凌。"我只是不认为，青少年和青春期前的孩子大脑额叶发育完善到能控制住发帖子的冲动，这些帖子可能会彻底毁掉他们上大学或找到好工作的机会。"虽然她承认，有些人的表现非常过分，值得被揭发，但她坚信"有更好的方法来解决这些问题，而不是不给那个人一个机会来解释那些可能被断章取义的事情。社交媒体上的指控是永久的"。

英国外科医生，网红卡兰·拉詹博士越来越担心指控文化对年轻人心理健康的影响会变得越来越大。"孩子们可能会受到负面评论的沉重打击。可能会有一种帮派心态，让一群私刑暴徒袭击某人——这是一件非常激进的事情。指控文化可能会变得有害。它可能会导致抑郁，甚至可能引发自杀。"

社交媒体中的觉醒和成堆的指控文化的趋势性影响已经成为喜剧演员、作家和艺人的一个特别个人化的问题，他们需要创作自由和边界测试来创作他们的艺术。包括英国喜剧演员约翰·克莱斯、《哈利·波特》系列图书的作者 J. K. 罗琳、脱口秀主持人和喜剧演员艾伦·德杰尼勒斯在内的众多名人，《欢乐合唱团》女演员莉亚·米歇尔、歌手布莱恩·亚当斯和演员克里斯·普拉特等都是社交媒体指控文化"头号通缉犯"的主要目标。2019 年，喜剧演员谢恩·吉利斯刚刚获得了重大突破，他加入了《周六夜现场》（*Saturday Night Live*）的演员阵容，随后就被取消了。为什么《周六夜现场》在首次亮相之前就封杀了他？一个推特小组发现了一些他拿亚洲人和同性恋开玩笑的视频。我并不是在暗示他的话是否冒犯了别人，不管怎样，让我们后退几步，回答一个问题：喜剧演员难道不应该突破极限，引起争议吗？伦尼·布鲁斯、乔治·卡林、理查德·普赖尔、琼·里弗斯、唐·里克斯和戴夫·查佩尔，仅仅是六个明显的例子，如果他们没有讽刺当时有争议或敏感的话题来获得笑声，揭露某些问题，他们会怎样呢？就我个人而言，我与觉醒人群避开了相同的事情：种族主义、偏执、性别歧视、恐同、政治错误信息，等等。出于同样的原因，我对社交媒体上的指控文化所带来的大量刻薄和惩罚的行径感到担忧。我突然想到，通常对于那些言论自由和个人意见权的支持者来说，事情变得相当不舒服。从众心理通常有一种令人讨厌的下意识习惯，认为他们已经充分了解某个人的想法、意图和个人信仰，然后就对这个人进行猛烈的抨击，激怒其他人也加入这个失控的阵营。不幸的是，一旦被贴上标签，声誉、事业和生活都可能被毁于一旦，几乎没有机会重新获得它们。

社交媒体有一个令人讨厌的问题，那就是它会自动弹出消息提醒。例如，一位名叫伊莎贝拉·阿维拉（又名@onlyjayus）的网红，当时凭借她的"心理学技巧"（Psychology Tricks）视频积累了大量粉丝，在 TikTok 获得了 1 350 万粉丝；在 YouTube 上获得了 120 万粉丝；在 Twitch[①] 上获得了 16.9 万粉丝。[3] 当这位网红早期的一些私人信息（包含被认为是种族诽谤的内容）浮出水面时，她失去了与网飞公司的合作和各种赞助商。她的其他平台上的广告商似乎因避嫌而减少了，随后她发表了道歉声明。她的账号仍继续活跃在社交媒体上。与此同时，change.org 发布了一份请愿书，要求对她的 TikTok 实行禁言，截至 2022 年 1 月，该请愿书已获得超过 43.6 万人的联合签名。[4] 尽管如此，她仍然无所畏惧，甚至还在火上浇油，在一段 TikTok 视频中发表了以下傲慢的声明："我很有信心这不会发生（被禁言），我会亲自签署（请愿书）。"[5]

---

① Twitch 是一个面向视频游戏的实时流媒体视频平台，2011 年 6 月在旧金山创立，是 Justin.tv 旗下专注于游戏相关内容的独立运营站点。——译者注

第六章 迫在眉睫的危险：在社交媒体的影响下，哪些严重的威胁是显而易见的？

阿维拉年仅22岁，目前在TikTok上拥有超过1 600万粉丝，她是否能笑到最后，时间会告诉我们答案。与此同时，一个人暴露的个人信仰和私人信息是否应该遭到这种"举着火把和干草叉"的网络暴民的恶意攻击，关于这一问题的讨论依旧深陷道德困境中，网上恶意攻击的行为还在肆虐。

抑郁和模仿自杀

2014年8月11日，备受喜爱的多才多艺的喜剧演员、影视明星罗宾·威廉姆斯自杀了，该新闻震惊了世界。他的死因和悲剧背后的细节逐渐被揭露出来。作为一名喜剧演员，他取得了巨大的成就，他似乎拥有一切可以为之活下去的东西——一个深爱他的家庭。然而，这些都不足以对抗威廉姆斯由一种罕见疾病引起的严重抑郁症——路易氏体型失智症（一种痴呆症）。

有些人可能会认为，威廉姆斯先生的自杀表明增加防范抑郁症和自杀的教育是必要的。该事件理应引发更多的讨论，为其他抑郁症患者提供可用的治疗方法和预防性护理。相反，媒体报道——尤其是社交媒体报道——导致了相反情况发生，更多的人效仿威廉姆斯，结束了自己的生命。罗宾·威廉姆斯自杀后，自杀率陡然上升10%，该事件在美国乃至更多国家并非个例。[6]

在《认知商》一书中，我概述了"晕轮效应"，即粉丝们从表面上接受名人（如演员）的外表，相信他们在现实生活中也像在银幕上的角色那样充满魅力。例如，喜剧演员比尔·考斯比——他曾因三项严重性侵犯罪被监禁近三年——和他在《考斯比秀》（*The Cosby Show*）中扮演了多年的父亲角色（赫克斯特布尔医生）是同一个人吗？就在考斯比被指控虐待多名女性的几年前，数百万人会自豪地邀请他参加派对，就好像这个喜剧演员就像他在电视上展示的另一个自我一样，是一个典型的善良的人——这就是晕轮效应。

我相信还有一个邪恶的晕轮效应。严酷的统计数据说明了一切：媒体对青少年自杀的报道引发了模仿自杀，其概率比成人自杀率高出400%。[7]根据《美国儿童与青少年精神病学会杂志》的估计，2017年备受争议的网飞公司系列剧《13个原因》描述了青少年自杀的细节，该剧导致10~17岁的美国人自杀率增加了28.9%。[8]研究表明，女孩们最初每天花2~3个小时用社交媒体，她们使用社交媒体的时间随着时间的推移而增加，其患病风险要比男孩高得多，其原因仍有待研究。[9]

发人深省的一点是，年轻人更容易模仿媒体中人物或好或坏的行为，尤其是当涉及"以真实形式"展示自己的网红时。当社交媒体网红以任何形式表现出自残时，将直接导致相关模仿行为的激增。据报道，在Instagram上看到自残的青少年和年轻人中，近三分之一承认有过相同或类似的行为。[10]

来自南非的西亚马克·萨利赫博士告诉我，他"看到一些拥有大量粉丝的人向人们暗示，他们可以自杀"。虽然TikTok和其他平台对此有严格的社群政策，一旦违规行为被曝光，就会立即下架某些视频，但总有人担心，有些视频会成为漏网之鱼，或者在被删除之前有很长时间的延迟，并通过建议的力量对人们造成伤害。平台和网红本身始终需要保持警惕，杜绝进行此类不计后果的推荐。

第六章　迫在眉睫的危险：在社交媒体的影响下，哪些严重的威胁是显而易见的？

悲惨的模仿者

批判性思维已经证实了社交媒体影响力会带来一些模仿反馈。因此，不幸的是，认知商在此类情况下荡然无存，或者充其量是受到挑战的。想象一下这样的场景：两个人靠近他们的某个朋友，让这位朋友凭空跳起。当这个毫无戒心的人兴高采烈地在空中跳跃时，两个朋友在他在半空中跳起时各自用脚踢了这个人的双腿。你认为接下来会发生什么？一旦这个人的脊椎触地，头部以巨大的力量向后仰，后脑勺就会撞到地面（通常是混凝土）。他的结果如何？脑震荡、面部创伤、骨折、头部裂开，甚至可能死亡。

是的，事实上上述类型的伤害甚至更多的伤害已经发生了，数不胜数。有些已经造成了人员死亡。2020年，众所周知的"破颅挑战"是一个活跃在TikTok上的恶作剧，经常导致儿童重伤甚至死亡（TikTok后来删除了所有这些视频）。你会问，两个人怎么会对朋友做这么可怕的事？邪恶的晕轮效应让这个群体相信这是一件很酷、可以接受的事情。在视频中，当他们朋友的头撞在人行道上时，就像卡通人物歪心狼或霍默·辛普森一样，看起来很有趣。

2021年5月，俄勒冈州波特兰市13岁的德斯蒂尼·克兰因试图复制一段在TikTok上疯传的视频而付出了高昂的代价。为了营造出一种很酷的效果，她在浴室的镜子里用外用酒精写了一条信息，然后用打火机和蜡烛点燃了它。她的尝试适得其反，火焰在浴室里熊熊燃烧。德斯蒂尼的面部、颈部和身体都遭受了严重的烧伤，其中一些是永久性的，尽管她做了三次皮肤移植手术。

孩子们似乎正在寻找各种创造性的方式来互相刺激却逐步演成自焚。杰西·安德拉德博士让我注意到了"盐冰挑战"，在这个挑战中，孩子们在裸露的皮肤（如手臂）上摇晃食盐，在这个区域放一个冰块，然后尽可能长时间地坚持。[11] 科学实验的结果是什么？灼热的疼痛和二度、三度烧伤，需要送往急诊室，有时还需要植皮。还是会留下伤疤，作为对一种看似无害的行为走向失败的纪念品。

正如我在第四章中提到的，2018 年的一项研究发现，YouTube 上有近 3.6 万个视频与野蛮行为有关。[12] 他们将这些与此类视频相关的评论归纳为 150 条，用于研究分析。到目前为止，谴责这一行为可能会产生与纵容它一样多的有害后果，因为揭露这一问题会给那些对自己做过这件事的人带来耻辱，同时也会吸引新来者的好奇心。在制定出确凿的预防方法之前，遏制此类行为的最佳方法包括禁止在社交媒体上引用类似的内容，并要求父母尽可能密切地监控孩子的账户和他们关注的人，并在事情失控之前进行积极的沟通与讨论。

身材和饮食

安德拉德博士在报告中表示，他"发现了比以往更多的进食障碍和新发进食障碍患者"。身材欠佳、不重视人际交往、被排斥和网络欺凌是导致进食障碍患者增加的主要原因。事实上，65% 的饮食障碍患者表示，他们在某种程度上受到了欺凌，主要是在社交媒体上。2016 年在澳大利亚进行的一项研究显示，社交媒体对身材产生了特别负面的影响。[13] 安德拉德博士描述了进食障碍患者对她说的话："我看了太多关于其他人身材的视频和图像，然后我就像掉进了兔子洞一样，我得了进食障碍，无法脱身。"

喜剧演员、网红乔希·欧图森亚目睹了网络上的肥胖羞辱。"我看到一段视频，视频中一个超重的人发布了一段关于自恋的视频。她

第六章　迫在眉睫的危险：在社交媒体的影响下，哪些严重的威胁是显而易见的？

为自己感到骄傲。出于某种原因，很多人开始嘲讽她，取笑她，引来了成千上万条的评论。对我来说，社交媒体的阴暗面是当你有机会接触很多人的时候，你可能会被一群人围攻。这对你的心理健康是危险和有害的。"

好消息是，包括马利亚·惠顿、维翁德·米切尔和斯宾塞·巴博萨在内的几位受欢迎的网红正在采取行动，帮助消除社交媒体上的身材羞辱问题。在TikTok和多芬（香皂和护肤品生产商）的合作中，这些网红联手发布旨在增强自信的内容。[14]斯宾塞对这个问题有着浓厚的热情，她对我说她的努力得到了回报。"我收到很多女孩发来的信息，告诉我她们第一次穿着比基尼去海滩，因为我影响了她们，她们爱上自己的身体，意识到自己的身体不一定要完美。听到年轻女孩告诉我她们对穿比基尼很自信，这是有史以来最好的感觉。我希望有人在我上高中时告诉我：你穿比基尼很好看。"

与饮食有关的有害趋势可能起源于世界的任何地方，传播到任何国家。吃播（Mukbang）是韩语单词mukja（"让我们吃"）和bang-song（"播出"）的混合体，是一种始于韩国的危险趋势，已成为一种世界性现象，其他人则在社交媒体上观看。[15]这一行为包括暴饮暴食——通常涉及最不健康的饮食种类（例如，薯条、炸鸡、布法罗辣鸡翅、油炸黄油条，你懂的），而其他人则在社交媒体上观看。

网红已经找到了利用这种暴饮暴食行为赚钱的方法。一位名叫尼古拉斯·佩里（又名"尼科卡多·阿沃卡多"）的网红，通过在他的YouTube频道上狂吃有害食物来赚钱。看着他准备好几十个容器的辣拉面汤（以及其他食物），观众们似乎感受到了一种间接的刺激。佩里可能不是一个好榜样，但值得称赞的是，他是有主见、诚实和透明的典型代表。他从一开始就在视频中明确宣布了自己的意图，同时也将责任归咎于他的观众:"如果在我的直播间里发生了什么疯狂的事,都是你们的错。顺便说一下,我自己会暴饮暴食吗?也许不会。但我们这么做是因为我需要流量,我需要钱,我需要在网上出名。这就是大家来看我直播的原因。不要扯谎说:'哦,不,他们是来参加社群活动的。'人们开直播就是为了出名。"[16]

然而,这种对观点、金钱和名声的痴迷可能会付出高昂的代价。研究表明,"观看吃播不仅没有改善,反而恶化了他们的饮食",而且"有问题的吃播节目与孤独感和错误地使用 YouTube 呈正相关"。[17]

极端危险

上文中提到的由某些网红的行为引发的迫在眉睫的危险事件是最极端的例子吗?不幸的是,这才刚刚开始。几个月后,我以为我已经记录了足够多的危险挑战的例子,直到我看到 2021 年 8 月出现并疯传的一个新挑战:"牛奶箱挑战"。[18] 这个挑战可能就是你想象的那样。一旦牛奶箱堆得很高,形成金字塔状,寻求刺激的人就必须爬到顶部,好吧,他们摔下来伤到脖子(或者至少伤到了骨头)。尽管 TikTok 平台明令禁止"牛奶箱挑战"的标签,医生们也恳求人们停止参与这个挑战,但人们仍然无所畏惧地继续参与。

拉詹博士见证了无数令人不快的结局,人们试图用最令人震惊的举动来获得流量。"我见过人们做各种硬核的特技表演。他们会爬上高层建筑,然后摔倒,造成死亡。或者,当他们假装在舌头上穿孔时,他们会吞下磁力球。磁力球进入肠道,导致肠梗阻或穿孔,然后,如你所料,他们得做肠道大手术,差点丧命。"

"看见就模仿"的心态并不局限于身体挑战。安德拉德医生看到

第六章　迫在眉睫的危险：在社交媒体的影响下，哪些严重的威胁是显而易见的？

医院里孩子们的痛苦与他们从社交媒体上模仿的东西直接相关。"有一个'苯海拉明挑战'，孩子们试图服用过多的苯海拉明来达到效果。我们见到了大量因过量服用苯海拉明而被送进重症监护室的病例。"这种含有苯海拉明的非处方药是一种抗组胺药，盐酸苯海拉明片剂（Sominex）和泰诺安（Tylenol PM）也含有该成分。当服用过量时，苯海拉明就会发挥毒性作用，损害膀胱、肾脏、心脏、血管、神经系统以及胃肠。过量服用苯海拉明所引发的并发症包括肺炎、肌肉和大脑损伤以及心律失常（有时会导致死亡）。

为了获得名声赌上性命值得吗？如果你也这样想，那就去看看医院里的哪些那些模仿特技的孩子和成年人的下场吧——或者去看看那些不幸没能活下来的人的讣告吧。虽然我们不能彻底切断使他们陷入危险的来源，防止危险的发生，但我们可以积极地让孩子参与有关此类活动潜在危害的会谈，帮助提高他们的认知商。

错误消息、虚假消息和恶意消息

安迪·帕特森是世界卫生组织（WHO）的数字健康与创新部数字频道团队负责人，他定期与所有社交媒体平台的领导层举行会议，他对我说："当有人发布错误信息时，就可能会置人于死地——比如喝氯气治病。如果我说吸氯气可能会死人时，我不是在威胁人们，而是在给他们建议。但如果他们还是执意要发布那些内容，那么可能真的会有人因此而死……错误信息太多，虚假信息也太多。区别在于，错误信息可能是偶然的，而虚假信息是故意的。"

帕蒂森很好地总结了现实情况，同时也说明了错误信息和虚假信息之间的主要区别。两者在社交媒体上都很猖獗，也同样危险。无论以哪种方式，低认知商的受众都倾向于相信这些谎言，无论他们是否有意，他们都会不分青红皂白地将其作为事实传播出去。在某些情况下，社交媒体平台可能会采取更强硬的态度来防范错误信息，但出于各种原因，它们往往会视而不见：争议会增加流量，还能吸引广告收入；他们不希望被视为审查言论自由的独裁者；他们不想卷入激烈的政治辩论。显而易见的一点是：做一个监察者要做很多额外的工作，而且更令人头疼的是——既要花时间又要花钱。而且，尽管YouTube、Facebook 和 TikTok 等一些社交媒体平台努力打击关于新型冠状病毒疫苗的错误信息，但反疫苗宣传的案例仍在不断涌现。

郑重声明，有三种潜在的错误内容：

1. 错误信息：这些信息是无意中不正确的。它们可能包括拼写、翻译、日期和统计数据等内容。当某人认真地审视一个笑话或者将讽刺曲解为事实时，人们很容易发布错误信息，然后声称"哦，我只是开个玩笑"或省略一些限定词，因为他们假设观众能明白他们是在恶搞。

2. 虚假信息：关于这一点，事情明显涉及道德层面。虚假信息，包括篡改事实和视觉效果（如照片），为了配合一个主题，散布仇恨情绪，或突发奇想，进而引发情绪、身体上的，也许还有名誉上的损害。虚假信息可能包括散布有关个人或实体的谣言，筛选数据（如医疗信息），甚至散布阴谋论。

3. 恶意信息：我们可以想到那些令人过度兴奋的阴谋，我们是指有关个人或组织的隐私被故意公开。恶意信息可能涉及泄密、受害者圈内人的陷害或来自外部人士的黑客攻击。散布

第六章 迫在眉睫的危险：在社交媒体的影响下，哪些严重的威胁是显而易见的？

> 恶意信息的动机可能各不相同，但通常是出于报复、引发重大争议或骚乱。

如果说新冠大流行给我们带来了哪些教训，那就是别轻信社交媒体上的那些没有医学与科学资质就为我们提供健康信息的网红。错误信息和虚假信息会在无辜公民中传播疾病、造成死亡。2019年至2021年，我们都听说过：新冠大流行是一场骗局；冠状病毒检测拭子上的化学物质会导致癌症和改变你的基因；接种疫苗会引发孤独症；[19] 还有正在通过5G无线网络传播的瘟疫。

有一件事我们可以肯定：错误信息、虚假信息和恶意信息会滋生不信任感，我的意思不仅仅是指传播这些信息的社交媒体网红和粉丝。我指的是对那些毕生致力于揭示科学事实、治疗病人和防止疾病传播的医生、研究人员、科学家和教育工作者的不信任。在通常情况下，医学界有足够多的事情要处理；再加上一场大流行病、集体推诿和政治争议，我们的整个文明都胆战心惊。近年来，我们已经过于接近边缘，不能让低认知商继续引发悲剧。

网红也会被骗

正如注定要失败的2017年春季弗莱音乐节（Fyre Festival）（又称"从未有过的最伟大的派对"）所证明的那样，网红也不能免受某些社交媒体的危害。这场"豪华活动"原定于2017年4月28日至4月30日和5月5日至5月7日在巴哈马大埃克苏马岛举行，却成了一场关乎数百万美元的骗局，最终给所有相关人员带来了灾难。

比利·麦克法兰德，这场灾难的幕后黑手，为了一场过度炒作、票价过高的赛事，诈骗了 2 600 万美元，而这场赛事远非"好啦，没事的"这么简单。[20] 麦克法兰德拖累了几位有影响力的 Instagram 网红，他们的声誉受到了影响，这些网红包括贝拉·哈迪德、海莉·鲍德温、艾米丽·拉塔杰科夫斯基和肯德尔·詹娜，他们在不知情的情况下，出现在为活动做广告的视频中，不知不觉成了同谋。

弗莱音乐节事件让宾客们失望不已，他们花了一大笔钱参加了所谓的"VIP 活动"。与会者没有享用美食，而是吃了奶酪三明治和沙拉。原定的摇滚乐队 Blink-182 的演出在活动前取消了。这些被描述为环保圆顶和别墅的客房都是廉价的帐篷，客人到达时甚至还没有组装好。

当麦克法兰德承认犯有电信诈骗罪并被判处六年监禁时，正义得到了伸张。出现在广告活动中的几位网红模特（包括哈迪德女士）解决了诉讼问题，并退还了他们收到的 170 万美元酬劳中的一小部分。[21] 希望各方都能从这场灾难中吸取教训。

假亦真

深度伪造技术（deepfake）是一种复杂的 3D 人工智能技术，可以让一个人在视频中把自己变成别人（通常是名人），这是社交媒体领域文明的另一个潜在威胁。技术进步如此之快，以至于制作一个令人信服的、逼真的深度赝品变得如此简单。

2021 年 2 月至 6 月期间，TikTok 平台上出现了十段汤姆·克鲁斯日常做傻事的视频（例如硬币戏法），这些帖子的好评达到了数千万条。之前没人见过汤姆·克鲁斯在 TikTok 上有这样的表现，所以这对这位明星的粉丝来说是一种惊喜。唯一的问题是什么？尽管视

第六章 迫在眉睫的危险：在社交媒体的影响下，哪些严重的威胁是显而易见的？

频中的人看起来和听起来都和原版一模一样，但这不是汤姆·克鲁斯。装腔作势的是汤姆·克鲁斯的替身演员迈尔斯·费舍尔，他的总体外表与真人是如此的相似，以至于特效艺术家克里斯·乌梅能够通过 CGI.22 加强模仿的精确性。[22]

一些观众对这一模拟技术感到惊叹，也有一些观众并不介意被"深度伪造门"愚弄。到目前为止，汤姆·克鲁斯这个真正的演员还没有公开发表自己的看法，这可能意味着要么他是一个有风度的人，认为视频很有趣，要么他可能对此不屑一顾。但是，当下一个深度伪造目标不赞成在未经许可的情况下被伪造时，会发生什么呢？在这种情况下，这个人享有保护权吗？这是言论自由、喜剧讽刺还是一种新的身份盗窃形式？

当你考虑到社交媒体中已经普遍存在大量的虚假信息和错误信息时，问题变得更加复杂了。许多用户倾向于相信他们看到的表面价值，甚至没有意识到这是一种娱乐行为。想象一下，如果有人能令人信服地利用深度伪造技术，打造一个美国总统的形象，锁定核武器的密码，对他国发动核攻击。或者如果有人选择创造一种政客处于有失体面的性情景的深度伪造来破坏某个人的职业生涯。就个人而言，如果有人怀恨在心，想通过深度伪造进行报复，破坏受害者的职业生涯或家庭生活，那该怎么办？

马里兰州的法学教授丹妮尔·西特隆相信，深度伪造会造成具体的、广泛的伤害。可能影响选举结果，破坏公开募股，被用来实施欺诈、欺凌或勒索他人。报道援引她的话说："威胁形势相当严峻。深度伪造是这项技术的一个巨大飞跃。它们可以让你操纵现有的视频，从数字中、凭空编造的视频和音频中编造出人们从未做过或说过的事情。"[23]

另外，言论自由权一直非常重要。相比而言，政客和其他公众人物对在电视上模仿他们的表演者（如《周六夜现场》）来说难道不是嘲讽的对象吗？当然，不同之处在于，观众是在开玩笑，知道描绘的不是真实的，而深度伪造的情况并非如此。目前正在讨论的法律旨在向社交媒体平台施压，要求它们警惕深度伪造，并在发现涉及深度伪造的帖子后立即将其删除。不幸的是，一旦视频泄露出去，即使只有少数受众分享，可能也为时过晚。如果这段视频已经疯传，那么认知商较低的人就会不可避免地认为它是真的，并将其作为阴谋论来传播。我们只能希望，在未来，CGI公司将足够明智地在他们的产品中嵌入严格的盗版违规规则，甚至是水印，防止这种深度伪造在未经被批准的情况下发生。

我们在本章开头说明了动物王国中的生物将自己引向迫在眉睫的危险的情况是多么罕见。相比之下，正如我们通过众多的例子所确定的那样，人类会毫不犹豫地冒险走一条不明智的道路，这可能会对自己或他人造成不可挽回的伤害。然而，无论有多少人最终住院或造成更糟的结果，我们似乎从未从错误中吸取教训。

考虑到这一点，在接下来的章节中，我们将避开狼和旅鼠，转向不同的动物——放牧的鹿和牛——因为我们试图理解我们被名人的影响力所吸引如何在很大程度上影响我们的决策。现在，我用《从优秀到伟大》的作者吉姆·柯林斯的名言来结尾："出于善意做出的糟糕决定仍然是糟糕的决定。"[24]

第七章

网红带货：社交媒体网红与我们多年来喜爱的传统名人有何不同？

我热爱演艺事业。我每天早上醒来都会亲吻它。

——理查德·普赖·迪安[1]

成功的艺人、演员、音乐家、舞蹈家，以及包括模特在内的其他类型的名人，他们通过天赋、训练过的技能、英俊的外表来吸引和赢得粉丝，有时还会增加一个难以捉摸的"其他因素"，这是一种特殊的东西，使名人更具吸引力、更可取，有可能压倒上述所有其他特质（或可能弥补缺点）。对于当代巨星"其他因素"的一些例子，想想詹妮弗·劳伦斯、布拉德利·库珀、安吉丽娜·朱莉、瑞安·雷诺兹、嘎嘎小姐、坎耶·维斯特、泰勒·斯威夫特和贾斯汀·比伯。

尽管上述一些艺人将与奥黛丽·赫本、格雷戈里·佩克、玛丽莲·梦露、史蒂夫·麦奎因、阿瑞莎·富兰克林、弗兰克·辛纳特拉、珍妮斯·乔普林和埃尔维斯·普雷斯利等艺人一样为人所知一段时间，但我认为他们仍然远离群众，需要考虑他们在社交媒体上的名声会持续多久，以及他们最终会有哪些遗留问题（如果有的话）。许多有影响力的帖子都是有话题性的、与时俱进的，但随着时间的推移，可能会过时。萨拉·拉夫博士告诉我，她对它们能持续多久表示怀疑，但她确实相信，有些网红"可能会像卡戴珊姐妹那样，因为出名而被人记住"。

在比较社交媒体上的网红和传统成功艺人之间的关系时，我们需要思考几个重要问题：

一个已经成名的人（比如电影演员）能成为真正的网红吗？

我们如何区分一个"在社交媒体上"的名人和一个已经蜕变成熟的社交媒体网红？

一个网红是否有可能在电影、电视、唱片、舞台或其他类型的令人出名的领域获得成功？

跨界成功是网红的理想目标吗？

当我们解决上述问题时，我们将把社交媒体作为爱好、满足好奇心的主流名人和有资格成为真正网红的名人区别开来。以下是我用来区分他们的标准，根据个人情况，以下标准在不同程度上适应于不同类别的网红：

1. 具有能被迅速传播的内容：没有真正的流量聚宝盆，就没有网红。如前所述，我们需要的是一朵玫瑰而不是一束鲜花（重视质量而不是数量）。

2. 真实性：网红在平台上应该展示真实的自己，没有任何会激怒社群的欺骗行为。帖子真实地反映了网红的真实想法和信仰，而不是他们想让人们看到的形象。如果有人发现网红并未坚持这些原则，喷子们可能会通过恶毒的评论对其进行粗暴的攻击。

3. 私人空间：一些有才华的表演者天生就是注重保护隐私的

人，他们会把私生活和工作分得很清楚。他们可能有受欢迎的社交媒体，但不分享他们的私生活。相比之下，向公众展示真实自我的名人有潜力成为社交媒体的网红。

4. 一致性和承诺：一个社交媒体的网红定期发帖，把握社群的脉搏，同时用惊喜和高质量的内容吸引他们的注意力。网红不是简单地在宣传新电影或在传播筹款活动的同时开展对外交流工作。（并不是说两者都没有本质上的问题，我的意思是单凭这一点并不能成为纯粹的社交媒体网红。）

5. 内容的独特性：社交媒体网红试图发布新鲜的、相关的、有话题的内容，让人感觉这些内容以某种有形的方式直接将自己与他们的粉丝联系在一起。就好像这些帖子是为他们的受众量身定制的一样。网红通过各种潜在的创作方法实现这一壮举，包括但不限于原创的或深刻或诙谐的内容、主题性和信息性的语言，娱乐性或教育性的视频，还有自拍（有时很诱人）。相比之下，整天轮换展现自己过去全盛时期镜头的名流们（包括时装模特，例如，"这是1998年我在某片场的表现"）不一定符合网红的标准，因为内容不是专门为平台创建的，也不是独一无二的。

6. 将在社交媒体发帖视为一项专业工作：如果一个名人不定期、前后不一致地写帖子和制作视频——比如内容不协调、写作风格不同——他们可能不是一个真正的网红。网红可能会测试不同的主题或风格，看看是否有吸引力，但通常情况下，他们的内容中都围绕一个核心要素。其中涉及一定程度的承诺和意图，或者至少让公众对这些因素有一定的认知。

你有没有发现我的标准中没有列出的一项？那就是粉丝数量。虽然粉丝数量显然很重要，但在区分受欢迎程度和影响力时，这是无关紧要的。比如，对于汤姆·汉克斯、索菲亚·维加拉、哈莉·贝瑞和汤姆·克鲁斯来说，特别是汤姆·克鲁斯，他是非常受欢迎的明星，他在社交媒体上的粉丝数量甚至与他们的薪水相当，但这些明星算是"纯粹的、专业的、称职的"网红吗？我认为不是，因为他们在以上六项标准上的得分不够高。

现在，为了进行比较，让我们看看威尔·史密斯的案例。作为一名影视演员和说唱歌手，他是一位超级巨星。人们甚至可能会认为他是好莱坞的皇室成员，毕竟多年前他还被誉为"贝莱尔的新王子"[①]。史密斯自称在TikTok上有数百万名粉丝；事实上，他的粉丝比美国任何一个州的人口都多。他是一个MLI（宏观层面的网红，发音为"m'lee"），被定义为粉丝数量超过一些大国人口的网红。虽然这本身并不能使他成为一个网红，但他满足了成为网红的所有其他条件。他的视频是为社交媒体量身定制的，因此，它们一直以古戈尔普勒克斯（googolplex）[②]的速度疯传。他利用自己的TikTok平台展现了自己的多元个性，具有令人信服地真实感，他带领人们走进他的私人生活，创作独特的内容并勤发帖。他在TikTok上发布的创意和有趣的帖子从幻觉和动画（一个挥舞着剑的迷你骨骼把一张脸刻成南瓜，在工作完成后又把它打飞了）到恶作剧（在飞机上，他几乎把嚼过的口香糖掉进了一个睡着的朋友张开的嘴里），再到快速签售，等等。对于任何观

[①] 1989年，威尔·史密斯主演《贝莱尔的新鲜王子》，剧集名字来自他当歌手时的外号——"新鲜王子"。——译者注

[②] 古戈尔普勒克斯（googolplex），是10的古戈尔（googol）次方，而古戈尔则是10的100次方即10^100，或记作1E+100，所以古戈尔普勒克斯就是10^(10^100)，或记作1E+（1E+100），是一个很大的数。——译者注

第七章 网红带货：社交媒体网红与我们多年来喜爱的传统名人有何不同？

看他账号的人来说，他在其中投入了大量的创意、努力和精力。相比仅凭外表就能吸引大量粉丝的汉克斯、维加拉、贝瑞和克鲁斯，他邀请粉丝们以一种更深的方式走进他的生活、大脑皮层和创造空间。与前者潮池般的影响力相比，史密斯的社交媒体影响力如同海啸，因为他既成功地稳坐超级巨星的传统宝座，也成了社交平台上的传播者。

让我们进入一个完全不同的星系，探索乔治·竹井非凡的生活和职业生涯。如果你碰巧是 20 世纪 60 年代首次播出的《星际迷航》系列原作及其后续电影的粉丝，你就会很熟悉他，因为他饰演了一个威风凛凛的掌舵军官田光·苏鲁（通常被称为"苏鲁"）。这个受人喜爱的角色让竹井在科幻界获得了极大的认可和重视。然而，在 2011 年之前，除了那个领域的人，很少有人能够认出他的名字，除非他们擅长影视冷知识。

你可能会有这样的疑问，发生了什么？

2011 年 3 月，74 岁高龄的竹井先生加入了 Facebook。[2] 他是社交媒体的早期使用者，将其作为分享自己想法和观点的工具。竹井先生公开发布了他的同性婚姻和对性少数群体（LGBTQIA+）① 权利的支持。他的幽默和诚实，包括他现在著名的流行语"哦，我的！"在科幻界以外的更广泛的人群中产生共鸣。他透露过当他还小的时候，他和家人在"二战"期间在美国的一个日本拘留营度过了三年，他的影响力因此成倍增长。[3] 随着时间的推移，作为一个在 50 多年前只播出了三季的电视剧中扮演配角的人，他积累了相当多的粉丝。竹井持

---

① 性少数群体（LGBTQIA+），女同性恋（Lesbians）、男同性恋（Gays）、双性恋（Bisexuals）、跨性别者（Transgender）、酷儿（queer）、双性人（Intersexuals）、无性恋（Asexuals），"+"表示所有除 LGBTQIA 之外的、非异性恋的、非二元身份认同的群体。——译者注

续出名使他能够将自己的平台专注于解决重大的社会和政治问题。

乔治·竹井算是网红吗？他在许多方面都毫不含糊，他的社交媒体社群提高了他在好莱坞的知名度，甚至超过了他在好莱坞的名气。他每天都以一种聪明、有信息量的方式揭露严肃的问题，他的许多帖子都在疯传。他赋予了自己的平台一种真实性，从而引起了人们的关注，甚至导致了惊人的变化。正如竹井在描述自己的社交媒体风格时所说："我认为社交媒体应该更多地关注粉丝们想要谈论的东西，而不仅仅是我自己。我从来不想发布我的锻炼计划或早餐吃了什么。这真的没什么意思。但随着社交媒体的兴起，我们有机会一起讨论，一起欢笑，一起采取行动。"[4]

尽管乔治·竹井在好莱坞小有名气，一跃成为社交媒体上的影响力人物和活动家，但仍有许多网红利用自己的平台朝着相反的方向发展。在 TikTok 上出名对一些艺人来说可能已经足够好了，但对于另一些艺人则不然。例如，查莉·达梅利奥试图超越她在 TikTok 上的数亿粉丝，因此她在简历描述中增加了电影《星狗和涡轮猫》（*StarDog* and *TurboCat*）和电视女演员。美国著名甜甜圈店唐恩·都乐（Dunkin' Donuts）甚至以她的名字为一种咖啡命名——查莉冰沫（Charli Cold Foam），并向她提供商品。艾迪森·雷的舞蹈视频吸引了超过 1 亿名粉丝，但她凭借电影《她就是那样》（*She's All That*）转型成为电影明星。歌手内莎·巴雷特在 TikTok 上广受欢迎，随后她扩展了自己的职业生涯，成为一名成熟的舞台表演者和录音艺术家。很多人都没有意识到贾斯汀·比伯事业版图的开拓可以追溯到 YouTube 上的病毒视频，这些视频为他打开了音乐产业的大门。

因此，传统名人（如威尔·史密斯）完全有可能超越甚至碾压比伯这样的超级网红。对于一个名气较小的好莱坞人物（比如乔

第七章 网红带货：社交媒体网红与我们多年来喜爱的传统名人有何不同？

治·竹井）来说，作为一个社交媒体网红去发现更广泛的受众群也同样可行。许多历史上伟大的娱乐明星（比如汤姆·克鲁斯）可能在社交媒体上很受欢迎，但不一定会成为网红。这让我们看到了"有机成长"的本土网红，如超级网红瑞典油管人[①]，知名的兄弟拳传奇（PewDiePie）——费利克斯·阿尔维德·乌尔夫·谢尔伯格，他们主要是通过流量崛起的。而且，正如前面提到的，我们看到的其他网红（如艾迪森·雷，他也是超级网红），他们将社交媒体的影响力视为通往主流超级明星的漫长而曲折的道路上的第一步。

即使是现在，每天都有成年人和孩子开始在 TikTok、Instagram、Twitter 或者 Facebook 上发帖，有一天他们会因为一个爆炸性的视频引起"社交媒体轰动"，这个视频会迅速传播开来，或者通过一股强大稳定的内容流来建立一个社群，令他们一夜成名。这些网红也是名人吗？在许多情况下，答案是肯定的。虽然他们一开始可能只是普通人，在他们的推送中发布日常（或非同寻常）的事情，但他们已经从卑微的出身成为粉丝眼中的名人；他们可能仍然完全不为其他人所知，除非有什么非同寻常的事情发生，让他们一跃成为主流。这类网红名人和好莱坞名人的另一个区别是，前者无论如何都要保持真实性。这意味着，如果他们的品牌是一个"普通人"，他们通常会保持现状。穆尼布·沙阿博士认为，这种日常网红的角色将持续发展，其重要性也将越来越大："我认为我们将更多地关注内容和平台上的个人创造者，将他们置于传统名人之上。那些在 TikTok 上取得成功的人，他们都是普通人，对吧？我认为，相比主流名人，人们更想看这些。"

顶级网红可能和我在本章前面列出的六个标准一样，但是他们的

[①] 油管人，频繁使用视频分享网站 YouTube 的用户，特别是自己制作视频并且出镜的人们。——译者注

孕育流量、关注领域、才能、方法和背景通常千差万别。我标志性的 CAP 与扎克·金的帽子截然不同——他在视频中表演了非凡的视觉魔术，与出色的舞蹈家查理·达阿梅里奥的帽子也完全不同。（我从来不敢像他那样尝试劈叉。）成熟网红之间的另一个关键区别是，他们是否能在游戏中"赚到钱"。就像电视剧《宋飞正传》（*Seinfeld*）里说的那样，"这并没有什么不好"——只要他们的行为是光明正大的、合乎道德的。

网红经济

在世界各地遥远的田野和山丘上，吃草的鹿和牛表现出的行为，与我们看到名人在颁奖典礼红毯上昂首阔步时的姿态没有太大区别。研究证明牧场主、牧民和猎人几个世纪以来所知道的：在进食期间，鹿和牛通过一种叫磁感应的感觉使它们的身体对准北方。以类似的方式，社交媒体上的网红可以用他们的内容引诱我们朝着他们的方向前进：排队，吃饭！

顾名思义，演艺事业就是一门生意。明星在合同中经常被要求宣传他们拍的电影、电视节目、亚马逊网络连续剧等，通过"媒体招待会"来令观众进行最大化的消费，让他们的收入合理化。如果布拉德利·库珀拍的某部电影获得了 1 500 万美元的片酬，但没有进行推广宣传，电影无法实现收支平衡，那么下一次他很可能不会再获得同样的片酬了。

在请明星做电视、广播甚至印刷广告时，精明的营销人员会参考名人诚信指数（Celebrity DBI）——这是一个衡量 7 000 多名名人诚信程度的指数。他们想知道：谁进入了榜单前十？他们会查看适合产

第七章 网红带货：社交媒体网红与我们多年来喜爱的传统名人有何不同？

品和服务的代言人的可信度。

虽然对于网红来说还没有相应的 DBI（至少现在还没有），但他们真实的外表已经让他们在粉丝和品牌的认知中处于诚实指数的高位——尤其是当他们达到超级网红的数字水平时。当网红在他们的帖子中推送一种产品或服务时，目标受众是有机的、可衡量的，这与电视或电影名人出现的传统的电视、广播或印刷广告形成了鲜明的对比。因此，成功的可能性更容易预测，因为网红与各自社群的联系更深入，他们的社群建立在真实、信任和对主题领域的共同兴趣之上。因此，网红营销的基因通常比传统名人更强。网红营销公司和增加网红部门的传统公司的数量呈现出爆炸式增长的态势。

粉丝的认知商不断被施加强度拉伸测试，因为值得他们信赖的网红在提供看似免费的发自内心的产品推荐。在某些情况下，粉丝可能更准确地被称为"那个有影响力的人"。我把网红与粉丝的关系比作公寓租赁，有一个承租人（租客）和出租人（房东）。一些粉丝相信网红推销的东西，并且希望他们是从个人经验和产品用法或者功效知识的角度出发而推荐的。如果宣传的是网红自己的品牌，就很容易看出网红对固有产品的偏心，这对粉丝来说可能并不重要。然而，如果网红是通过销售其他人的产品来获得报酬的，比如美国家庭购物网（QVC）上的推销员和汽车广告中的名人，除非像我们在第五章讨论的那样，通过带有"#"标志的广告进行推荐，否则我们就没办法确定网红是否因此获利。粉丝的任务是区分客观的网红推荐和仅仅因为品牌付钱给网红而发布的产品代言。那些高认知商的人能够分辨出其中的区别，也许还能节省他们的信用卡余额，避免大规模购买。

这里有一个内部提示，可以帮助你确定获得赞助帖子是否属于真实的代言：当你看到一个带有标识的付费帖子时，看看网红之前的内容，寻找引用该产品或服务的真实、非赞助的帖子。之前的非付费帖子一般会先于付费帖子，这是一个潜在的标志，表明网红使用产品是为了其隐含的价值。例如，我创建了一些非赞助的帖子，涉及使用真皮滚轮刺激头发生长。随后，一家生产真皮滚轮的公司找到了我，并与我达成了制作付费视频的协议。我同意了，因为我之前研究过真皮滚轮技术，也有发表过支持该产品促进毛发生长的研究。在发布这段视频后——我按照惯例贴上了"#"广告的标签——一些人评论说我"出卖了自己"。令我惊喜的是，很多粉丝都在评论中为我辩护，说"他以前做过很多关于真皮滚皮器的视频"。这段亲身经历给我上了重要的一课，告诉我如何评估网红代言的真实性。

影响力：电视广告的游戏规则改变者

无论球迷支持哪支足球队赢得超级碗，每个人都可以就两件值得兴奋的事情达成一致：中场秀和 lit 广告（"lit"是 Z 世代们用来描述很酷的意思）。后者中的许多人都受到了巨星大牌的推动，包括为奇多代言的米拉·库妮丝；为吉普代言的布鲁斯·斯普林斯汀；为德克斯康代言的尼克·乔纳斯和为优步饮食代言的卡迪·B。

如果你回想一下过去的超级碗[①]，由可口可乐和百事可乐共同赞助，承办的一场众星云集、制作精良的盛事。超级名

[①] 超级碗（Super Bowl）是 NFL 职业橄榄球大联盟的年度冠军赛，胜者被称为"世界冠军"。超级碗一般在每年 1 月的最后一个星期天或 2 月的第一个星期天举行，那一天被称为超级碗星期天（Super Bowl Sunday）。——译者注

第七章　网红带货：社交媒体网红与我们多年来喜爱的传统名人有何不同？

> 模辛迪·克劳福德和歌手迈克尔·杰克逊、碧昂丝、克里斯蒂娜·阿奎莱拉、玛丽亚·凯莉等名人出现在百事可乐的广告中。与此同时，1979年，百事可乐的竞争对手可口可乐与国家橄榄球联盟（NFL）名人堂成员"小气鬼"乔·格林（他的口头禅是"嘿，孩子，接住"）一起发布了有史以来最令人难忘的广告之一①。
>
> 展望未来，很明显，社交媒体网红将在超级碗广告中发挥越来越重要的作用，尤其是在可乐的商业大战中。例如，百事可乐斥资数百万美元赞助了最近的超级碗中场秀，同时动员社交媒体网红在推特上加大宣传力度。
>
> 超级碗电视广告现在在650万美元的高租金区，ª 可口可乐和百事可乐在与超级明星合作制作昂贵的气泡广告时可能会三思而行，因为他们也可以用更少的钱从社交媒体网红的帖子中获得更高人气。
>
> 注释：
>
> a. 布莱恩·波尼利亚，"制作价值650万美元的超级碗广告的12个关键"，广告时代，2021年11月8日，https://adage.com/article/specialreport-super-bowl/how-to-make-super-bowl-commercial-worthseveral-million-dollars/2377806。

---

① 《小气鬼乔·格林》（"Mean" Joe Greene）是可口可乐1979年10月首播的广告。广告讲述了匹兹堡钢人队边线防卫队员"小气鬼"乔·格林已经受伤准备休息，在旁边的小男孩向自己的英雄递上一瓶可口可乐后，收到了格林的球衣作为报偿。在1980年超级碗比赛中当格林所在的钢人队大获全胜时播放了该广告，它也成为超级碗有史以来经典的广告之一。——译者注

正如我在本书中多次强调的那样，网红推荐产品并没有错，只要产品跟他们承诺的一样就行。考虑到网红与社群的联系，如果产品质量低劣，或者后来被曝在个人生活中使用了不同的产品，网红的声誉将面临巨大挑战。

可以肯定的是，网红的真实性并不总是意味着成功。有些产品会适得其反，甚至造成伤害。当时在 Instagram 上拥有数百万名粉丝的网红杰奎琳·希尔推出了自己的化妆品系列——杰奎琳化妆品（Jaclyn Cosmetics）。听起来像是轻而易举的事，对吧？有一个小小的麻烦：消费者开始上传口红管上的照片，上面有一些本该放在医学实验室里的东西——真菌、头发和尖锐的塑料碎片。一场负面的社交媒体狂潮爆发了。该公司否认了这些负面说法，称只有 0.1% 的产品出现了违规行为，但这场闹剧并没有就此结束。[5] 另一位美容网红在 YouTube 上发布了一个多小时的专题视频，讲述了她如何与杰奎琳化妆品在同一个实验室工作，并对质量控制不满意，因为质量控制产生了同样的缺陷。此后不久，希尔的品牌在推特上发布消息称："杰奎琳化妆品非常重视消费者的反馈。我们已经审查了与丝润口红（Rich Lipsticks）相关的质量问题，认为我们的产品不符合我们的品牌标准。我们将向所有购买该产品的用户全额退款（包括运费）。"[6]

随后，这位网红在 YouTube 上发布了一段道歉视频。希尔似乎很真实，她承认自己对产品质量过于自信，也没有聘请足够多的质控专家。她的许多粉丝似乎对这个解决方案很满意，并继续支持她。然而，一份有数千人签名的请愿书被提交，要求召回并进行调查。当谈到网红创造和推荐自己的产品所产生的利益冲突时，我们在什么情况下才能从拒绝中辨别出正当的道歉呢？是时候请出肢体语言专家了。

第七章　网红带货：社交媒体网红与我们多年来喜爱的传统名人有何不同？

在推荐减肥等特定产品类别时，一些网红没有看到正在靠近的灯光，就像一列火车向他们疾驰而来。在社交媒体上，似乎每周都会出现一种革命性的新减肥补充剂、混合物、药丸、饮料、粉末、棒或糖果，承诺在不到十天的时间内吸收、溶解或升华任何人身上多余的脂肪。2020年，金·卡戴珊吹嘘了胖汤米公司[7]生产的抑制食欲的棒棒糖的诸多好处，这并没有什么不寻常的。多年来，这位网红推荐了无数减肥产品。然而，这则广告有所不同，因为棒棒糖对儿童的吸引力比成年人更大，而卡戴珊的大量粉丝中恰好有大量年轻女孩。这些棒棒糖对他们来说安全吗？没有人知道确切的答案，因为美国食品药品监督管理局没有批准成人或女孩使用（正如该公司网站上所述）。让我们仔细想想：考虑到社交媒体可能会助长身材形象的不安全感，年轻女孩是否应该服用任何食欲抑制剂，就像前面第六章讨论的那样？具有讽刺意味的是，在为棒棒糖做宣传之前，卡戴珊表示，当涉及自己孩子的安全时，她会做一个保护孩子的母亲："天哪，我肯定会成为那种在孩子长大过程中，想在他们上社交媒体时监视他们的母亲。"[8]

尽管社交媒体上有很多精彩的娱乐、信息、指南和人际关系，但网红世界仍然是一个行业，就像演艺界一样。即使网红不想让你打开你的苹果钱包，他们所在的平台也肯定希望广告商能掌握你的钱财。与电视、广播和印刷广告一样，社交媒体平台也有独具特色的广告宣传渠道，犹如以在大街上进行神奇的游行为诱饵的广告。买者自负，对吧？

正如我在前几章中提到的，有很多社交媒体网红穿着白大褂，"假装"医生来赚钱。这是非常令人反感的，特别是当网红推荐未经测试的产品，这些产品无效，不安全，或两者兼而有之。

说唱歌手布赖森·拉顺·波特在TikTok平台上的粉丝数量让许多人相形见绌。他的许多帖子都有他自己的音乐、风格或舞蹈动作。他还分享了一些关于他个人生活的事情，他对素食生活方式的兴趣，以及他为帮助各种社群所做的努力。一切都很好，对吧？是的，直到NLE Choppa发布了一段视频（该视频在网上疯传，浏览量超过750万次），支持他在厨房里制作的一种"混合物"（正如他所说），并声称这是一种"由草药制成的天然伟哥"，他说这种草药有治疗勃起功能障碍、提高睾酮、帮助充血增大、控制早泄的好处，还能提高精子数量，让你成为"床上的野兽"。[9]

我在pubmed.ncbi.nlm.nih.gov（我在医学文献中搜索研究的可靠来源之一）上研究了三种成分。第一，非洲白参（Mondia whitei）。[10]实际研究表明它可以提高人类精子的活力，但没有数据支持它可以增加精子数量。有对动物的研究发现，它可以提高性欲、睾酮和勃起的水平。另一项动物研究发现，它会导致睾丸损伤，从而减少精子数量。[11]

第二，牛蒡根（Actinium Lappa L.）。一项动物研究发现它会增加精子数量和性欲，而另一项动物试验表明，它会导致睾丸萎缩，并对心脏、肺、肾和肺造成损害。其中一些并发症是永久性的，即使在停用后也是如此。[12]

第三，蓝莲花（Nymphaea caerulea）。虽然没有任何动物研究，但有一项人类研究报告了毒性。[13]这表现为精神状态的改变（大脑功能），使患者不得不去急诊室。

在这段NLE Choppa视频中，我的一些粉丝给我加了标签，让我参与进来。我对它进行了接龙，准确地宣布它为虚假的（cap）。[14]在视频的最后，我分享了一些天然男性健康补品的名称（有人体研究

第七章 网红带货：社交媒体网红与我们多年来喜爱的传统名人有何不同？

支持）：L-瓜氨酸、葫芦巴和南非醉茄。L-瓜氨酸可增加体内一氧化氮的产生，从而改善血液流动，有助于轻度至中度勃起功能障碍（ED）。葫芦巴是一种草本植物，其种子可以提高性欲。南非醉茄是一种可以增加睾酮的草药。就研究数据而言，这三项都是真的。

TikTok对我的接龙视频有何回应？奇怪的是，我收到了违反社群准则的通知，我的视频被撤了。他们声称我的帖子包含"不恰当的性内容"，尽管我从未使用过"性"或任何相关词语，我不明白为什么我会受到处罚，尤其是因为我正在为数百万人观看的不准确和潜在危险的信息提供公共卫生服务。我向TikTok提出了申诉。我输了。我只能猜测为什么我的视频越界了，而NLE Choppa的视频却没有因为它的性相关语言越界。也许更令人沮丧和担忧的是，该平台不是根据可能有害的错误信息进行审查，而是根据其自行选择的准则进行审查。

成为网红是一种有趣的爱好，还是一份严肃的工作，或者二者皆有？

想象一下：两年来，你一直在努力经营自己的社交媒体账户，并发布了出色的内容。你已经积累了足够多的粉丝，足以填满许多纳斯卡和国家橄榄球联盟橄榄球体育场，但你觉得自己只是挖掘了最大的潜力。你的大多数帖子在点击量、点赞和好评方面都获得了很高的参与度，还有一些帖子在其他平台上疯传。你甚至接受过几家主流报纸和博客的采访。你的收件箱现在开始充斥着来自广告商的私信，他们想让你有偿推销他们的产品。

有一天，你家里有个家庭活动。一位亲戚对你说："我听说你引起了不小的轰动……这是什么？照片分享？我还没见过你做什么，但我听说你很棒。"

"谢谢。"你微笑着说，小心不要指责你的亲戚缺乏社交媒体智商，因为可能会造成侮辱或尴尬。

"现在你已经玩够了，你打算做什么工作？"

你翻起了白眼。你知道接下来要做什么，但你还是缓慢地呼吸，就像在做下犬式瑜伽一样。"你是什么意思？"

"哦，得了吧，你知道那不是真正的职业，对吧？总有一天，你得长大成人，找一份真正能赚钱的工作。"

等等，这就是关键。对于许多网红来说，在社交媒体发帖实际上只是一种有趣的爱好，仅此而已。即便如此，他们还是认真对待自己的努力，花费大量时间经营自己的网红帖子。对于其他很多人来说，比如我自己，这是他们在各自职业生涯中全职工作的重要补充。至于其他网红，这是一份能产生收入的全职工作。这是一种职业，一种需要不断关注和发展的职业。

对拉夫博士来说，这是百分之百的事实。正如她向我描述的那样，她认为这是一份耗时的"全职工作"。她已经达到了将其货币化，并将其视为一项真正的工作的地步，事实也确实如此。

出生于加拿大的网红斯宾塞·巴博萨在她十岁的时候就走上了一条与众不同的道路。最初，她想"成为"一名电视明星。她在加拿大的一档节目《我们很聪明》中获得了一个角色，并出现在一些商业广告中。她对妈妈说："哦，天哪，妈妈，我想成为一名演员！"到她上高中的时候，她的电视生涯已经结束了，因为她太专注学业了。后来她发现自己对内容创作很感兴趣。"当我第一次开始的时候，"她回忆说，"我和我的姐姐打了个赌，在流行病结束的时候，我在 TikTok

第七章 网红带货：社交媒体网红与我们多年来喜爱的传统名人有何不同？

的粉丝数量可以达到 5 万。我只是跟她开个玩笑。但后来真的发生了。"

巴博萨没有想到她的粉丝会继续增加，也没有想到这些任务需要投入大量的时间。一直以来，她都以为自己会成为一名房地产经纪人，直到成为网红，把发帖子变成一份"全职工作……我一辈子都在用手机。我一个人住，自己付账单。我必须认真对待这件事"。

托尼·尤恩博士和我对社交媒体的态度与拉夫博士和斯宾塞·巴博萨博士有些不同。碰巧的是，我们两个有且至少有四个共同点：我们都是医生，我们都有要求很高的全职工作，我们都有孩子，我们都喜欢刷网飞公司的电视节目。此外，作为一名网红的"夜间工作"有时会影响我们两个人刚才提到的前三件事中的一件或多件，我们需要用闹钟来控制自己的时间。正如他所描述的那样："有时候我觉得我可能忽视了我的家庭。有时候她在跟我说话，而我想看完一些与我的推送相关的东西，这对她来说就成了一个小烦恼。所以，我意识到我必须停更一段时间，集中注意力活在现实生活中。"

然而，在某种意义上，我和尤恩博士开始分享另一个共同点：我们在社交媒体上的推送讯息开始赚钱了。这些收入还不足以让我们辞掉日常工作——并不是说我们无论如何都会辞职，因为我们对医疗和病人还保有承诺，但推送讯息带来的是意料之外的额外收入，这也许是另一个激励因素。我们俩现在都把我们的社交媒体订阅视为一项业务，即使这不是我们的主要工作。尤恩博士这样说："社交媒体现在已经成为我的另一个收入来源。一个既有趣又有很多其他可能性的项目。"

对我来说（就像尤恩博士一样），我将继续认真对待我的网红角色，并在我的职业和家庭责任之间取得平衡。我怀疑这永远不会成为我的全职工作，但就在几年前，我从来没有想过我会花大量的时间制作和发布 TikTok 视频，并跟踪用户参与度。只要我能继续有目的地进行教育、宣传和娱乐，并对这件事保持兴趣，我就会继续努力，与社交媒体平台同步发展。

第八章

失魂落魄：我们是否因受到社交媒体的影响而注意力涣散、效率低下？

科技是一个有用的仆人，但也是一个危险的主人。

——克里斯蒂安·卢斯·兰格，挪威历史学家[1]

你不必必须是动物学博士生或研究科学家，就能分辨动物王国的各个成员，尤其能看出谁是捕食者，它们有着非凡的专注能力。老虎、狼、鹰或鲨鱼不太可能会因为太过专注而推迟追踪和猎取美味的猎物——这是捕食者当天的特别晚餐。与此同时，鱼、鹿、牛、猪、啮齿动物等同样以生存为目标，处于食物链的另一端；由于它们要对危险保持警惕，感官和本能得到了提高，当它们凭直觉感觉到"一道主菜即将上桌"时，它们会瞬间逃跑。[2]

然而，有时即使是注意力最集中的动物也会分心，导致它们错过捕食或者躲开被捕食的厄运。有时候，还会陷入它们自己导致的困境中。湖面上摩托艇的轰鸣声可能会把寄居蟹吓得没有意识到一只海鸥正准备俯冲下来，把它加入它的晚餐菜单中。动物可能会被其他外部因素分散注意力。某些难闻的气味，比如工厂里的化学物质，会干扰两只性成熟动物激情之夜的兴致，否则它们会遵循天生的繁殖本能，变得忙碌起来。

人类也会被外界的力量和自身的问题分散注意力。在互联网上，只需轻按几下按键，你就可以查找任何主题的信息，简单而有趣。社交媒体重新点燃了休眠中的友谊，促使数据和图像得以快速共享——有些是相关的和具有教育意义的；另一些则是荒谬的、琐碎的、怀旧的和具有娱乐性的。尽管上述网络的进步为社会带来了种种好处，但也导致了许多弊病，这些弊病在没有收敛的利己情况下恶化，即我之前讨论过的那些事情：色情成瘾、种族主义/仇恨、羞辱、错误信息/虚假信息、具有掠夺性的或其他类型的犯罪行为，等等。

在上述情况中，有一件事明显被忽略了：时间。这种珍贵的必需品有多少被社交媒体吞噬了？你能回忆起在这些平台出现之前的时间你是如何度过的吗？我想到的是，那时候你经常用固定电话与他人交谈，而不是像现在这样主要使用手机——发短信和浏览动态。

受到社交媒体的影响，我们的注意力有多分散，效率有多低？我们在多大程度上被社交媒体及其网红所控制？让我们来一探究竟。

社交媒体困境

2020年1月26日，网飞公司发布了纪录片《社交困境》。巧合的是，这是在新冠大流行后实行暂时封锁政策的前一个半月播出的，当时数百万人被迫待在家里。在此期间，使用社交媒体的人数增长到全球人口的57.6%，2020年到2021年，该人数增加了10%。平均每天花在平台上的时间飙升至2小时27分钟（增加了43%），每个互联网用户约使用的平台数量为6.7个。[4]

第八章　失魂落魄：我们是否因受到社交媒体的影响而注意力涣散、效率低下？

让我们对这些统计数字沉思片刻。世界各地的人们每天花两个半小时在社交媒体上。客观地说，平均每个人每天只锻炼 23~40 分钟。[5] 根据《性行为档案》，不同年龄段的夫妇每周只做爱一次（或一年五十二次）[6]，性行为的持续时间从有效的三十三秒到"奥林匹克式"的四十四分钟。[7] 人们每周在社交媒体上的时间比他们做爱的时间多十五个小时。[8] 根据上一章所讨论的内容，我们似乎更沉迷于观看肉欲行为和相关活动，而不是亲身实践。

纪录片《社交困境》让我们注意到这些平台是如何自相矛盾地将我们联系在一起并将我们两极分化的，同时也尽其所能地将我们的注意力都集中在屏幕上。当我们面临情感危机和感到孤立时，我们不是向朋友、家人和专业人士寻求个人安慰，而是更多地求助于社交媒体，用快速修复的方法舔舐伤口，让自己忙碌起来，逃离现实世界。特里斯坦·哈里斯曾是谷歌的设计伦理学家，也是人道技术中心（Center for Humane Technology）的联合创始人，他在影片中发表了一份令人震惊的声明："我们正在培养和训练新一代人，让他们知道，当感到不舒服、孤独、不确定或害怕时，有一个数字奶嘴，这在某种程度上削弱了我们应对这种情况的能力。"[9]

通过对基于算法技术的技术架构师的采访，影片揭示了社交媒体在策划成瘾行为方面的危险性。算法技术在吸引用户的社交媒体矩阵中提供诱饵或奶酪，增加他们的多巴胺，并引导他们浏览/滚动和点击进入黑洞。每个平台的目标，无论他们是否自愿提供这些信息，都是挖掘用户的数据和点击行为模式，尽可能长时间地将他们限制在自己的数字领域中。用户甚至不需要购买任何东西就可以让他们的活动有价值，因为简单地消费创作者和网红的内容就会产生大量的消费者数据，广告商、营销人员和平台本身都可以利用这些数据。

在对毫无戒心的用户的监管指导下，算法"学习"用户的行为模式和心理，从而使他们能够预测自己的行为。用户永远都会得到大量强大的定制内容，以至于打破社交媒体成瘾就像戒除毒瘾一样困难。每天花在社交媒体上的两个半小时可能会继续呈指数增长，同时挑战我们的能力：分辨幻想和现实（低认知商的范畴），与他人良好沟通和对他人表现同理心，以及在数字框架之外培养兴趣和技能。与此同时，我们正受到网络广告的打击，这侵蚀了我们个人和集体的思想份额。最近的一项研究显示，与电视广告相比，网红广告在参与者中产生的"情感强度高277%，记忆编码高87%"。[10]

我们为这场分心雪崩所付出的代价是有形的，我指的不仅仅是花了多少钱。正如你将在接下来发现的那样，在学校和工作场所，生产力受到了如此严重的影响，以至于我们不禁怀疑，在用纸笔的时代，我们是否能完成更多的工作。

经学生证实，他们在课堂上使用社交媒体软件了吗？

社交媒体吸引了从青春期前到大学的各个年龄段的年轻人。据估计，九成年龄在13岁到17岁之间的学生至少使用过一个社交媒体平台。[11] 根据皮尤研究中心的数据，81%的青少年是活跃用户。皮尤研究中心的这项研究发现，社交媒体的使用令孩子们的学习行为减少了，"完成作业和上课，学习自信降低，出现更多影响学业的问题，比如睡眠不足和滥用药物"。[12] 年龄小的学生面临的挑战是，他们从浏览网红、创作者和朋友的推送中获得了如此强大的多巴胺，以至于他们在试图专注于家庭作业或为了考试学习时很难抗拒多巴胺，写家

第八章 失魂落魄：我们是否因受到社交媒体的影响而注意力涣散、效率低下？

庭作业或为了考试学习不太可能给他们带来同等的多巴胺。对于青春期前和十几岁的孩子来说，点击他们的订阅源会成为一种持续的瘙痒似的渴望，需要好好挠挠痒。一旦他们进入社交媒体世界，重返校园事务就变得更加困难，尤其是从他们中断的地方重新开始。

大学生也好不到哪里去。根据 2019 年加拿大的一项研究，一半的受访大学生愿意承认，他们用手机和笔记本电脑在课堂上做了与上课无关的事。[13] 另一项涉及 26 个州 675 名本科生和研究生的单独研究显示，学生在课堂上使用手机的比例高达 97%，其中 70% 的学生表示，他们使用手机的时间都花在了社交媒体上。[14] 这些统计数据（以及本章前面讨论的过度使用造成的附带损害）可能为所有平台所熟知，但它们是否正在努力"节流"，消除这种影响？就连啤酒公司每年也投数百万美元在"理性饮酒"的公益广告上。

网红克里斯滕·梅耶斯绝妙地总结了这一点："我认识很多人，他们的工作效率很高……但随后他们会休息一下。他们拿起手机，直接打开 TikTok。他们以为自己会浏览一会儿，比如说五分钟。十五分钟过去了，二十分钟过去了，很快就会上瘾。他们真的不知道在浏览自己喜欢的东西时花了多少时间……"这可能会让人分心，尤其当你在学校做一个几个小时后就要完成的项目时。

人们真的在工作吗？

在上一小节中，我们讨论了社交媒体成瘾是如何因为包括社交媒体在内的互联网而成为成年人日益严重的问题的。成年人是否拥有在工作时抵制社交媒体干扰所必需的超能力？当然，他们都是成年人，对吧？根据凯业必达网（CareerBuilder）的一项研究，答案是否定的：44%的员工认为互联网是工作时分心的主要原因；36%的员工会密切关注他们的社交媒体动态。无论如何，多巴胺就是多巴胺，员工还是会抵不住诱惑，使用社交媒体。¹⁵

在办公时间查看Facebook、Twitter、Instagram或TikTok页面是任何人工作职责的一部分吗？好吧，有时如果你碰巧在营销部门工作，在公司的社交媒体网站工作，或者你正在为雇主进行真正的市场调查。如果你在人力资源部门或招聘公司工作，LinkedIn会很有用。

然而，我们都知道，大多数员工的情况并非如此，他们无法抗拒社交媒体的诱惑，想要查看他们的动态，以及他们最喜欢的网红每天（如果不是每小时）都发了些什么。虽然大多数商业领袖和人力资源专业人士都承认社交媒体的好处，员工可以在休息时间、午餐时间和停工期查看他们的动态，但他们也目睹了社交媒体是多么令人上瘾，有多少工作时间被过度浏览所吞噬，即使是那些被认为是优秀员工的人。对领导者来说，更复杂的问题是，有多少员工在没有积极沉浸在社交媒体中时也会思考社交媒体上正在发生的事情。

企业人力资源主管、纳斯达克（Nasdaq）全球工作场所主管、开源工作场所（Open Source Workplace）创始人史蒂夫·托德指出了其他令人担忧的领域。他认为，社交媒体可能会损害个人和公司的隐私问题，损害声誉，尤其是在那些倾向于过度分享和发布过多个人信息的员工中。更进一步说，当某些有争议性（包括政治性）的评论、照片或视频在员工中流传时，这可能会对工作环境造成不利影响，这可能会影响公司的士气，甚至更糟，泄露给可能被内容冒犯的客户和顾客。他还认为，一些成年人渴望立即得到关注和满足，这在商界是不现实的，当这些在工作场所没有实现时，他们会感到失望。¹⁶

我们在不合时宜的时候抵制社交媒体并承受后果的能力受到了挑

第八章　失魂落魄：我们是否因受到社交媒体的影响而注意力涣散、效率低下？

战，这让我想起了《急速赛车》(*Speed Racer*)，这是一部在我童年时期播出的热门动画片。速度快得令人难以置信的 GRX 赛车（甩开马赫 5 号 Mach-5 超跑），要求车手喝一杯特制的饮料，增强他们的感官，更重要的是，抑制他们对高速的恐惧。问题是这种饮料会导致严重脱水。如果他们无法抗拒伸手可及的水瓶，司机就会患上严重的速度恐惧症（对速度的恐惧），他们可能会撞车。社交媒体就可以成为这样的水，让用户和网红脱轨。

网红并非无懈可击

在本书的开头，我坦白了自己在社交媒体上的经历，我已经越界了，我如何以牺牲我的家庭为代价，把过多的时间花在了我生活中有影响力的部分。我把我的处境比作一个成瘾专家，最终因这种疾病参加了十二步项目。就像任何渴望多巴胺的康复成瘾者一样，我必须保持警惕，不要太沉迷于我为维护我的网红身份所做出的努力。幸运的是，我很早就意识到了一些事情，我能够扭转局面，平衡我在 TikTok 上的努力与我生活和工作的其他重要部分。

虽然当我听到其他网红分享与我自己的故事相似的故事时，我不会举杯庆祝，认识到我们都是人，都面临着共同的矛盾，确实给了我一些安慰。面对社交媒体的危险，网红绝非刀枪不入，尤其是在宝贵时间的被浪费方面。

我为这本书采访的几乎所有网红至少都有过这样的经历：他们的平台工作在某些方面干扰了他们的个人生活、家庭、日常工作，或者三者都有。在我们讨论他们面临的一些具体挑战之前，让我们先看看他们是如何回答这个问题的："你每天在你的社交媒体平台上花多少时间？"

萨拉·拉夫博士：我每天至少花两个小时来剪辑、创建、编辑和消费（作为用户）。然后整个周五我都在拍摄。

汤米·马丁博士：每天二到三个小时。

克里斯滕·梅耶斯：在一周的时间里，我想可能总共两三个小时。我通常在周末制作我一周的所有视频，因为我工作日的日程安排非常繁忙。周六我花了六到八个小时制作视频，研究信息，编辑它们。这周我可能有4到5个视频要发布，剩下的时间用来回复评论。

卡兰·拉詹博士：每天二到三个小时。鉴于我是一名全职医生，我将是第一个说我可能在社交媒体上花费了太多时间的人。

普林茨·马格诺利娅博士：在我休假的那几个星期里，可能每天要工作二到三个小时。

瑞奇·布朗博士：每天几个小时。

乔希·欧图森亚：在这一点上，感觉像是一份全职工作。我觉得几乎是工作日的每个小时，每一天，每天六到八个小时。

杰西·安德拉德博士：每天三小时。

斯宾塞·巴博萨：大概一天十几个小时吧。我通常会尽量在周一到周五努力工作。在那些日子里我不会和我的朋友出去。我尽量在周末休息，所以我会在工作日拍摄额外的视频。但有时候我必须在下个周日之前制作一个视频，所以我就这么做了。

虽然成为一个网红看起来不费吹灰之力，但事实并非如此。这些成功的网红花费了大量的时间、精力和思想来让他们的内容适合他们的粉丝，并且，希望创建的帖子将是极具突破性的。我从他们的时间

第八章 失魂落魄：我们是否因受到社交媒体的影响而注意力涣散、效率低下？

表中发现，那些有其他"日常工作"的人，例如，医疗专业人员，如拉詹博士和我自己通常每天花二到三个小时来生成内容和监测跨平台的反应。对于那些认为自己的社交媒体平台是全职工作的网红（比如乔希·欧图森亚和斯宾塞·巴博萨），他们像连续创业者一样昼夜不停地工作，每天工作6~10个小时，有时周末、休假期间和节假日也会工作。

没有一个固定的蓝图，因为完成任务所需的时间会有所不同。除非网红对广告客户的赞助帖子有紧迫的最后期限，否则网红通常在他们的控制范围内灵活地安排时间。根据个人经验来看，网红很容易被平台吸引，就像用户很容易被为他们制作的内容所吸引一样。

就像任何"工作"一样，即使是一份有回报的工作，持续的劳动也完全有可能对网红造成严重影响，尤其是年轻的网红。倦怠的情况似乎在不断升级。对于Z世代来说，最初的乐趣和满足感有时会变成一件有压力的家务，会剥夺他们的教育、社交生活和其他职业追求。TikTok 网红杰克·英男、沙·克劳，甚至超级网红查理·达阿梅里奥都曾直言不讳地表示，他们觉得不停地生产内容负担过重，因此随着时间的推移，他们对发动态失去了一些热情。[17] 另一位创作者乔什·奥斯特洛夫斯基曾对记者说："我们可能正在进入一个社交媒体的倦怠期。这太过分了。喧嚣真的达到了临界点。"[18] 这并没有阻止奥斯特洛夫斯基继续在这场马拉松比赛中冲刺，他最大限度地利用他的内容吸引着粉丝。

斯宾塞·巴博萨坦率地向我描述了她作为一名全职网红所面临的挑战："我的父母总是告诉我，我需要玩得开心，尽管我现在很热爱我的工作，但我仍然需要过日子，过我工作之外的生活。"巴博萨女士试图在周末休假，但通常其他人并不关心她的日程安排，所以她屈服于那些最终给她带来更大压力的请求。"有时候,"她承认,"我希望其他人能为我做这件事。但没人能成为斯宾塞·巴博萨。"

对于内容创作者来说,创作作品会变得多么令人上瘾?对于网红来说,这已经成为一个难以克服的问题,因为一旦我们从数据(点击量、分享量、点赞量、评论量)中确定了什么类型的内容最有吸引力,我们就会被要求继续以疯狂的速度发布帖子,抓住热门的势头,填补我们对需求的感知。

根据丹娜·布莱姆斯博士的说法,社交媒体已经变得越来越难以抗拒,因为每个平台上的算法都在不断完善,对网红来说,这意味着"我们在社交媒体上的时间比过去长得多"。布莱姆斯得出了一个有趣的结论:"这些平台正在促使用户远离自己朋友的内容,而更喜欢网红,或者你通常觉得有趣的视频。以前,当我们刚开始使用社交媒体时,我们正在消费的是自己朋友的东西。但现在,信息来源仿佛没有尽头,就像页面可以无限地滚动下去。"这就像试图从消防栓里吸水一样。

桑德拉·李博士,又名皮普尔·波普尔博士,她向托尼·尤恩博士描述了这种情况:"一个没有粉丝的人制作了一个 TikTok 视频,突然间,她的浏览量达到了一百万。然后,在下一个视频中,她可能什么都得不到。这就像赌博。"

这股多巴胺迸发的情绪和我很亲密,我知道这是多么令人振奋。你刷新,刷新,再刷新,证明自己的才华,至少在此刻你的自我得到了满足。你看着网友们的观点如同核武器,滔滔不绝的评论像潮水一样涌进来,你感到晕眩。最后,当分享达到 10K,然后是 100K 的大联盟时,你会感觉到多巴胺的冲击。每一个新的基准都会让你体内充满更多的多巴胺,直到你像经过盛夏暴风雨洗礼的毛巾一样全身

第八章 失魂落魄：我们是否因受到社交媒体的影响而注意力涣散、效率低下？

湿透。

然后视频在一天左右的时间里高潮迭起。现在怎么办？网红被迫匆忙创建一个后续帖子，试图超越上一个帖子的成功。换句话说，他们可能会把更多的筹码（转化为时间和精力）塞进锅里。如果随后的视频没有取得同样的成功，网红的情绪和精神状态可能会崩溃。

布莱姆斯博士经历了所有的高潮和低谷。虽然她知道在必要的休息时间可以随时关闭发帖开关，但这并不会减少在网上蹿红后突然遇冷的失落感。"我真的很难接受这样一个事实：我可能不再是'那个人'了，好像我的时代已经过去了。有时候，我会感到沮丧。我想念多巴胺的释放。"

我的网红成瘾的故事是一个警示故事，但几乎所有我采访的网红都提供了他们自己的版本，关于这种痴迷是如何表现出来的，以及在某个时候是如何接近失控的。汤米·马丁博士证实，众所周知，成为一个网红，他会把注意力从对他重要的人身上转移开。"起初，"他说，"当 TikTok（账号的影响力）迅速发展时，也很难不忽视与家人相处的时间。我确实有时会上瘾。制作内容的需要，回应每一条信息的需要，可能会伤害和破坏其他关系。"

杰西·安德拉德博士向我描述了作为一名网红对她的个人生活造成的轻微影响："我会一个人在家里度过一天，在一个安静的空间里创作内容，我可以在那里拍摄。然后，我会尝试在周围没人的时候创造，这也会干扰我的生活，因为我不能去做其他的事情，比如去健身房，做一些家务。我一直在用手机回复信息，因为你应该在发布视频后的前半小时内回复信息。我认为这使我的另一半和我之间的关系变得紧张。因为他是内科医生，我们没怎么见面，因为我们都在重症监护室工作，太辛苦了。最重要的是，我所有的空闲时间都在发

TikTok 动态。事情发展到这个地步,我需要面对这样一个现实,那就是发动态对我起不了什么作用。我必须想出一个更好的方法,因为这对我来说是次要的。我生命中最重要的是我的人际关系。"

安德拉德博士需要一个唤醒电话,把她从沉浸于社交媒体的状态中唤醒。她和她的另一半不能经常见面或者交谈,所以他们就像两艘在夜间擦肩而过的船。"我意识到这在任何方面、形态或形式上都是不可持续的,于是我采取了一些措施来改进。"

巴博萨女士过于专注提高自己的支持率,以至于影响了她的心理健康。"当你有一个视频爆红(走红)时,肾上腺素飙升,你会非常兴奋。我不断刷新,看看自己有多少点击量。我不得不好好看看镜子里的自己,然后说:'人们喜欢你的内容。人们喜欢你。你做得很好。你为什么这么担心这些数据?'有时你不得不坐下来,看着镜子里的自己,优先考虑你想要的生活。你必须找到让你快乐的东西,手机上的数字不应该让你失去理智。"

包括我在内的每一位网红都会承认,手机本身往往是最大的分心因素。该设备提供了如此多的功能、应用程序和搜索内容,更不用说令人窒息的通知钟声、铃声和嗡嗡声了,以至于人们往往无法放下手机,尤其是对于那些依靠它来完成大部分内容创建、发布和参与的人来说。当你的孩子需要你的关注并且值得你关注时,情况会变得更加复杂。瑞奇·布朗博士知道他的孩子们也会发生这种情况,只是他们不会特别对他说什么(就像我的女儿们对我说的那样)。"他们看到我一直在看手机,发帖子。我能听到他们在跟我说话——但不是真的在跟我说话,如果你明白我的意思的话。就像我能听到他们在脑子里说,伙计,放下它,活在当下。我意识到这不好。我不是这样的人。这对我和我的生意都很重要,但我需要把它当作工作时间的工作,而

第八章 失魂落魄：我们是否因受到社交媒体的影响而注意力涣散、效率低下？

不是私人时间的工作。我有意识地开始把手机放在他们面前。我仍在与之斗争。"

与此同时，沙阿博士有时需要从其他人创造的社交媒体内容中分散注意力，以便找到个人平衡，阻止这种消耗他的行为。他承认："除非我妻子让我休息，否则我不会休息。当我和她在一起时，我不会在社交媒体上浪费时间。"

梅耶斯女士和我一致认为，有时候你需要把手机关机，就像给它上锁一样。她认识一些网红和社交媒体用户，他们会在手机上设置定时器，以确定日程安排参数和限制屏幕时间。"这一切都归结于自律。否则，你真的不知道你只是在滚动页面上花了多少时间……社交媒体吸引着你，并且定制了你的内容，所以你想看到更多的东西。我知道有些人在红灯时（开车时）会拿出手机来看，我认为这非常糟糕。"

沉醉于社交媒体

当你在路上开车时，你的雷达必须不断地扫描各种危险：司机的鲁莽和粗心大意，路上的坑洞和意外的物体或动物，恶劣的天气条件以及其他危险。多年来，对驾驶员的两种威胁一直是最有可能导致事故的可预防因素：酒后驾车和使用手机。

最初，手机的问题涉及人们对着手机说话时分心。当蓝牙出现时，这个问题得到了缓解，因为人们可以免提通话，减少了危险。然后，短信被引入，司机在高速公路上飞驰或在行驶中用膝盖驾驶时不停地敲击键盘的时代就这样开始了。

现在，越来越多的人单手浏览他们的社交媒体动态，甚至可能在平台上发帖和聊天，另一只手则握着方向盘。根据弗吉尼亚理工大学交通研究所的数据，"分心驾驶"已经正式成为道路交通事故的头号原因，占90%。[a] 每天有超过10人死于分心驾驶，另有数千人受伤。[b] 在一个备受瞩目的案例中，一位名叫弗兰克·瑞安的比佛利山整形外科医生在马里布的太平洋海岸高速公路上撞车身亡，因为他在社交媒体上发布了一张他养的边境牧羊犬的照片。[c]

这一切都是可以避免的。一些简单快捷的道路规则：永远不要酒后驾车。开车时不要发短信或电子邮件。最后，永远不要在开车的时候看你的社交媒体。那些网红和你的社交媒体朋友只需要等到你到达目的地，你就可以查看、点赞和评论他们的帖子。

注释：

a . "VTTI影响交通政策"，弗吉尼亚理工大学交通研究所，2013年5月14日，https://featured.vtti。vt.edu/？ p = 197。

b . 菲尔德曼，"驾驶时使用社交媒体应用程序太危险了 – EndDD.org加入了无分心驾驶伙伴关系，发起拯救生命的请愿"，EndDD，6月6日（没有年份），https://www.enddd.org/end-distracted-driving/enddd-in-thenews/social-media-apps-dangerous-use-driving-enddd-org-joinspartnership-distraction-free-driving-launch-petition-save-lives/。

c. 凯特·林西克姆，"著名整形外科医生在致命车祸前几分钟发推文"，洛杉矶时报，2010年8月18日，https://latimesblogs.latimes.

第八章　失魂落魄：我们是否因受到社交媒体的影响而注意力涣散、效率低下？

com/lanow/2010/08/frank-ryan-twitter crash-heidi-montag-text-malibu-.html。

多年来，我从自己的经历中，以及从我的同行中，获得了一些关于网红工作和生活平衡的宝贵建议。我将在第十一章提供这些解决方案。在我看来，能够成为一个负责任的、平衡的、全面发展的，有自己的优先事项，知道如何预防和遏制社交媒体成瘾的人，这是成为一个健康、成功、有成就的网红的重要组成部分。

然而，在我们到达那里之前，我们还有几章要写。接下来，我们冒险进入偶像崇拜的邪恶世界，它可以引诱并摧毁所有年龄、性别、种族、信仰和肤色的无辜人民的生活。偶像崇拜世界和影响力世界的主要相似之处是什么？

一种归属感、接纳感、共同的价值观、即时满足感和回报感。

还有……这两种情况都涉及的粉丝。

第九章

点击和偶像崇拜：网红的粉丝在什么情况下会沦为偶像崇拜？

闪光的不一定是金子。

——威廉·莎士比亚《威尼斯商人》[1]

社交媒体已经成为网红领导的偶像崇拜和类似偶像崇拜的团体的新滋生地。这些平台似乎无法对他们进行监管，除非他们违反了社群准则。TikTok 似乎已成为一个特别适合招募信徒的肥沃温室。有时候威胁没有被识别和消除，直到为时已晚，损害已经造成。

2017 年，自称精神领袖的本蒂尼奥·马萨罗通过在 Instagram、YouTube 和 Facebook 上的社交媒体影响力，吸引了大量粉丝。马萨罗声称他比其他凡人"振动频率更高"，并激励人们相信他是神一样的人物。然后是充满希望的金融宣传。只要支付 1 199 美元的费用，粉丝就可以获得在加利福尼亚州塞多纳与"振动先生"本人进行 12 天的净化静修的机会（被称为"塞多纳实验Ⅱ"）。以较少的金额，人们可以在马萨罗的直播平台动态上发现开悟的道路。马萨罗族群的长期成员布伦特·威尔金斯自杀后，活动戛然而息。[2]

一位名叫梅丽莎·翁的 TikTok 网红称自己为"母鸡妈妈",她的粉丝被称为"步鸡"。2020 年 5 月,《纽约时报》报道称,母鸡妈妈通过鼓励他们采用她的蓝色自拍个人资料图片,传播服从行为。随后,她哄骗他们涌入 Flex Tape 的创始人菲尔·斯威夫特(Phil Swift)的评论区。迫于巨大的压力,斯威夫特也采用了翁女士的蓝色头像。[3]

乍一看,这似乎是善意的,甚至有些好玩,但这里存在一个潜在的问题:一个网红如何能拥有如此大的权力和影响力,以至于他们可以以一种暴民的心态渗透并占领某人的评论区,迫使目标人服从他们的命令?当我们考虑到巴拉克·奥巴马和马克·扎克伯格一直是"母鸡妈妈"(Mother Hen)恶意攻击的受害者时,这种情况就变得有害和令人震惊了。无论你是否喜欢或鄙视那些锁定在她视线中的人,这都不重要,它创造了一种偶像崇拜文化,可能会扩大我们本已支离破碎的社会鸿沟。

社交媒体偶像崇拜比过去的偶像崇拜更有优势。过去,招募和灌输新成员需要很多年的时间,而如今,偶像崇拜网红只需付出最少的努力,只需几条操纵性的帖子,就可以完成同样的壮举。社交媒体算法可能会在不经意间给用户引导流程注入"类固醇"。这些平台根据用户设置的模式来策划和传播帖子,因此,如果粉丝倾向于参与某些类型的内容,那么此人可能会继续收到相关主题的视频和文章。例如,反疫苗者的推送很可能充斥着强化他们信念的帖子。

政治世界因这种两极分化的行为而饱受诟病,这使得个人很难接受他人的观点。当他们看到那些证实了他们已经相信的事实的帖子时,为什么他们会对与自己相悖的观点持开放态度呢?有自由主义偏好的人往往会被女权主义和民权相关话题的内容淹没,而保守派可能

第九章 点击和偶像崇拜：网红的粉丝在什么情况下会沦为偶像崇拜？

会持续接触到有关政府控制和超支的内容。在这两种极端情况下，用户都会热情地参与讨论他们的推送，因为他们有更多的弹药来支持自己的论点。算法确保歌手在合唱团前面。当一篇帖子被分享时，粉丝可能会评论一些类似"我同意，这证明了我一直在说的一切"的话。当然是这样！正如丹娜·布莱姆斯博士对我说的那样："他们甚至没有意识到他们看到的其实是为他们量身定做的。他们认为自己看到的是正常的标准，但他们没有意识到内容是片面的，是针对他们的。他们不明白，他们正在被灌输这些内容，因为算法已经预定了他们会同意它。"我们都在回音室里，但只有一部分人意识到这一点。

疯狂的常态化

几个世纪以来，偶像崇拜行为一直渗透到世界历史中。十字军东征（公元1096—1272年）期间，欧洲基督教士兵试图征服圣地，导致成千上万个人丧生，是因为教皇乌尔班二世用"上帝的旨意"（或"这是上帝的意愿"）怂恿他们。你知道，有人泄露了消息，声称从更高的权力那里获得了私信（DM），以对另一个文明发动大规模攻击。

历史似乎已经忘记了1300年至1850年在欧洲各地传播的对女巫的广泛错误信仰，这种信仰导致了公开审判和数千个无辜生命的死亡。仅在德国，就有近16 500人受到审判，其中大部分是妇女和女孩，7 000人在这段时间内被处决。1642年，康涅狄格州当时是英国殖民地的一部分，将涉嫌进行巫术行为的人判处死刑。[4] 50年后，在马萨诸塞州的塞勒姆，发生了臭名昭著的女巫审判，19名公民被公开绞死。

总共有成千上万个妇女和女孩在被操纵的陪审团审判中被谋杀。这种做法是谁首创的？另一位教皇。是什么促使他以"女巫犯罪嫌疑人"的身份被捕？这只是一个真正信奉教会教义的人的指控。

偶像崇拜的形成可能有多种原因：以宗教的名义，由于对未知或无法解释的事物的恐惧，或者由于创始人的误解、错误的理论或个人偏见。正如 20 世纪 30 年代和 40 年代纳粹主义在德国的兴起所证明的那样，偶像崇拜思想可能会嵌入某些抗议运动中，并像纵火犯犯下的罪行一样蔓延开来，尤其是在适当的条件下（例如，经济不景气），并且特定的群体（例如，大屠杀期间的犹太人，以及其他群体，600 万人的生命被灭绝）成为世界弊病的目标和罪魁祸首。

错误信息、虚假信息、阴谋论、偏见、仇恨和煽动混乱的普遍愿望助长了偶像崇拜思想。似乎，概念越古怪，热情就越令人陶醉。

例如，否认曾经发生大屠杀，不明飞行物，反疫苗者，1969 年的登月是假的，恐龙从未存在过，声称 9·11 事件没有发生过，选举舞弊，反对进化论的十字军东征，桑迪胡克校园枪击案阴谋论，世界是平的，等等。

让我们暂停一下：以上所有的理论看起来都很可笑，对吧？也许没有什么比相信我们的星球不是圆的更令人惊讶了。今天真的有一群人坚持这样做吗？是的，事实上，他们是很认真的。据《福布斯》报道，一项调查显示，三分之一的 Z 世代认为世界是平的。[5] 本名小鲍比·雷·西蒙斯的说唱歌手 B.o.B 于 2017 年发起了一场众筹活动，以筹集资金支持"地球是平的"理论。[6] 就连 NBA 球星凯里·欧文也参与了（他后来道歉了）。[7] 该活动最终目标是将一艘飞船发射到太空，帮助他"找到曲线"——也就是说，精确定位行星的边缘（剧透提醒：美国国家航空航天局已经去过那里很多次了，似乎都找不到那

第九章　点击和偶像崇拜：网红的粉丝在什么情况下会沦为偶像崇拜？

诡秘的地球边缘）。这场运动是由一批在 YouTube 上疯传的视频引发的，这些视频在数百万人中疯传，发展到约 600 人参加了他们的第一次全国会议，这被 2018 年的纪录片《曲线背后》记录下来。这个被称为"平地之王"的理论的最大支持者是一位名叫马克·萨金特的前软件分析师，后来成了一名竞技游戏玩家（他没有获得过任何科学学位）。

丛林之王

一些可疑的自恋者被授予了王室头衔（或者自封为王的头衔）。得克萨斯州韦科市 20 世纪 80 年代大卫教派领袖大卫·考雷什出生于弗农·韦恩·豪厄尔。他将自己的名字改为考雷什，这是一位古代波斯国王的名字。"大卫"部分增添了额外的荣耀，这让人想起了大约公元前 1010 年以色列和犹大联合君主国（又称以色列）的领导人大卫国王，在《旧约全书》中他曾经推翻了一个名叫歌利亚的臭名昭著的巨人。[a]

注释：

a. 佚名，"传记：大卫·考雷什"，前线，PBS, n.d., https://www.pbs.org/wgbh/pages/frontline/waco/davidkoresh.html。

虽然萨金特先生和他的团队对科学、教育和集体领头人的威胁比他们对任何人的身体或情感健康的威胁都大，但他们的逆行思维使人类在智力进步方面倒退了亿万年。除了传播错误信息，这类团体在吸引和同化那些感到与家庭和社群隔绝和分离的人的能力方面也类似于

偶像崇拜。他们张开双臂欢迎新来者，为他们提供了一个安全和被接受的地方。换句话说，那些认为自己是社会局外人的人突然觉得自己融入并属于这里——这是偶像崇拜的关键。

当一个推送让人感觉像是偶像崇拜

没有一个正式的规则说明物理群体互动是一个集体被视为偶像崇拜的必要条件。偶像崇拜很容易产生于虚拟世界；事实上，他们可以以隐形模式运作，在数字世界中不被发现，这为社交媒体的招募提供了条件。一旦团队建立并积累了一群粉丝，可能会举行面对面的聚会和活动来巩固关系。

挖掘偶像崇拜的意义和起源

你可能已经猜到了偶像崇拜（cult）这个词的词源可以追溯到古罗马人（狂热崇拜 cultus 一词）。"cultus"最初的意思是"关心和崇拜"。这个词在法语中演变成"culte"，然后在17世纪初的某个时候被添加到英语方言中，没有"e"，作为普通的"cult"。[a]

到目前为止，一切都很正常，对吧？

接下来，我们研究拉丁语单词"cultura"，它指的是农业。偶像崇拜"关心和崇拜"是如何与"种植作物"联系在一起的？偶像崇拜要想生存，就必须像播种后那样，随着时间的推移有条不紊地培育它们。

第九章 点击和偶像崇拜：网红的粉丝在什么情况下会沦为偶像崇拜？

> 这仍然无法解释偶像崇拜（cult）一词如何被赋予了与宗教截然不同的负面含义，以表示一个受污染的边缘或非正统团体。其中一个原因可能是，在17世纪，威廉·佩恩（后来成为宾夕法尼亚州的创始人）在写作中使用了偶像崇拜（cult）这个词，讲述了他对贵格会的狂热信仰，这让他在伦敦塔监狱里待了两年。由于当时作为贵格会教徒被认为是边缘人，而且不在新教的"规范"范围内，这位州创始人对偶像崇拜的使用可能导致它有了贬义的味道。[b]
>
> **注释**：
>
> a. 埃戈尔·科特金，"什么是，真正的，偶像崇拜和宗教之间的区别（以及'宗教'这个词的起源）解释，"媒体，2019年1月6日，https://medium.com/@EgorKotkin/ What – Is – Really –thedifference between–a– Cult –and–the– Origin –the– the– the– Origin –the– the– the– Origin –the– the– Origin – 88b36dda887f。
>
> b. 韦氏大学词典的编辑，"加入词源学的'崇拜'"，太阳杂志，2005年1月2日，https://www。sunjournal.com/2005/01/02/joining–cult–word–etymology/。

网红的推送偶尔会给人留下"偶像崇拜"的印象。一些边缘网红不仅为新粉丝（也就是"新成员"）提供了一种诱人的家庭和社群感觉，而且他们还有以下共同的倾向：

寻求建立一群与他人隔离的粉丝。

提供一个中心明确的领导者的咒语和教导。

在"外观"方面要求一致性（例如，在线粉丝的头像/个人资料图片）。

关注类似的成员特征：脆弱的和迷失的年轻人（在我们保持社交距离的时代尤其如此）。

从他们的成员那里获取资金（例如，翁女士销售大量商品）。

命令粉丝盲目服从命令（就社交媒体而言，这可能意味着一些简单的事情，比如在公众人物的评论区发帖）。

运用足够的权力来威胁、恐吓、使那些与自己观点不同的人难堪或羞辱他们。

最后，偶像崇拜领袖（无论他们来自网络还是实体校园）都倾向于认为自己与更高的权力有联系。尽管有"医疗媒介"的绰号，但网红安东尼·威廉并没有接受过任何正式的医学培训。他声称他的信息是通过"一个灵魂"来到他身边的，并且他已经从上帝那里接收了个人的信息。威廉先生（未取得过博士学位）建议使用芹菜汁（"全球芹菜汁运动"）来治疗纤维肌痛，缓解糖尿病和癌症等疾病。[8] 我想有比推荐芹菜汁更糟糕的，但这提出了关于发布错误信息的伦理问题，这些错误信息可能会让一些人产生错误的希望，并可能导致他们放弃医生开的处方和药物治疗（芹菜确实含有一些有价值的营养素和抗氧化剂；它的血糖指数也很低，尽管它不会逆转糖尿病）。把病人的希望寄托在尚未被科学证明的理论上，往往是无益的。人们对威廉的视频盲目的宗教狂热为他在 TikTok、YouTube 和 Instagram 上赢得了数十万名粉丝，并引起了众多名人的注意，比如网球职业选手诺瓦克·德约科维奇。他甚至出现在《与卡戴珊一家同行》的一集节目中，并出现在格温妮丝·帕特洛的网站 Goop 上。其他网红和好莱坞名人的认可只会提升他的公众地位。

拉詹博士是这样解释的:"只要有一个平台,就会有阴阳和善恶。在经验证明和伪科学之间将会有一场权力斗争。没有西斯和平衡原力,绝地武士就不能存在,对吗?"

如何区分真正的网红和别有用心的人?"总的来说,你不应该相信任何人,"丹娜·布莱姆斯博士警告道,"你无法从人们在网上发布的内容中了解他们。老实说,那些发布的东西让自己看起来像个好人的人,这有点可疑。"

精神错乱的年轻人

在社交媒体影响的世界里,顽皮幼稚的幽默有时很容易让人觉得是偶像崇拜行为。对网红/领导者来说,看似有趣、尖锐和不敬的事情可能会被他们的年轻粉丝认真对待,并可能导致人们的身体、精神或情感受到伤害。

2018 年,一位名叫洛根·保罗的无礼的 YouTube 年轻明星拍摄了他和一群朋友一起进入日本青木原森林(又名"自杀森林")的视频。他们发现了一具悬挂在树上的尸体。保罗没有关闭录像机,也没有联系当局,而是决定录下尸体的特写和其他角度的视频,并在其中穿插自己的反应镜头。来自自杀预防组织和 YouTube 本身的愤怒情绪倾泻在这位网红身上,YouTube 将他从顶级盈利系统中降级。保罗先生发表了道歉声明,但他的视频博客继续毫不畏惧地引诱粉丝们"加入这场运动,做一个特立独行的人"。9

另一个网红人物是大卫·多布里克,他是 Vlog Squad 的领导者，该账号发布了兄弟会式的恶作剧和特技，而他和他的粉丝们在一旁看着，兴奋至极，发出循环般的夸张笑声。多布里克的订阅量激增至数百万，他的人气还延伸到了动画电影《愤怒的小鸟电影2》(*The Angry Birds Movie 2*) 和电视探索频道的《躲避球雷霆巨蛋》(*Dodgeball Thunderdome* on the Discovery Channel)。[10] 当前 Vlog 小队男女成员对他提出性侵指控时，他陷入了争议，同时揭露了多布里克将他成员置于危险境地的冒险行为。2021 年 4 月，Youtube 用户杰夫·维特克发布了一段由两部分组成的视频纪录片，在视频中，他讲述了多布里克从水面上的挖掘机上把他抛向空中时，他的脸被撞，眼睛受伤。"这就是我犯错误的地方，"维特克评论道，"我忘了我认识的最大的白痴在开挖掘机。"[11]

和其他喜欢生活在边缘的网红一样，多布里克也建立了一个以年轻男性观众为目标的粉丝群，他们遵循杰弗里·特里梅因——臭名昭著的《蠢驴》(*Jackass*) 系列制片人兼导演的传统。他作为选手参加在《儿童精选运动》(*Kids Choice Sports*) 节目，并在各种五分钱戏院 (Nickelodeon) 等竞赛节目中担任客座评委。有多少孩子因为多布里克的偶像崇拜影响而受到启发，尝试了所谓壮举的不明智危险行为？尽管他的丑闻和声誉导致一些客户和粉丝回避，他的赞助商（包括美元剃须俱乐部）疏远了他，他的 YouTube 账号也被封了三个月，但截至本文撰写之时，他卷土重来，推出了所有新的引人注目的视频：他和朋友在浴缸里狼吞虎咽地吃快餐；恶搞朋友和家庭成员，让他们坐在冰桶伪装成的座位上；在迪拜乘坐高速警车巡游，你懂的。[12]

保罗和多布里克为了促进粉丝的增长和培养忠诚的粉丝，一方面，在娱乐的边缘和无礼之间徘徊，另一方面，他们的行为却陷入了

第九章 点击和偶像崇拜：网红的粉丝在什么情况下会沦为偶像崇拜？

黑暗。他们利用社交媒体引诱无辜的受害者，意图打着爱和精神启蒙的幌子犯下令人发指的罪行。

社交媒体邪恶的一面

2021年5月，孟加拉国警方逮捕了TikTok的网红里多伊·巴布和其他五人，罪名是袭击当地一名女性。（巴布和他的一个同伙在试图逃跑时被警察开枪打伤。）进一步的调查发现，巴布和他的粉丝一直以印度和中东各地的年轻女性为目标，秘密意图绑架她们并进行性交易。他们甚至在Facebook上建立了一个群组，组织了一个有大约800人参加的泳池派对，其中许多人是被指定的受害者。

该组织的招募方式与过去的偶像崇拜有着显著的相似之处，目标是与家人疏远的年轻女性、离家出走的人、高中和大学的内向者以及孤独的家庭主妇。他们被能够出现在TikTok的视频和被雇用在美发沙龙或购物中心商店工作的吸引人的承诺引诱了。然后巴布先生和他的财团将他们送到酒店房间，在那里，他们被下药，被拍摄裸体，并被卖去做性交易。[13]

拉詹博士这样对我总结道："巴布有八万名粉丝，这看起来可能不多，但足以填满一个体育场。他基本上是把妇女带去奴役和人口贩卖，这显示了社交媒体的邪恶力量。"

特别令人惊讶的是，在撰写本文时，里多伊·巴布的TikTok账号仍然在使用。在他的视频中，他似乎是一个无伤大雅的唱歌跳舞的花花公子，吸引着爱慕他的女人。人们永远不会怀疑他的网红推送有任何不当行为，这验证了布莱姆斯博士谨慎的建议：对网红形象的感知并不总是等同于现实。

无论你住在哪里,都要保持警惕:无论何时,社交媒体网红邀请你或你的孩子参加聚会或约会,都可能是一个潜在的陷阱,必须谨慎考虑。如果你感到孤独或被孤立,请注意这些感觉可能会使你容易受到偶像崇拜的影响。引用威廉·佩恩的话:"只相信你自己,别人才不会出卖你。"[14]

偶像崇拜有好处吗?

我认识到上面的标题听起来像是一个悖论:偶像崇拜怎么能被认为是好的呢?偶像崇拜不是无论如何都应该被唾骂的吗?

正如你在整本书中所推断的那样,我喜欢站在平衡的立场考虑问题。虽然有一些由网红领导的边缘社交媒体团体接近于偶像崇拜团体,即直言不讳的意识形态和无条件的包容,但他们的意图似乎是真实的,他们的做法是负责任的。他们可能会坚持教条主义的观点,但他们不会围堵、操纵或虐待他人。事实上,他们可能没有任何不可告人的意图。

正如沙阿博士向我指出的那样,一些社交媒体网红为那些没有社群的人提供了真正的归属感和安全感。正如他所描述的:"我在一个小镇上长大,在那里我是唯一一个叫穆尼布·沙阿的人,也是唯一一个名字听起来像这样的人。我天生就不同于我的同龄人。我周围没有一个能够理解我的文化的群体。"

例如,对于那些因性取向而受到排斥和欺凌的人来说,由善意的网红领导的社交媒体团体可以提供他们所需的安慰、共性、支持,甚至是宣泄。他们可以表现得像自己,而不用担心受到嘲讽、威胁和其他形式的偏见。沙阿博士表示,他有"性少数群体朋友很长一段时

第九章 点击和偶像崇拜：网红的粉丝在什么情况下会沦为偶像崇拜？

间没有出柜，因为他们周围没有支持他们的社群"。他还告诉我，他关注的一个出柜的人在 TikTok 上发布了一段视频，"得到了很多支持和积极的评价，他不能告诉他的家人，但至少他有一个全球性的社群"。

换言之，在社交媒体领域的某个地方，任何人和每个人都有一个网红，这是对付坏人和煽动仇恨者的一个强有力的优势。无论你对什么事业感兴趣，可持续发展、为无家可归者提供食物、援助退伍军人、选举公平、治疗疾病等，它们都可能以某种形式存在于社交媒体上。通过网红形成的社交媒体众包力量可以作为一个强有力的工具来提高对一个问题的认识，并可能为值得的慈善事业筹集资金。

结果是网红在与粉丝沟通方面有着特殊的天赋。他们可以选择灌输用户相信错误信息，甚至可能煽动他们伤害他人或自己。或者，他们可以成为信息、指导、鼓励和娱乐的可靠、真实的来源。不幸的是，对于那些有争议、极端主义思想的创作者来说，发展出一种"上帝情结"，并为了金钱、权力、控制、单纯的打击而把人们引入歧途或者只是为了炫耀一段爆红的视频，这是一种唾手可得的自我成果。

现在你了解了所有关于点击和偶像崇拜的事情，你已经准备好进入下一个阶段，去发现自己如何成为一个积极的网红。正如睿智的尤达大师（Master Yoda）[①]所说："学徒们，绝地武士必须正视真相并作出选择。可以放出光亮，或是黑暗。做一支蜡烛，或是化成黑夜。"[15]

[①] 尤达大师，《星球大战》（*Star Wars*）系列作品中的重要人物，绝地委员会大师，曾担任过绝地武士团最高大师（Grand Master of Jedi Order）。他的原力非常深厚。——译者注

第十章

成为网红：如何成为一个负责任、成功的网红并引领一种和谐的生活？

生活就是平衡。

——史努比《花生》卡通人物[1]

现在是时候带你走一条必要的弯路了。到目前为止，我把我们在一起的时光比作一次烹饪：你已经把你所有最喜欢的菜告诉厨师了。我们已经确定了菜肴的配方成分，成分来自哪里，以及每种成分如何为你的身体提供有价值的营养（或对身体造成伤害，视情况而定）。你现在不想在厨房里偷看一下，目睹厨师是如何准备你的特色主菜的吗？那就是——了解网红是如何产生的。

在我们探讨如何成为一名网红之前，重要的是首先要确定为什么有些人想成为一名网红——目的或者为什么，如果你愿意，那么目标就可以确立。似乎每个网红都是出于不同的原因进入竞争环境的。一些人因为一条适时的视频帖子在网上疯传而偶然陷入其中，而另一些人（比如我自己）则更具策略性。无论是什么原因吸引人们去做这件事，谨慎的做法是至少找到一个（如果不是几个的话）原因，并对它

（或他们）充满热情，这有助于让有抱负的人经历激情澎湃、重力过山车般的旅程（我们将在本章中讲到）。

虽然我们没有足够的空间来解释每一个潜在的原因，但我已经将主要原因分为以下几类：

创作：法耶兹·阿吉布博士用以下方式描述了他的原因："我认为简单的答案是我很享受。我喜欢把它作为一个创造性的出口。"我想把注意力集中在"创造性""出口"这两个词上。虽然对于普通的社交媒体用户来说，这似乎并不明显，但成为一名内容创作者可以满足许多网红的创作欲望。就像写作、绘画、缝纫和其他创造性的努力一样，内容创造的过程可以是非常令人满意的，特别是当你考虑到粉丝和观众的即时反应和其他创造性媒介的反应时。

激励：汤米·马丁博士对我说，他喜欢"在传播爱和积极性的同时，激励尽可能多的人"。听起来像是1967年夏天一个花花公子嬉皮音乐家说的话，对吧？在这种情况下，马丁博士所指的内容要么以某种强有力的方式触动人们的情绪，要么激励人们采取行动。例如，一些人因为一个网红的帖子受到启发而进入一个职业（比如成为一名医生）。其他人可能会受到启发，尝试让自己成为网红。

娱乐：每个活跃在社交媒体的网红都想在某种程度上娱乐人们，事实上，如果他们想要取得持续的成功，就有必要这样做。如果一篇推送没有包含吸引观众的内容：幽默、意外、感人等，观众就不会投入。即使是网红内科医生也可能至少有一点娱乐的欲望，就像穆尼布·沙阿博士对我说的："如果你的内容总是太严肃，你就不会让人产生共鸣。如果你没有亲和力，你看起来就不那么值得信赖。而且，如果你不那么值得信任，那么人们会相信别人的话而不是你的。所

第十章 成为网红：如何成为一个负责任、成功的网红并引领一种和谐的生活？

以，对于医生来说，娱乐实际上是非常重要的。"

教育：教育这个领域，恰好是我作为网红的专长。具有影响力的医疗专业人士往往受到一种愿望的驱动，那就是分享知识、见解和研究，特别是符合时代精神（时代精神：一个时期或一代人特有的品味和观点）的健康信息。[2] 这包括建立事实意识，纠正错误信息和虚假信息（例如与医学相关的话题）。

帮助：这就是为什么在各个领域的网红都有这样的想法，尤其是医疗专业人士。这就是我们最初想了解这个领域的原因：治疗，治愈，让生活更美好。当然，医生并不是唯一一个以帮助他人为出发点的有影响力的群体。有很多网红，尤其是贝丝·坎特（贝丝博客的作者）和马特·弗兰纳里（Kiva.org 和 Branch 的联合创始人，该公司帮助低收入的企业家），他们的平台致力于为唤起意识和筹集资金。

请注意，以上这些都不是为了赚钱或出名。这两者都没有错，但它们不应该成为你做网红的主要原因。你要把财富和名声看作额外的奖励或惊喜。如果你冲出去追名逐利，人们会一眼看穿，认为你不够真实，正如我们在前几章中探讨的那样。

如何开始，让自己看起来更专业

我希望你现在已经意识到，成为一名网红并不是用手机录音、发布，然后早上醒来就能成为网红那么简单。就像任何值得做好的事情一样，它需要时间、精力、实践、研究、经验，并从错误中吸取教训。

拍摄头像

让我们从基础开始：你的头像。有些人认为你需要雇用一位好莱坞的头部摄影师。你不需要。你的头像代表你是谁。研究表明，与面无表情相比，人们更喜欢微笑的脸。所以，你最好面露微笑，除非你不经常笑。如果你从不穿西装，你为什么要发布一张自己盛装参加舞会的照片呢？你所需要的只是一部智能手机和好的采光。有些人的头像包括脸和上身，而另一些人则更喜欢让自己看起来更像动画人物。你有很多创造性的方向，但要让你的头像体现出你自己的特点。你也可以改变你的头像，但是我不建议你经常这样做，因为你的头像将成为你的账户、视频，甚至你的评论品牌认知的一部分，因为你的头像就在你发布的任何东西的旁边。

发展你的网红品牌

在这个阶段，决定你的网红品牌。你是谁？你支持什么，反对什么？你的激情体现在哪里？你的专长是什么？你有特定的表情吗？

无论你要开发什么样的网红品牌，为了使其有效，你都希望它的真实性可以被其他人认可。如果你碰巧崇拜某个网红，并希望将此人的品牌复制粘贴成为你的品牌上，相信我，效仿是永远不会奏效的。然而，受到另一个网红的启发并将其提升到一个新的水平是完全没问题的。我是如何在社交媒体上成为以帽子为标志的医生的？我制作了一个关于我起源故事的视频。就像一个超级英雄一样，我戴着我标志性的蓝色帽子，单膝着地。（在这个过程中我还伤到了自己的后背！）我抬头看着镜头，问道："我是如何成为帽子医生的？"我继续解释

第十章 成为网红：如何成为一个负责任、成功的网红并引领一种和谐的生活？

说，尤恩医生是我的灵感来源，因为我看到他使用了"帽子"（cap）这个词，并查阅了它的含义。然后我拿了一顶蓝色的帽子，在帽子前面印上了白色字母"CAP"。随后，后来我用蓝色的印有"CAP"字样的帽子开发了具有自己风格的视频。有人抄袭了我的创意，但没取得什么效果。这个故事告诉我们：适当的致敬是可以的，但不建议抄袭。

网红的造型各不相同，但在我的视频中，我几乎总是戴着我的蓝色外科医生帽、外科口罩和穿着蓝色手术服（口罩磨损了，托着我的脖子）。这是我的特色的"服装标志"——也许就像耐克的标志一样，所以当人们看到我出现在视频中时，他们在我说话之前就能立刻认出我。

创建推送

接下来是真正的工作，每周至少制作两个高质量的视频发在如 Instagram 和 TikTok 平台上；在 YouTube 上每周发一次。巧妙的推文（如发布在 Twitter 上）或照片（发布在所有平台上），都会引起人们的共鸣，迫使他们停止滚动屏幕，观看你的视频或帖子。你可以关注潮流，至少知道你的话题是否符合时代精神，但你别想依赖潮流，就像拉詹博士警告的那样。

请不要被愚弄，以为成为网红会很快、很容易、一次就会成功。在没有出现业余的错误的情况下，始终如一地提出新鲜和相关的想法、编写好的内容、拍摄和编辑/制作视频往往是耗时、艰巨和需要承受高压的。各个平台似乎正在向超短对话视频过渡，删除无音频的部分。我现在删掉了大部分口语台词之间的停顿。同样的信息只是传递得稍微快一点，就可以在用户接收和重新观看视频方面产生影响——这是许多算法的一个关键指标（我没有证据表明这样做会在视频上打开算法的传播开关，但我观察到，以这种方式编辑的视频更容易传播）。

要有耐心。让你的视频、信息或照片尽可能地完善（从时间管理的角度来看，"足够好"可能比"完美"更好）；有时候一个 20 秒的帖子可能要花费数小时，进行无数次拍摄才能完成。如果你还有任何疑问，请不要发帖。一旦你的帖子上线，就会公之于众。实际上，你可以将视频设置为仅自己可见或删除。

得到认证

你可能希望成为一个网红。认证过程有点不透明，就像用粉笔做记号一样。你可以在 Instagram、Twitter 和 Facebook 上申请，但不能在 TikTok 上申请，因为你需要平台给你颁发认证徽章。碰巧的是，我在 TikTok、Twitter 和 Facebook 上都得到了认证徽章。我在 Instagram 上申请了好几次，但每次都被拒绝了。为什么？你的猜测和我的一样准确——认证才能证明你就是你说的那个人。[3] 有些人认为，当 Instagram 和其他社交网络要求实名认证一个网红时，这是一种声望的标志，表明你足够重要，有人可以效仿，以你的名义创建一个假账户。沙阿博士淡化了认证对我的重要性，他说："当我在 Instagram 上被实名认证时，这是一件新鲜事，我对此感到兴奋。但后来这种感觉消失了。我想，我的生活实际上与认证之前没有什么不同。"

第十章 成为网红：如何成为一个负责任、成功的网红并引领一种和谐的生活？

你的帖子是实时的……现在怎么办呢？

不要太放松，你的工作还没有完成。你的蛋奶酥现在已经在烤箱里了，你需要站在一旁看看它是否会膨胀。一些网红盯着他们的手机，狂热地一遍又一遍地刷新，看看浏览量是否大幅上升，回复是否滚滚而来；其他人则会离开一会儿，专注于其他事情，清醒一下头脑。布莱姆斯博士倾向于等待最初的几条评论弹出并做出回应。"做了十分钟之后，我就走了。"她向我回复道。

有时反应会慢慢产生，就好像你在看着油漆变干。别紧张，深呼吸，别慌，结果可能还是很好的！

这是一个与在接下来的 24~48 小时内写评论的人接触的好时机。你可以输入回复，或者只需点击喜欢的回应，但你也可以发布竖起的大拇指、笑脸或其他表情符号来回应某人的评论。这表明你关心你的观众，因为你花时间阅读他们写的内容并回应他们。你可以写一些类似"太棒了！""谢谢"的内容，或者回答评论中提出的问题，这可以让粉丝感觉很棒。回答简单、无争议的问题是可以接受的，只要你 100% 确信你的答案是正确的。应对喷子需要技巧。当你想多说几句话时要谨慎，因为你可能会陷入与喷子对峙的无底洞，最终为自己辩护，或与其他人争吵不休。我们将在接下来的几页中详细讨论如何应对喷子。

应该检查多少次页面浏览量？通常情况下——但这取决于网红们对他们的平台有多痴迷，以及他们有多少空闲时间（你可以参考第八章，提醒受访网红在页面浏览量上花费了多少时间）。无论如何，你都想在你的日程安排中尽可能多地与你的粉丝互动，同时保持生活平衡。

帖子发布后，会有这么一段时间——浏览量和评论开始减少，这表明你要开始计划下一篇帖子了。最好不要间隔太长时间，当然不超过五天，因为人们往往会忘记他们每天看到的东西。如果你失败了，短期记忆就是你的朋友，你会想快马加鞭，尽快准备一篇新帖子。一些网红已经锁定并加载了许多已完成的帖子，准备从草稿实时发送（我就是这么做的）。如果你成功了，那基本上是一样的：努力推出新的后续作品，利用你的成功，保持这种势头！

网红如何变现

正如我在本章前面所说的，你没有任何理由为你在平台的盈利而感到内疚，因为你必须以道德和真实的方式处理它。

找一个人才经理

一旦他们达到了一定程度的成功，一些网红就会招聘人才经理（反之亦然）。你可能有疑惑：人才经理？我需要人才经理做什么？我又不是演员或模特。

在过去几年里，出现了一批新的人才经纪公司，专门为社交媒体内容创作者代理事务。许多传统的经纪公司习惯了与戏剧、电视、电影、配音演员和模特打交道，现在他们都增加了人才经理来代理社交媒体网红事务。一些公司，如中央娱乐集团、INF 网红代理公司和 Shade，[4] 都有专门致力于此目的的团队。

我并不是想戳破任何人的幻想，但任命一位社交媒体经理来指导你的网红事业并不像查询电子邮件或陌生电话那么简单。人才经理通

第十章 成为网红：如何成为一个负责任、成功的网红并引领一种和谐的生活？

常会在你持有大量忠实粉丝的情况下才会考虑将你加入稳定的客户群。例如，我采访过的一位洛杉矶社交媒体人才经理解释说，他"对任何在 YouTube 上拥有不到 100 万粉丝或在 Instagram 上拥有 50 万至 100 万粉丝的人都不太感兴趣"。他偏爱这两个特定的平台，因为他"目前并没有在 TikTok 上寻找人才"，而且通常情况下，网红人才都是他主动寻找的，而不是网红自荐的。

另一个现实问题是，大多数人才经理并不一定希望利用你在内容创作方面的成功，让你成为好莱坞的超级明星。我并不是说这种情况不会发生，尤其是在为那些表现出一定表演天赋的网红争取电视角色方面，但更重点的是，他们要给网红与品牌之间建立联系。人才经理和代理商知道如何将特定的产品和服务与合适的网红相匹配，提高企业的曝光率和销售额，并为网红赢得报酬。

虽然人才经理和代理机构收取佣金（通常在 10% 到 15%），如果你接近获得赞助职位的机会，但不知道如何处理，或者不知道从哪里能找到合适的新机会，被抽取如此比例的佣金可能是值得的。让别人来为你把风，代表你处理对外事务会很有帮助，这样你就可以专注于与内容创作相关的职责。

不断变化的权力动态

具有讽刺意味的是，社交媒体有潜力将网红人才从代理人的传统权力动态中解放出来。在网飞真人秀《我的非正统生活》的一集中，茱莉亚·哈特作为一家模特人才公司——精英世界集团的首席执行官，讨论了她是如何为模特赋权并利用社交媒体颠覆模特行业的:"过去是选角经纪人和创意总监,所以如果他们不喜欢你的长相,或者认为你太胖、太这个或太那个,你就完蛋了。如果我们能帮助我们的模特通过社交媒体创建自己的品牌,不是比基尼照片,而是他们是谁,他们对什么充满热情,是什么令他们与众不同。所以,当模特们到了35岁,不能再走T台的那一天,她们就有1 000万(社交媒体)粉丝和防晒霜系列广告,然后就要接受选角经纪人和创意总监的追捧了。"[a]

哈特的见解反映了她从9 144米的高度看待社交媒体是如何颠覆传统权力格局的。杜克大学的马克·安东尼·尼尔教授富有洞察力地解释道:"从历史上看,权力一直很模糊。你知道它是什么。你知道权力是如何运作的,但你不一定能接触到真正掌握权力的人。在过去十年中,尤其是在社交媒体的背景下,人们现在可以对权力发声,并缩小人们在看待自己与权力关系方面的差距。"[b]

注释:

a.《我的非正统生活》,第一季,第二集:"成为一个哈特",https://www.netflix.com/title/81175724。

b."美国(极端)个人主义的利与弊",《魔鬼经济学》播客第470集, https://freakonomics.com/ podcast/american-culture-2/。

提高标准

作为一个努力研究社交媒体算法的人,我可以说,那些制定合理

第十章 成为网红：如何成为一个负责任、成功的网红并引领一种和谐的生活？

策略、始终如一地坚持策略、不断学习和改进的网红，最终往往会取得极大的、长期的成功。这一切都归结为一个原则：自律。这需要你致力于定期发帖，抵制利用任何潮流趋势等捷径代替努力工作的诱惑。坚持到底，你要忠于自己的品牌。

在你的原创内容中偶尔加入一些潮流元素是没问题的。你可以在你的专业知识范围内发挥创意，保持内容的新鲜性和相关性，或者进行实验。也许是因为我自己的不安全感，有时我会把多种视频风格混合在一起，避免看起来太过单调。不可否认的是，在某些场合下，我试图表现得很有趣（或者很愚蠢，这取决于你的观点），结果往往不如我的"帽子游戏"视频那么成功，这是人们对我的期望。也就是说，不要让任何事情阻止你时不时地冒一些创造性的风险。不入虎穴，焉得虎子。

研究指标

如果你打算以任何身份参与这场成为网红的游戏，建议你定期审查你的指标。所有平台本身都有不同程度的深度挖掘指标。无论数据是好、是坏，还是糟糕，你都要了解自己的情况。如果你纠结于技术或数字，或者只是没有时间计算你的参与率以及与他人相比如何，有一些合法的网站（比如针对 Instagram 和 TikTok 平台的 Analisa.io），能够方便地提供许多参与指标，帮助验证一个网红是否与粉丝保持了足够的黏性。例如，我分析了一个拥有数百万名粉丝的 TikTok 账户，它在 Analisa.io 上的订阅率为 29.98%，而在 MLI 上的 Addison Rae 的订阅率为 10.31%。有时，规模较小的账户的参与率高于拥有大量粉丝的账户。

以下是需要分析和理解的几类数据：

1. 粉丝的成长：例如每天和每月的粉丝增量。
2. 观看率：TikTok专门提供了观看完整视频的观众百分比。目标是超过50%，以增加你的视频在网上疯传的概率（尽管有时可能低于50%）。
3. 随着时间的推移，帖子的点击量和评论数：评论越多，视频就越受欢迎。
4. 获得的点赞：点赞与浏览量的比例似乎不像以前那么重要了。
5. 分享率：随着时间的推移，分享率高的视频可能意味着重新观看率高（详见下文）。
6. 随着时间的推移产生的收入：有助于追踪你的财务状况是否代表着成功。

所有平台的分析都遗漏了一个关键指标，那就是观看视频次数超过一次的观众比例。如前所述，我有一个理论（虽然我无法证明），这是内部算法用来确定哪些视频被推广并获得更多浏览量的关键指标。我注意到，点击率高的视频都是我看了好几遍的视频，我想其他人也会这么做。沙阿博士的视频经常在网络上疯传，他对筋膜炎（令人着迷的皮肤切除术或病症）视频进行二次创作，并配以刺激性的评论，自然而然地吸引人们反复观看，人们肯定会惊呼："哇！"

从本质上讲，你在寻找模式和趋势，以帮助你评估哪些是有效的，哪些无效的。如果你发现你发出的帖子的指标呈下降趋势，最好不要做任何激进的事情，比如打电话给海岸警卫队。你的帖子没有达

第十章 成为网红：如何成为一个负责任、成功的网红并引领一种和谐的生活？

到你预期的效果可能有很多原因。我们的目标是深入研究数据，找出模式中是否存在共同的主题，比如观看视频的观众比例。有一次，我搜索为什么我的一个视频失败了，这就像在一个空的游泳池里高空跳水一样。我检查了一下有多少人看完了这段视频。无论你现在在做什么，你都可以点击"暂停"按键；从点击到观看完的指标是 14%。

阅读视频评论

如果只有一个人发表了特定的负面评论，你可以对此不屑一顾。如果每 5 条评论中就有一条说了类似的话，或者负面评论获得了大量点赞，那么就要认真对待，考虑在下一次发表评论回应并纠正这个问题。

也许这是我必须提供的最重要的建议：强烈考虑关注指标，但不要让它们消耗你，让你筋疲力尽。正如我在本书中多次提到的那样，我和我采访过的许多其他网红一样，都有过生活失衡的经历。巴博萨女士这样对我说："发布视频后，我会查看这些指标。它们对我的情绪影响很大。如果我在最初的十分钟内没有获得一万次点击量，我就会开始恐慌。但我停下来想，为什么这些数字会让我恐慌？我意识到这些指标又不决定生死，所以我冷静了下来。"

试着克制每五分钟刷新一次页面的冲动，尤其是当你的视频做得很好的时候。这是一种浪费时间的行为，会分散你的注意力：作为一个网红，要更有效率，你要为你的日常职责做出贡献，比如学校作业或工作（如果它与你的社交媒体平台是分开的）；享受你的社交生活。我们将在本章后面的"处理起伏"部分更详细地讨论这个问题。

我还建议不要试图将你的视频观看量与其他网红的视频观看量进

行比较。他们的指标超过你的原因可能有很多，反之亦然，包括运气和你不知道的或无法控制的事情，所以不值得任何情绪焦虑。相反，可以考虑效仿沙阿博士的做法："我一直在问自己，我如何才能变得更好？我用我的指标来与自己竞争。"

给我钱

现在来看看关键问题：作为一个网红，如何赚钱。虽然我不能保证你能买得起像时装设计师乔治·阿玛尼家的那么大的游艇（长约65米）[5]，也不能保证你做了全职网红就能过上舒适的生活，但我可以从我采访的网红那里提供令人垂涎的见解，以及我自己的经历，希望能够使得你的劳动成果获得市场回报。即使你碰巧有来自其他收入来源的稳定现金流，我也知道从做内容创作者的时间中获得收入的感觉有多好。这也让你有机会对那些对你的成功梦想嗤之以鼻的人说："哈，我告诉过你！"弗兰克·辛纳屈曾说过："最好的报复是巨大的成功。"[6]

以下是一些你可以创造收益的创造性方法，排名不分先后。

1. 引导社交媒体流量为你服务、促进你的业务。如果你碰巧是一个作家，你会想要使用你的平台表单，通过链接在线零售商来鼓励图书销售（如 Amazon.com）。例如：尤恩博士告诉我，由于他在社交媒体上的努力，病人的数量得以增加。萨拉·拉夫博士已经利用她的平台扩展了她的生活方式和生产力大师课程的会员数量。
2. 利用赞助机会推出播客。

第十章 成为网红：如何成为一个负责任、成功的网红并引领一种和谐的生活？

例如：基于我在 TikTok 上好玩又有信息量的角色，我创建了一个现在很受欢迎的播客，《No Cap 健康秀》，它在所有播客平台上都有。通常情况下，每周我都会在 TikTok 视频中讨论"是真或假"这个话题，有时是和嘉宾一起讨论。

3. 在平台（如 Instagram、Facebook 和 TikTok）上创建自己的品牌产品（商品）。

例如：魔术师扎克·金卖 T 恤、背心、自定义卡组、圣诞毛衣等。（我有我标志性的蓝色 CAP 帽子。）[7]

4. 制作品牌赞助的视频或帖子。

例如：美食评论员克资·瑞特与 Chipotle 在 TikTok 上合作推出了他们的新炸玉米饼；健美运动员诺埃尔·戴泽尔与 Ryse 运动补充剂合作，最近推出了他自己的运动前产品；生活方式的网红和喜剧演员泰纳与各种品牌合作发布赞助广告帖子，如咖啡先生。[8]

5. 通过制作自定义粉丝合作视频产生收入。

例如：一家名为 PearPop.com 的网站将 TikTok 或 Instagram 上的网红与粉丝联系起来，制作对唱或拼接的视频，由粉丝付费。这可能是快速拥有粉丝的有效方法。[9] 模特利亚·斯沃博达在与超级网红人物安娜·索玛特的 PearPop 接龙后增加了 12 万名粉丝。[10]

6. 为定制视频和私信（DMs）付费。

例如：我在 Cameo.com 上回答一系列与健康有关的问题。[11]

7. 加入提供各种付费订阅模式的平台。

例如：OnlyFans.com，粉丝可以按月加入，也可以按视频观看次数付费。

8. 所有主要平台通常都会根据视频的表现为成功的内容创作者提供一些补偿。

布莱恩博士：14件网红不该做的事

虽然对于一个网红来说，可能有几十件应该避免的事情，但我把它们缩小到最常见的，以及那些可能对自己或他人造成最大伤害的事情，如下所述：

1. 永远不要有意无意地传播错误信息。一定要进行细致的调查和事实核查。
2. 不要抹杀另一个创造者，即使那个人传播了错误信息。拉夫博士告诉我，她鼓励走正道："一些网红认为，如果你犯了一个错误，你就完蛋了。一个人应该有足够的机会道歉，收回错误并说：'是的，那是我的错。当时我没有意识到自己在传播错误信息。'我认为任何人都不应该被完全放弃。"
3. 如果你的一些视频没有流行起来，你失去了粉丝，不要气馁。这种事谁都会遇到。瑞奇·布朗博士和我分享了这些让我安心的话："我不会用我的粉丝来定义我自己。在过去的一年里，我在社交媒体上最大的变化是，如果一个帖子失败了，我可以对自己说，这是一个真实的帖子吗？它教会了我们什么吗？它是否像我想象的那样有趣？如果答案是肯定的，我不在乎这篇帖子的反馈表现。"
4. 不要好斗。你有权陈述你支持的事实和观点，但如果你不同

第十章 成为网红：如何成为一个负责任、成功的网红并引领一种和谐的生活？

意某人的观点——无论是一篇文章还是一篇评论——不要让自己陷入尖酸刻薄的境地。情感上的焦虑对你或对方来说都不值得，所以"退下"。尽量不要把这些评论私人化。

5. 不要疏远或侮辱他人。这是上文第四项的延伸。你绝对不应该发布任何诋毁个人或团体的内容。种族主义和性别歧视的侮辱和语言是永远不能被接受的。要知道，在社会问题上，你的敏感程度往往很高，所以你认为可能是一个无辜的观察可能会冒犯他人。我们有时会不小心把事情搞砸了，尤其是当涉及词语的选择以及如何引用或描述群体时，这意味着你需要反复检查，以确保你不会给人留下居高临下或贬损的印象。布莱姆斯医生见过一些医生在没有意识到的情况下"居高临下地对病人说话或取笑他们"，这是你要避免的。在社交媒体舆论的世界里，无知和无心之失是不行的。

6. 不要在没有注明出处的情况下复制其他网红的帖子。正如我们所确定的那样，网红会花费大量的时间和精力来创建他们的内容。公然复制和粘贴他人的心血、汗水和废寝忘食创作的成果，而没有注明引用出处，这是一种剽窃。对一些网红来说，这是"不酷的"，而对另一些人来说，这助长了不道德行为的发生。欧图森亚先生向我描述道："有很多人只是把我的内容拿走、复制、重新利用，没有给我贴上原创者的标签。有一次，他们把所有标签都贴在上面，以扩展他们的平台。不知道为何，他们主页上的视频有四百万次的浏览量。我太生气了。"所以，给予赞扬是一种很好的形式，除非有迹象表明创作者不想接受它。让我们来看一个例子，在这个例子中，创作者关闭了允许接龙或拼接的按钮。如果你要对视频进行接龙或拼接，有一些变通办法，比如录下他们的视频，上传到你的账户，发布为"私人"，我认为当你发布接龙或拼接后的帖子时，你不需要引用用户。你可能会问，如果用户不允许任何人进行接龙或拼接，我为什么还要这么做呢？我的理由是，如果有人发布了错误的信息，你不应该阻止别人澄清事实，纠正错误。

7. 不要企图在一篇文章中讲述太多内容。没有人真的想在社交媒体帖子或视频中浏览像俄罗斯小说那么长的信息，阅读这些信息的时间太长了。关键是你要让你的帖子开门见山。当然，也有合理的例外。每个社交媒体网站对帖子中的最大字符和视频长度都有不同的标准，所以在走得太远之前，一定要注意这些参数。萨利赫博士与我分享了以下内容："没有人会看很多文本。帖子应该短小、简洁、质量好。"

8. 不要追随那些让你有不好的感觉的人。这些睿智的话语是由拉夫博士提供给我的。她还补充道："关注那些让你快乐的人。"网红经常花很多时间看同行的帖子，这对于了解其他内容，获得技巧和灵感来说是有好处的。然而，如果你正在与贬低你的人交流，无论是在评论中，还是在聊天中，你都应该切断这种联系。你的时间很宝贵，不要和那样的人同行。

9. 不要只是为了获得关注而去做极端的自我贬低或危险的行为。你的声誉和品牌意味着一切，你的使命就是保持这种状态。发泄你所经历的一些不幸可能会带来不错的感觉，但正如尤恩博士对我说的那样："你不会希望人们因为你是一列火车的残骸而追随你吧？你希望他们追随你，是因为你会为

第十章 成为网红：如何成为一个负责任、成功的网红并引领一种和谐的生活？

他们创造积极的改变。"

10. 不要把负面评论当作针对你个人的事情，也不要让它们改变你。正如我之前所解释的，无论你是一名多么优秀的内容创作者，你都会在某个时候收到负面评论。当你把自己置身于社交媒体的聚光灯下时，厚脸皮会对你很有帮助。要知道，有些人会喜欢你，而另一些人有时是出于嫉妒会讨厌你，这是正常的，继续前进吧。正如巴博萨女士提醒我的那样："比方说有人指出了你的一个缺点。然后你开始改变，因为你在事后怀疑自己，或者产生了从未有过的不安全感。"如果你看到有人发布了一些关于你的负面信息，不要一直耿耿于怀。停止这种"反刍行为"，继续前进。

11. 不要宣传任何可能造成伤害或无效的东西。在社交媒体的世界里，不负责任的人不在少数。当有害内容波及儿童时，问题就会变得格外严重。对产品或活动的推荐如果不起作用，也会令用户失望。

12. 不要出卖自己。在这种情况下，我指的是你不要为了获利选择相信广告和营销产品。梅耶斯女士告诉我，有一次，一家生产"焦虑笔"的公司找到了她。该公司声称使用者使用这种笔，就会吸收大量维生素和营养素，从而减轻焦虑。她拒绝了这个机会，因为"我不会告诉我的观众，当肺吸入有害物质时，对他们是有益的。我已经在我和观众之间建立了信任，我不会做任何事情来破坏它"。

13. 不要买粉丝。这种行为是不道德的，人们和平台都能看穿。如果你的粉丝数量在一周内从 1 万增加到 10 万，很容易让人怀疑。那些被指控这样做的人有被曝光和羞辱的风险，可能会降低你在社交媒体上的真实性，并可能掉粉或不再涨粉。知情人士，尤其是人才经理可能会觉察到这一点，认为你不真实，不值得他们花时间。例如，如果一个拥有万名粉丝的博主发出视频的粉丝参与度很低，就是一个可疑的迹象，表明他的粉丝可能是买的。更糟糕的是，现在一些平台的算法足够聪明，可以检测出"粉丝农场"（被购买作为粉丝的人群或虚假账户），如果网红的用户基础中有很大一部分来自出售虚假粉丝的公司，可能会导致算法永久屏蔽网红的账户，因为应用程序不会容忍买粉，以及买点击量、点赞和评论等行为。

14. 在生活中避免说或做冒犯人的事情。有些情况下，一个网红在社交媒体之外的行为会引发一场争议风暴。2019年6月，瑞典Instagram用户娜塔莉·施拉特发布了一张自己在巴厘岛穿着比基尼俯瞰稻田的照片，并配上文字说明："想想我的生活与每天早上在稻田里劳作的人有多不同。"这条帖子不受媒体待见，施拉特也被贴上了"自恋"的标签。[12]

忏悔101

如果你犯下了上述任何"罪行"，只要没有人（包括网红）受伤害，并且你已经做出了适当的道歉和改变，你就有足够的时间从错误中吸取教训，收拾残局，努力恢复与社交媒体社群的信任，并有望恢复账户的继续发展。

第十章 成为网红：如何成为一个负责任、成功的网红并引领一种和谐的生活？

处理好这些起伏

"社交媒体的消耗能力比我想象的要大得多，"拉詹医生对我说，"粉丝规模越大，你就有越多的责任和义务来取悦人们，不断发布好东西。"

发布高质量内容的需要可能会给网红带来沉重压力，即使这些要求是网红自己提出的。在几年的时间里，每周制作两次原创视频带给一个人的压力就像是肩上压着十吨重的重担。这种负担犹如病毒袭击，令多巴胺的闸门反复打开和关闭，从而点燃身体化学物质的峰值，给一些网红带来严重压力，可能导致倦怠。如果某个网红发的一个帖子取得了不错的反响，随后发出的帖子却接连失败，压力和倦怠的情况会变得更糟，耗尽网红体内的多巴胺，带来一种黑暗和空虚的感觉。

假设你有一篇帖子的浏览量超过 200 万次。接下来是什么？你必须为后续行动做好准备。但是，如果下一个视频的点击量只有 1 万次或更少呢？许多后续视频都是如此。这就成了一个难题，你会觉得自己失去了掌控方向的能力，然后引发一连串的思考——我做错了什么吗？我发出的视频不再受欢迎了，这是不是意味着我已经过气了？几乎每个网红都会在某个时间点有过这样的想法。

职业倦怠是许多网红都经历过的较为严重的一种状况。拉夫博士坦率地把她是如何应对三个月粉丝持续指标下滑的，她把这比作一场生存危机。"TikTok 并没有给我带来任何满足感。我所有的视频都做得很糟糕，可能是因为我没有处于正确的状态。我没有创作出好的内容。我觉得我发布了我能做的所有，而且我已经无计可施了。那些好评真的很吸引我。我自问我为什么要这样做？这并没有给我带来任何快乐。"

拉夫博士意识到她已经筋疲力尽，疲惫不堪。她不得不"跳下跑步机"，给自己点时间补充能量。她休了三个月的长假，然后逐渐恢复"半上岗"工作，直到她恢复到最佳状态。一旦她回到正轨，她发现自己对内容生成的热情又回来了，并随之焕发出新的创造力。

网红不能让社交媒体吞噬他们的生活。就我个人而言，我不得不自己做出调整和尽最大努力，并在需要时关闭电子设备，这样我就可以专注于我的家庭和医疗工作。普林茨博士也做了类似的事情："我只在办公室工作。一旦我离开办公室，我就不再工作了。我不回答问题或评论，不回复留言，和孩子们在一起时也不使用社交媒体。"

应对喷子和消极情绪

想象一下，成千上万个人同时攻击和侮辱你。这些评论可能涉及对你的外表、你的观点、你的冷漠、你的无知或其他一系列贬损言论的嘲笑。有时累加的恶意比橄榄球比赛更激烈。恶评会变得如此恶劣和势不可当，导致一个人的自信心暴跌，并引发焦虑、易怒、失眠，甚至可能导致抑郁。

沙阿博士被一些男性观众贬损为"看起来太女性化了"。他对这些评论的反应是："我通常不会去屏蔽那些人，因为我希望每个人都能看到。我希望人们对自己的外表和行为方式感到自在。"

有时候用户会贬低某个网红，而在这个网红获得某种程度的成功之后，重新追捧他。其他时候，正如欧图森亚先生在我们的谈

第十章 成为网红：如何成为一个负责任、成功的网红并引领一种和谐的生活？

话中所说，他们"在 TikTok 上瞎折腾"。普林茨博士向我详细阐述道："当你达到一定的水平，或有一定数量的粉丝时，人们会觉得有必要对最随意的事情发表评论，发表一些伤人和刻薄的言论。"这些应用程序将提供一项重要服务，要求所有用户实名，以减少匿名的喷子。

喷子有潜在的危险性，因为他们的毒液可以传播给其他人。在许多情况下，他们是匿名的——没有头像或真实姓名——所以他们觉得可以放心地说任何他们想说的话，而不会产生任何具有实际意义的后果。巴博萨女士对我说："当你坐在电脑屏幕后面打字时，你很容易会取笑别人。要知道，没有人会当面说这些不中听的话。"

过滤评论或完全忽略它们，对于刚开始工作的年轻网红来说是有帮助的，他们还没有习惯被无情地讽刺，但经验丰富的网红也可以这样做。就我个人而言，我选择不对喷子做出回应。萨利赫博士告诉我，他尝试了一种不同的方法："一个人过去常说，新冠病毒是为了杀死基督徒而被散播的。我和他聊了聊，礼貌地请他核实一下消息来源。从那时起，他成了我的朋友，并继续关注我。"

处理违反社群准则的问题

违反社群准则听起来比实际情况糟糕得多。通常，平台的人工智能程序会识别出它认为已经越界的帖子，并将其删除。例如，某些性相关的内容可能会引发危险信号。我想，人工智能确实难以将许多真正侵权违规的帖子过滤出来，这些帖子有伤害或冒犯他人的潜在危险。同时，从网红的角度来看，它往往看起来是随机和主观的，陷入了机器无法解释的灰色地带。也有一些情况，比如在 Instagram 上，违规行为的判定有时会出现错误。[13] 错误最终会得到纠正，但它不一定能弥补因延迟而造成的损失，也不一定能治愈开放的伤口。你可以选择对违反社群准则的行为提出上诉，由人工（据推测可能的情况）审查并决定你发的视频的命运（正如我在本书前面提到的，我自己也收到过侵权行为的判定，这让我感到困惑，上诉之后也没有得到任何结果）。

梅耶斯女士和我分享了另一个关于"被违规"的担忧："我很担心和害怕，因为我知道如果一定数量的视频被下架，你的账号可能会被封禁。他们可能会封杀你几天，甚至切断你的直播。所以，我一直非常非常小心。"

最重要的是，如果你是一个网红，你的总体目标是娱乐、教育或提供信息。如果这意味着在不冒犯或伤害任何人的情况下，在社会规范的边界内挑战极限，那就顺其自然吧！要有创造力和真实感，跟着你的创造力和直觉走。没有风险就没有回报。此外，在发布了几十个（如果不是几百个的话）视频后，如果你没有因为某件事收到一两条违规信息，我会很震惊。我想说这是一种荣誉勋章，但违规行为是平台保密的，你的粉丝不会知道。有些人可能会注意到视频消失了，旁观者可能会认为是因为你把该视频设定为私密视频。

你现在是否已经准备好开始你的网红之旅了呢？别担心，你没有任何义务这样做。如果你碰巧感兴趣，你可以选择像本书中引用的那些网红一样"全力以赴"，或者你可以"试试水"，看看把网上发帖当作为一个副业会发生什么。无论哪种情况，都不要设定不切实际的目标，比如"我要在第一个月吸引十多万粉丝"，别给自己增加不必要的压力。如果你能影响一百个人，或者只有一个人，你就已经取得了值得骄傲的成就。

第十章 成为网红：如何成为一个负责任、成功的网红并引领一种和谐的生活？

有一点是肯定的：既然你正在读这本书，毫无疑问，你至少在某种程度上是一个社交媒体达人。考虑到这一点，我特意选择把"与社交媒体共存"这一章节留到最后。我保证，读完最后一章会证明你的等待是值得的。

第十一章

与社交媒体共存:用户、网红、平台和企业如何和谐共存?

与其诅咒黑暗，不如燃起蜡烛。

——埃莉诺·罗斯福[1]

　　与其他会令用户逐渐狂热的东西一样，社交媒体的应用程序在初始阶段很单纯，随着之后的蓬勃态势，社交媒体朝着无数未知的、令人惊讶的方向继续发展。社交媒体的影响力带来了很多好处，这些好处不应该被视为是理所当然的，尤其是在灌输知识、纠正错误信息、提供娱乐方式、展示才华、引入创意，以及为世界各地拥有共同兴趣的人们提供扩展的社群方面，没有社交媒体，我们就无法享受这些好处。除了带来这些丰富的用户利益，社交媒体的影响力也带来了负面效应，其中许多负面效应是使用者造成的，在某种程度上可以避免。

　　现实是这样的：社交媒体的影响力将持续存在，这意味着我们别无选择，只能根据我们的个人需求和欲望尽可能地接受和处理影响带来的问题，即使我们打算规避其中的某些影响，也要尽可能对自己和社会负责任。正如托尼·尤恩博士对我说的那样："面对影响如此巨大的东西，你要么搭上这班车，要么就会被它碾过去。"自然，随着技术的进步，社交媒体将继续发展，带来全新的、令人兴奋的机会以及不可预见的威胁，这意味着用户、网红、平台和企业都要抱着最好的希望，做最坏的打算，共同创造一个鼓励自由思考的环境；平等地欢迎、接受和尊重各方；避免对他人及其财产（包括智力）造成任何形式的伤害（情感、身体和精神）；并继续挖掘无限的、未开发的潜力。

考虑到这一点，这里有一个价值百万比特币的问题要问你：我们如何与社交媒体安全共存？瑞奇·布朗博士认为这与我在上一章中关于网红的观点没有太大的区别：二者都是关乎个人的目的。他解释道："首先，你必须弄清楚为什么你要在这个平台上发帖。"以下是用户方面的一些选择：

你是来消费内容和学习的吗？

你是来娱乐的吗？

你是为了与他人互动以获得刺激的吗？

你是来培养爱好的吗？

你是为了与社群建立联系，或许满足社会互动的需要的吗？

即使你不是网红，你是为了分享你的知识或技能的吗？

你是为了与朋友和家人保持联系吗？

你是为了庆祝家人的成就吗？

你是为了建立或扩大你的人际网络、个人品牌或业务吗？

你是为了证明自己有多聪明和正确的吗？

你是来当喜剧演员，制造恶作剧的吗？

你在那里是为了传播你的政治和社会观点以及其他观点的吗？

第十一章 与社交媒体共存：用户、网红、平台和企业如何和谐共存？

一旦确定了你使用社交媒体的目的，布朗博士就会建议你"为自己设定界限"。在我看来，这源于你的心态。如果人们在你的账户中与你互动的方式对你的情绪产生了负面影响，那么问问自己这两个问题：在社交媒体上，我身上发生了什么真正关乎生死的事情吗？明天我能停止工作，继续快乐地生活吗？

如果以上任何一个问题的答案都是否定的，这可能意味着你在个人生活和社交媒体活动之间没有建立令人满意的界限。正如布朗博士向我强调的那样："你不能像我们所有人一样，被点赞和关注所吸引。如果你的 TikTok、Instagram 或 Twitter 账号明天就会消失，你是谁，你代表什么会改变吗？不，不会。你永远不会被社交媒体毁掉你的生活。"

在本章中，我将提供一些有价值的建议和方法，帮助你为家人和自己建立使用社交媒体的边界。

阅读合同细则

回想几年前 Facebook 刚刚诞生的时候，你迫不及待地想要登录，重拾旧日的友谊，寻找失散多年的亲人。在你疯狂地急于加入享乐和兴奋的行列中时，你是否盲目地填充你的个人信息，并在需要你准许的框中单击"好的"？你有没有停下来查看平台的服务条款？你检查过吗？

如果你匆匆忙忙地完成了这个过程，却没有阅读细则，不要自责，因为很少有人这样做。我很乐意承认多年前我也没细看。阅读那些小到令人眯眼的字体、冗长的法律术语和模糊的含义似乎会花费太多的时间和精力。一些服务条款看起来太过专业了，好像他们把用户都当成了律师。

使用社交媒体意味着你至少在基本层面上了解内容上线后会发生什么。这适于从儿童到老年人的所有用户，以及网红、广告商和营销人员。准备好对你可能已经同意的事情感到惊讶吧。

让我们以 Facebook 当前的服务条款为例，因为这个社交媒体网络拥有的用户最多，并且受到公众关注的时间也最长。[2]（我们没有足够的空间来涵盖每一个社交媒体应用程序，但你听了我的阐述会明白我想要表达什么。如果你需要其他平台的详细信息，请参阅它们各自的服务条款，这些条款确实各不相同。）该网站引以为傲的是，它能够根据你的群组、偏好、帖子、点赞、搜索等信息来整理它认为你会感兴趣的信息，它在当前的服务条款中明确了以下内容："我们不会将你的个人数据出售给广告商，我们也不会与广告商分享直接识别你身份的信息（如你的姓名、电子邮件地址或其他联系方式），除非你给予我们特别许可。"[3] 本声明没有说明的是，你登录的第三方应用程序和网站可能已经拥有你的数据，并正在与 Facebook 和其他网站共享，以根据你的个人资料信息、动态内容和搜索历史记录将内容定向推送给你。这也不妨碍 Facebook 使用你的数据，包括你为 Facebook 想要达成的任何内部目的表现出的行为。[4]

除了完全关闭你的应用程序，不使用谷歌等搜索引擎来收集、跟踪和共享你的数据之外，我们中很少有人愿意也没有能力这么做，还有一些简单的方法可以保护你的个人信息。Facebook 现在有一个工具，可以让你查看哪些第三方可以访问你的数据，并一直与网站共享这些数据。你可以看到第三方网站一直在研究你的 Facebook 动态和数据。你可以点击"清除历史记录"来清除它们。不幸的是，即使是这种做法也不能消除这些第三方之前所收集的数据。

第十一章 与社交媒体共存：用户、网红、平台和企业如何和谐共存？

你要做的第一件事就是从你的个人资料中删除你的背景（例如政治党派），以保护你的数据不受其他用户或爬取数据工具的影响。或者，如果你希望信息对某些人可见，但对其他人不可见，请单击"设置"选项卡并选择"隐私"。在此空间中，你可以选择允许查看你的个人信息和帖子的人。此外，避免参加那些在你的社交媒体推送中弹出的有趣的小测验。我知道，你很想知道你是哪一个"迪士尼公主"或类似哪种"狗的品种"，但通过点击游戏，你相当于在邀请他们获取、编目并分享你的个人信息。[5]

再说一次，以上行为只适用于 Facebook，其他社交媒体网站可能有不同的方法来让你的信息更加私密。没有真正的隐私，因为这些应用程序会分析你所做的一切。如果你在 TikTok、Instagram、LinkedIn 等网站上，请查看它们各自的服务条款政策和"设置"选项卡，以确定如何调整你的隐私设置。

新一代监视者：老大姐

我不是要让你多疑，但要注意，实际上你设备上的所有应用程序都可能在监听你的对话，并根据它们从窃听中获得的内容提供大量内容或广告。例如，如果这些应用程序在你的手机上打开，它们会收集关于你的一些信息，以帮助引导算法认为你有兴趣在你的动态中看到的内容。几年前，一个朋友实时向我证明了这一点。她促使我谈论相框——这是我从未做过的事情，几分钟后，瞧！相框广告出现在 Facebook。你可以回顾我们之前提过的"社交媒体困境"的内容。防止发生这种情况的简单方法是在不使用应用程序时，在多屏幕窗口中向上滑动，关闭应用程序（通常在后台运行）。它们会消失在那个窗口，关闭它们，或者你可以在不需要的时候关掉手机。

甚至连亚马逊的亚莉克莎（Alexa）和回声（Echo）都在听你说什么。然而，只有当你说出他们两个名字中的一个或"计算机"时，他们才会录制音频。当你象征性地按下"录制"按钮时，你与亚莉克莎的对话就会被转录到亚马逊的云端，并添加到亚马逊的算法中，这样他们就可以更好地为你定制产品搜索（这意味着你可能也想更改该网站上的隐私设置）。

与上述情况相反，你可能听说过一些关于亚马逊的荒诞故事——甚至是杰夫·贝佐斯本人，当他没有进入太空时——亚马逊会在人们不知情的情况下倾听对话并代表他们为别人发送信息。像这样的情况也曾发生过（不涉及贝佐斯），但都是无意的。如前所述，如果亚莉克莎听到她的名字（或"电脑"），即使是偶然说的，她也会听、服从并记录随后的口头命令。如果你的电视打开了，并位于亚莉克莎附近，而一个角色碰巧说出了她的名字，那么设备可能会被激活，并对电视角色或房间里的人所说的话做出反应。如果你担心这种情况的发生，只要在不需要亚莉克莎的网络系统监听服务时拔掉插头（或关闭设备）即可。

平衡做法

别担心，我不会像贝多芬那样在钢琴上写备忘录，告诉成年人把智能手机埋起来，以减少过度使用社交媒体带来的负面（有时是上瘾）问题。完全有可能在用户问题浮出水面之前预防这些问题，同时仍然享受社交媒体的积极影响，并保持健康的多巴胺行为平衡（DBB）。

第十一章 与社交媒体共存：用户、网红、平台和企业如何和谐共存？

如果你整晚都睡不着，查看网红的推送，你的多巴胺水平可能比格鲁手下开的汽车店的轮胎更不平衡。熬夜会降低多巴胺受体在早晨时段的可用性。[6] 有证据表明，睡眠不足会下调人脑腹侧纹状体中的多巴胺。此外，智能手机的蓝光会干扰你的褪黑素水平，从而干扰睡眠模式。这可以通过在手机上使用"夜间"模式来减少屏幕蓝光从而进行改善。（此外，降低屏幕亮度会降低蓝光。）[7]

请你遵照以下建议，适时停止使用社交媒体：

不要在红灯和停车标志处查看社交媒体账号。
吃饭时不要查看你的社交媒体动态。
当你的事业和个人目标都没有进步时不要使用社交媒体。
你在工作的产出或质量方面落后时不要使用社交媒体。
你忽视并拖延了家务活时不要使用社交媒体。
你感到孤独或与朋友和家人脱节时不要使用社交媒体。
你每天花在社交媒体上的时间不要超过两个小时。
你的运动量比平时少，感觉身材走样时不要使用社交媒体。
你不知道你失去的时间去了哪里时不要使用社交媒体。
你会感到紧张、易怒和沮丧时不要使用社交媒体。
你感到懒惰和无精打采时不要使用社交媒体。

如果你对以上任何一个问题的回答都是肯定的，那么有三个令人欣慰的事实：（1）研究表明，习惯不是自动形成的，可能需要三周的时间才能养成，有时甚至更长；（2）你并不孤单；（3）屏幕成瘾的影响是可以被逆转的。对你的生活方式和习惯进行一些简单的改变可以改变游戏规则。例如，每天运动30分钟就可以增加多巴胺，抵消你花在手机和其他设备上的不运动的时间。任何类型的个人和团队运动都能对社交媒体的即时满足感起到重要的平衡作用。做瑜伽和冥想时也会释放多巴胺。[8]

西娅·萨利赫博士坚持认为，使用社交媒体不仅关乎身体健康。"心理健康也非常重要。我总是建议人们休息一下。我在各地玩了几周，回来后感觉好多了。"

其他自然增加多巴胺、身心健康的简单方法：

听音乐

将自己暴露在户外阳光下，从紫外线中获得维生素 D

食用富含下述营养的食物：

氨基酸，如坚果

铁和叶酸，如菠菜

素食蛋白质，如豆科植物和黄豆

烟酸，如鸡肉

维生素 B6，如三文鱼

镁，如牛油果

减少（如果不能完全消除）加工食品、食糖、果糖和蔗糖的摄入

尝试使用香精油，如佛手柑，薰衣草和柠檬

体验积极的情绪，比如幽默和感激[9]

就像任何成瘾类型的行为一样，当一个人被证实对社交媒体上瘾时，首先要做的就是自己承认这个问题。根据乔希·欧图森亚的说法，下一步是看看你是否可以给你的社交媒体活动添加一点层次感。它不必是超级结构化的。也许你会对自己说：嘿，在平时，我不会访

第十一章 与社交媒体共存：用户、网红、平台和企业如何和谐共存？

问社交媒体，浏览 Instagram 动态，或整天刷视频。我会和我的朋友或家人在一起，或者只是有一段时间不访问社交媒体。时不时地"断电"真的很好。

削减开支并不总是像阅读和实施方案那样简单。我们正在与导致赌博和其他成瘾的（如同星球大战中的死星牵引）光束级多巴胺力量作斗争，这意味着你需要一些强大的武器来保护自己。为了抵抗社交媒体诱惑，我在设备上重组了我的数字空间。我在一个单独的 iPad 上创建内容，专门用于社交媒体活动。当我在家不用的时候，我会把它放在厨房里。我删除了手机上所有社交媒体应用程序，使我无法全天查看帖子的状态，至少无法让浏览社交媒体应用程序作为早上醒来的第一件事。卡兰·拉詹博士推荐了同样的方法："不要在早上第一件事或睡觉前最后一件事查看手机。每当你无聊或看电视时，就不要再查看手机了。相反，优先考虑你通常会做的事情：去健身房、遛狗、做晚饭等。首先关注你的生活，其次才是社交媒体。"

在接下来的章节中，我提供了一些更有价值的建议和技巧来帮助你限制屏幕时间，平衡你的生活。

限制屏幕使用时间

在你的设备上，你可以单击"设置"并选择"屏幕使用时间"来设置你希望在应用程序上花费的时间。一旦你的时间达到限额，应用程序就会自动关闭。（注意：有一个覆盖功能，但你可以添加一个屏幕时间密码，防止你或你的孩子覆盖限制。）如果你想阻止自己超过限制，请设置一个你不知道的屏幕时间密码。闭上眼睛，用手指在（输入数字留下的指纹痕迹）上来回擦拭，这样你就不知道自己创建的密码是什么。然后你会在看不见的情况下保存它。这使得你无法输入密码，也就无法超过你的时间限制。

关掉提醒

整天不停的嗡嗡声、铃声和其他社交媒体提醒的声音通知，感觉就像难以摆脱的皮疹一样吸引你的注意力。博士法耶兹·阿吉布是这样对我说的："如果你在这些应用上花了很多时间，这意味着你也要花很多时间查看通知和回复别人。我最近做的一件事是暂时完全关闭所有社交媒体应用。眼不见，心不烦。我会去健身或工作一段时间。当我做完这一切之后，哦，天哪，我已经 7 个小时没看 TikTok 了。"

如果你不想一直被通知打扰，你可以在设置中完全关闭通知（和震动），或者至少切换到静音模式。如果你仍然沉迷社交媒体，可以使用 Offtime、Freedom、Flipd 和 Moment 等应用程序来跟踪使用情况和分析，而其他应用程序（StayFree、StayFocusd、QualityTime 和 AppDetox）可以根据你指定的时间来调节（或阻止）社交媒体应用程序。（如果你使用上面设置未知密码的屏幕时间提示，你应该不可能超过分配给自己的时间。）

养只宠物

另一个强迫自己定期远离社交媒体的好方法是养一只宠物。（对不起，金鱼不算）养宠物所涉及的责任可以分散你对社交媒体的注意力。就养狗而言，你通常有义务定期带着它出去散步，呼吸新鲜空气，这对你的精神、身体和健康都有好处，也会得到你的狗狗的欣

第十一章　与社交媒体共存：用户、网红、平台和企业如何和谐共存？

赏。拉詹医生向我解释了收养狗对他来说是一种转移注意力的有效方法，除此之外还有养狗的其他好处。

获得朋友的支持和帮助

有时你可能无法进行自我调节，需要朋友的帮助才能推动你进入社交生活。斯宾塞·巴博萨跟我说，"有时他们会强迫我出门。我很感激他们这么做，因为我需要工作之外的生活。我的朋友们是有史以来最支持我的人"。

当涉及面对面的社交场合时，要尽力在场。没有人愿意和一个一直看手机的人在一起。有些人在交谈、参加商务会议、在餐馆吃饭或者在电影院里坐着的时候，当他们本应该看着屏幕的时候，却在翻阅手机。所有这些行为不仅是不尊重他人的，而且重要的信息也可能因为分心而丢失，同样丢失的还有人类与有血有肉的同类互动的乐趣和快乐。

限制屏幕时间，提高社交媒体素养

尽管有所保留和担忧，但大多数父母都承认，他们几乎无法防止孩子陷入社交媒体黑洞。即使父母或法定监护人会采用没收手机的方式保护或惩罚在科技时代出生的足智多谋的孩子使用社交媒体，他们也会找到其他方式，通过另一种设备偷偷进入社交媒体。[10]正如历史一再证明的那样，在对待年轻一代的问题上：限制越严格，孩子们就越有可能变得更加叛逆和大胆。

儿童最适合使用社交媒体的年龄是几岁？

随着孩子逐渐长大，父母会在孩子还很小的时候就把手机交给他们。一项调查显示，在 11 岁至 12 岁之间收到人生第一部手机的儿童比例最高（25.7%）。[a] 然而，令人惊讶的是，40% 的儿童在 1 岁至 10 岁之间收到手机。无论他们多大，如果孩子们有手机，可以按下按钮，他们都会好奇，并查看社交媒体。

我明白了。父母为年幼的孩子购买手机是有合理理由的，手机为父母的心灵带来了平静。他们可以随时通过短信、电话和电子邮件联系孩子，并交换有关日程安排、接送和家庭活动的重要信息。有了手机追踪应用程序，父母也可以知道孩子一整天都在哪里，确保他们的安全。

专家认为儿童最适合使用社交媒体的年龄是几岁？心理学家丽莎·斯特罗曼博士和数字权威克里斯蒂·古德温博士认为，虽然没有"一刀切"的方法，因为每个孩子都是独一无二的，成熟的速度也不同，但 13 岁通常是一个可以接受的经验参照。[b] 杰西·安德拉德博士告诉我，她基本上同意这个观点，但警告说，在这个年龄，父母的监督也必须参与进来。

注释：

a. S. 奥德，《父母第一次给孩子买手机是几岁？》，Statista, 2021 年 10 月 19 日，https://www.statista.com/statistics/1058938/cell-phone-ownhership-amongchildren-in-the-us-by-age/。

b. 威廉·沃拉尔，《孩子几岁应该有社交媒体账号？》，Hacked,

第十一章 与社交媒体共存：用户、网红、平台和企业如何和谐共存？

> 2020 年 7 月 10 日，https://hacked.com/what-ageshould-children-have-social-media-accounts/。

前面我们讨论了如何在"设置"中限制使用屏幕时间。极端的方法是直接把手机从孩子们手中夺走吗？即使孩子们沉迷于社交媒体，强迫他们突然戒掉也是一个危险的想法。研究表明，随着焦虑和其他情绪变化的增加，儿童和青少年可能会像吸毒者一样面临戒断症状。他们也可能被切断与朋友圈的联系，这可能会使他们感到被忽视和孤立。[11]

知道大多数孩子和青少年没有兴趣，也没有能力进行自我管理，也没有准备好抵御社交媒体潜在的附带损害，父母该怎么办呢？是否应该"把纸牌抛向空中"，忽视这些问题？不，谢天谢地，有一些有效的方法可以帮助你管理他们的使用社交媒体的时间，同时提高他们的社交媒体素养水平。我为父母们提供了以下四个可以考虑与孩子一起探索的领域：

介入

自行下载并加入 Instagram、TikTok、Twitter 和 YouTube，因为这些都是 Z 世代最常使用的应用程序。（很有可能你已经很熟悉 Facebook 了，而你的孩子对它一点也不关心，所以我们现在不谈 Facebook。）一想到要成为这些平台的一员，你可能会觉得焦头烂额，但相信我，从长远来看，这是值得的。正如巴博萨女士对我说的那样："有些父母甚至根本不知道他们的孩子在使用社交媒体。他们不知道试图和你的孩子说话的人是多么令人毛骨悚然，也不知道她或他一天中几个小时都在浏览和消费什么内容。监护儿童是父母的责任。"

这样做的目的是跟上流行应用程序和现有应用程序的发展潮流。根据我自己的育儿经验，我敢断言，如果你从一开始就知道并理解他们在数字游乐场里发生了什么，你就有机会监控和保护你的孩子。克里斯滕·梅耶斯一针见血地对我说："我认为父母在孩子刚开始使用社交媒体时参与进来是个好主意，因为社交媒体可能是一个危险的地方。"

正如几项研究揭示的那样，与孩子一起使用社交媒体，保持多听多看、消息灵通有助于避免危险。[12] 你可以一起观察网红，指出哪些人是从粉丝那里获利的伪装的营销人员。在这样做的过程中，你传达了一个信息：并非所有网红都像他们看起来那么纯粹和真实。另一方面，被动的育儿方式，如忽视或不参与孩子在社交媒体上的活动，已被证明会产生负面影响，往往会使孩子更容易受到广告的消极影响。

总而言之，在社交媒体上与孩子互动的好处远远大于坏处（例如，你投入时间和被指责限制了他们的生活方式）。你会提高你的孩子和你自己的认知商，让他们的生活更加安全。

进行关键的对话

每个父母都需要上一堂重要的人生课，谈论一些棘手的话题，比如金钱。在当今的环境下，还需要花大量时间讨论社交媒体的应用程序。根据《关键对话》一书中的内容，作者克里·帕特森和约瑟夫·格雷尼对他们作品的标题定义如下："两个人或多个人之间的讨论，（1）讨论涉及利害关系；（2）讨论方各执一词；（3）讨论方的情绪十分高涨。"[13] 这一定义明确适用于社交媒体。当涉及你的孩子关注哪些网红，他们在发布什么，以及他们在哪里/如何花钱时，风险确实很高。

你越多倾听你的孩子的话语，而不是去评判他们，你就会越了解也更理解孩子，并为任何可能发生的事情做好准备。如果你对他们有信心，别逼他们太紧，孩子们可能会更信任你，更愿意与你分享细节，可能可以避免他们的多巴胺因社交媒体的消极影响变成海啸，要冲走孩子们生活中一些重要的事情。

建立基本规则

虽然你不应该制定孩子认为的"老掉牙的限制和规则"，但你仍然需要建立一些切实可行的保障和界限。你是父母，也是你家庭社交媒体影响力的最终守门人，尽管有时看起来并非如此。

父母面临的一个主要问题值得重申，那就是互联网和社交媒体是全天候的。他们的孩子可能整晚都在刷网红的推送。睡眠不足和疲惫会导致身心健康状况不佳，这肯定会影响他们在学校的表现。他们也可能说自己在做作业或学习，而不是在玩。即使是最勤奋的学生也会忍不住在作业和社交媒体之间来回切换。

杰西·安德拉德博士告诉我，她在青少年中看到这种情况是普遍存在的："青少年一直告诉我，'我在社交媒体上花了太多时间。每天醒来，我都会打开手机，看好几个小时的 TikTok。我白天的情绪一直很低落'。到一天结束时，他们都没有气力去做别的事情了。"

设置时间参数，强制执行并实现这些参数是很重要的步骤（如上所述，即屏幕使用时间）。你也可以考虑制定一条"禁止使用手机的作业规则"——将设备与孩子分开，直到所有作业都充分完成，投入足够的学习时间，并进行一些体育活动（锻炼或做家务）。

另一种有效的策略是跟踪每个家庭成员在家时在社交媒体上花费的时间，并将这些信息公开。如果你的记录使用屏幕时间的应用程序还没有做到这一点，那么一个超大的可擦除的日历可能会起点作用，因为每个人都可以定期看到结果。家庭成员可以填写他们在每个网红网站上花费的时间（基于"设置"中的屏幕时间使用情况）；在每天、每周和每月结束时将它们相加，然后对结果进行比较。如果有人每周在家参与与网红相关的活动超过 7 个小时，这就可能表明他使用社交媒体的方式是有问题的。在那个阶段，你可以确定这个人在那些时间段内可能做的更有成效的事情。

吃饭时关掉手机

学业远不是唯一需要保护的东西。家长们不得不与那些整个用餐时间都在家里或餐厅玩手机的孩子们作斗争。（我甚至看到坐在同一张桌子上的孩子们在社交媒体上互动，彼此之间却没有说一句话。）如果不把这种行为扼杀在萌芽状态，就可能成为习惯，将很难控制。实际上，为了让你的孩子遵循不在用餐时用手机的建议，家长以身作则才是明智的。如果你的孩子在吃饭时拒绝关机，你可以效仿《社交困境》中描绘的母亲，在大家坐在一起之前，把家里的手机锁在一个容器里。[14]

第十一章 与社交媒体共存：用户、网红、平台和企业如何和谐共存？

保护树林里的宝贝们

这句话再怎么强调也不为过：孩子的安全永远是第一位的。在这本书中，我概述了社交媒体上的一些威胁——喷子、掠食者、欺凌、危险的恶作剧、羞辱、偶像崇拜、骗局，以及如果放任自流可能发生的精神和情感伤害。这可能包括社交媒体相关的问题，如自卑、情绪波动、压力、焦虑、孤独、进食失调，甚至抑郁。巴博萨向我讲述了她在年轻女孩中目睹的一些事情："当我看到小女孩们和另一个看起来绝对完美的女孩进行的接龙时，这很令人难过。年轻女孩们开始哭泣，我必须向她们保证，她们也一样完美。"

青少年绝不是唯一容易受到社交媒体威胁和挑战的人。青少年可能很脆弱，自尊心也会受到打击，尤其是在处理同伴关系时。托尼·尤恩博士的儿子正在上高中，他是这样对我说的："你只需要给一个十几岁的孩子发一条帖子或留言，就能对她或他的自尊产生巨大的影响。"

社交媒体空间表面上似乎无害且微不足道，但父母们应该意识到，它有时可能是残酷的。如果你有孩子，和他们保持频繁的交流，尽可能地识别情绪、态度或行为的任何变化。即使是最微妙的迹象也要保持警惕，这些迹象在事后不可避免地看起来很明显。如果一个性格外向的孩子在没有特定原因的情况下显得情绪低落，那么进一步调查一下，看看你是否能发现潜在的原因。如果社交媒体是问题的根源，那么是时候让孩子减少使用社交媒体的次数或暂时停止使用社交媒体了。每年都有成千上万个孩子因为没有足够多的朋友喜欢他们的帖子，人们在看似无伤大雅的评论中蜂拥而至，或者他们因为一些他们无法理解的原因而没有被关注，从而自尊心急剧下降。

至于错误信息和虚假信息，至少有一个可靠的实体，非营利"新闻素养项目"（News Literacy Project）的非营利组织正在进行反击。该组织出版了《筛选》(*The Sift*)，这是一份时事通讯，将阴谋论和疯传的谣言转化为教育工作者的课程。他们还创建了Checkology，这是一个帮助6~12年级的孩子进行事实核查和辨别虚假新闻的程序。[15]

我把最重要的建议留到最后：永远，永远不要让你的孩子和一个通过社交媒体认识的陌生人见面。有太多的儿童受到攻击或失踪的案例，因为一个成年狩猎者化名，操纵他们以获得信任，对他们进行网络跟踪，然后进行面对面的介绍。无论你的孩子有多聪明或早熟，他们仍然可能被离经叛道者、骗子和偶像崇拜招募者骗去做一些危险的事情。（回想一下，他们青少年的前额叶皮层还没有发育成熟。）如果你怀疑有什么不对劲，立即拨打报警电话并与受害者服务中心联系，以确定处理这种情况的最佳行动方案。

批判性的思考

好消息是，你一直都有一种内在的力量，可以让你展现社交媒体影响力给你带来的最好的一面，同时抛弃无法避免的阴暗面。我指的是你的批判性思维功能，即帮助你的大脑区分幻想与现实、虚假与真相的能力，我称之为认知商。一旦你磨炼了这项技能，你就能更好地辨别事实，做出更好的决定。

2021年11月，说唱歌手特拉维斯·斯科特在得克萨斯州休斯敦举行的太空世界音乐节（Astroworld Festival）上的表演中，人群激增，9人惨遭踩踏身亡，数百人受伤。这一灾难性事件引发了诉讼，

第十一章 与社交媒体共存：用户、网红、平台和企业如何和谐共存？

各方都在谁应该承担责任上互相推诿。没过多久，阴谋论就传播开来。[16] 最突出的谬论是声称这一事件是斯科特先生预先策划的涉及撒旦本人的恶魔仪式。"天体世界的牺牲"这个话题在 Facebook 上引起了轩然大波，所有的社交媒体网站都充斥着关于撒旦的阴谋论。当时，有人说："为什么不把希拉里·克林顿的名字加进阴谋论策划者名单中？"[17]

尽管可能看起来很荒谬，成千上万个人被这种对事件结果的奇怪解释所诱惑，而没有提出疑问。也许，只是也许，这些线索就像它们看起来的那样：意在为艺术家创造一种怪异的舞台氛围的道具和标志。难道像滚石乐队、犹大牧师和黑色安息日这样的音乐团体几十年来不是一直在他们的歌曲和舞台表演中使用撒旦意象吗？

当第一次看到关于这个新闻故事的耸人听闻的视频时，高认知商的人很可能不会买账，远离这个话题。如果有人表示质疑，高认知商者的回答可能是"好吧，拿出证据来"，尽管所有的视频、照片和文章都扔给了有很强批判性思维能力的人，他们还是不会动——除非有一些真正的证据浮出水面。

那些接受了撒旦版本故事的人们呢？他们为什么会上当？是因为不够聪明还是太容易上当受骗？我不这么认为。相反，它们主要是跟随群体（如第二章和第六章所述），并经历低认知商（如平地论者）。如果有很多人分享这些充满阴谋的视频和文章并将这些内容视为事实，那么低认知商的人可能会根据表面现象相信这是真的。同样的情况也适用于网红带头并决定传播错误信息的情况。他们滥用了数百万粉丝的信任，这意味着任何涉及阴谋论的帖子都可能激增，蜂拥而至。

你如何提高你的认知商并防范无处不在的虚假信息？为了激发你

的批判性思维能力，客观地列出你提出的事实，同时检查你的情绪，批判它的合理性。有没有什么内在的原因让你相信这种异想天开是真的？（这是一种自我诊断，以确定你是否有内在偏见。）你是否因为其他人已经这么做了而接受这一事实？你是否渴望融入某个群体并与之联系在一起（情感上的归属感）？

接下来的三个步骤可能是有益的：

1. 质疑理论：它合乎逻辑吗？有什么其他的解释方式呢？
2. 问一问：为什么人们会相信或者愿意相信这一点？除了某人的断言，还有什么无可辩驳的证据能证明这一点吗？
3. 确定最初的消息来源是谁或什么：信息来源可信吗？有什么可信的证据支持这种说法吗？

如果以上步骤无法提供答案，请考虑一下如果你放弃支持和传播这个故事可能会发生的任何负面影响。你可能会失去或得到什么？如果你摒弃一个幻想，那么任何事情都不会发生；天不会塌下来，宇宙不会碰撞，咖啡师会继续做咖啡。然而，接收并传递虚假信息或错误信息作为事实，比如围绕新冠病毒疫苗的阴谋论，可能会对那些生病及需要入院治疗的无辜的人造成很多不应有的伤害。

社交媒体应该提供信息、教育、指导、创建社群并提供快乐。任何不这样做的人，如果不是间接或直接地激发问题，都可能危及社交媒体结构的完整性，并弱化其他人的体验。

现在我们又回到了本章开始的问题：用户、网红、平台和企业如何安全共存？我们共同努力，创造一个无限的、基于事实的、平衡的、健康的、开放的、充满求知欲的沙盒，在这个沙盒中，每个人都

第十一章 与社交媒体共存：用户、网红、平台和企业如何和谐共存？

有足够的空间玩耍、联系、分享、发现、评论，并成长为一个蓬勃发展的和谐社群。

我向你保证，这是毋庸置疑的（not cap）。

总 结

社交媒体影响力的未来

你不能让任何人因为你的出身而限制你。你唯一的限制是你的灵魂。

——动画片《料理鼠王》里的主厨 G[1]

我可以说，我会看着我的水晶球，大胆预测关于社交媒体影响力的所有其他可能发生的事情。这会让我成为如《哈利·波特》系列小说和电影中才会出现的某个角色。在这个瞬息万变的数字世界里，没有人能真正预测未来，它与我们反复无常的现实世界是相互呼应的。

然而，我们可以从这些模式和信号中推测可能会发生什么，尽管这些区域可能看起来与我们目前所看到的不同。我很感激有几位有影响力的同行在这方面帮助我，并提出了他们的见解。

某些社交媒体名人的名气将超过传统名人。

法耶兹·阿吉布博士："你可以看到这些网红，比如查理·阿梅里奥，他们的名气已经比我们成长过程中看到的电视明星还要大。我认为你会看到更多这样的例子，尤其是因为我们越来越沉迷社交媒体，现在每个孩子都有一台 iPad。这种增长现象才刚刚开始。"

社交媒体网红的影响将继续扩大。

克里斯滕·梅耶斯："我认为这些内容创作者将对社会产生越来越大的影响。一些人将解决一个大问题，而另一些人将发明新的东西。"

更多的有影响力的信息将被直播，而不是预先录制。

法耶兹·阿吉布博士："我有种感觉，未来将是关于生活的。人们希望看到你的现场表演。他们不想看事先排练过的东西，他们想看你作为医生日常生活的实况直播视频。"

随着我们遏制匿名和恶意攻击，社交媒体将变得更加安全。

卡兰·拉詹博士："如果我们能摆脱那些匿名的人——虚假账号——这将解决社交媒体的很多问题。我们需要看到一个名字和一张脸。"

未来的人们将比前几代人更加了解我们这个时代的生活。

克里斯滕·梅耶斯："我们常常想知道生活在 20 世纪 40 年代和

50 年代是什么样子。现在，我们有了最新的视频，记录了我们这个时代的日常生活。"

人们将更多地转向社交媒体进行搜索，而不是互联网。

克里斯滕·梅耶斯："社交媒体越来越像一个搜索引擎。我可以看到人们在 TikTok 上而不是从谷歌上搜索千层饼的食谱。"

丹娜·布莱姆斯博士："每当我有什么问题的时候，我就上 YouTube，而不是上网站。例如，如果我有一个关于税收的问题，我会查看 YouTube 频道，而不是政府网站。"

教育渠道将在社交媒体平台上拓宽，甚至超过娱乐。

杰西·安德拉德博士："教育将发挥更大的作用。YouTube 正在启动一个教育平台，就像 TikTok 一样。Instagram 也在寻找不同的视频创作教育平台，也许是一个新闻类型的平台。"

斯宾塞·巴博萨："我从老师那里收到了很多信息，他们说他们已经向他们的班级展示了我的 TikTok 视频。我觉得这太不可思议了，太疯狂了。我觉得我做到了。这些老师认可我所说的话，并认为我的内容是有相关性的。"

克里斯滕·梅耶斯："社交媒体将成为一切的一部分。在我的学校，我们必须完成这些独立的项目才能毕业。"

最后……全息影像。

西娅·萨利赫博士:"全息影像将是未来。"

托尼·尤恩博士:"一百年后,我们将会看到全息影像。"

布莱恩·鲍克瑟·瓦赫勒:"我预计我们将看到人工智能网红的崛起。"

抛开本章提到的一切,我知道我希望在社交媒体的未来看到什么了。它与我的个人哲学相吻合,也与我成为一名医生的原因相吻合。我希望看到每个人都努力做好事。这不仅仅是我的目的,我相信这真的是每个人在这个星球上存在的原因。作为一个网红、商人或用户,如果你的意图不是在某种程度上帮助别人,为什么要在社交媒体上发布任何内容呢?正如我亲爱的岳母雷吉娜·博克瑟所说:"通过发牌的方式,你是在帮助别人,而不是被别人帮助。"

新社交媒体的世界和文明

在社交媒体的未来中,还有一个领域值得我们去探索:元宇宙。在此之前,我们必须首先讨论这个主题与它的相对物——多元宇宙的关系。我们如何区分这两个交叉且经常被混淆的单词呢?

一个相似之处在于,它们都是以某种方式存在于不同星系中的虚拟世界。这个元宇宙虚拟世界经常出现在电脑和视频游戏中,它与现实是分离的,但可能会被"真正的'人'"进入,正如2018年的电影《头号玩家》所描述的那样。

与此同时,多元宇宙在科幻小说/幻想中已存在多年,它通常指的是一组虚构的人物,通过魔法、巫术或其他宇宙强大的力量,与另一组他们的分身(加上他们的宿敌和其他人)相遇,这些分身在不同的现实或虚拟世界中沿着不同的时间线存在。例如，最初的《星际迷航》系列电视剧在"镜像宇宙"一集中涉及了多元宇宙论（在这一集中，柯克船长遇到了一位满脸胡须的邪恶的史波克先生）。最近，2018年上映的动画片《蜘蛛侠：平行宇宙》中展示了众多来自不同现实世界的彼得·帕克和蜘蛛侠（包括一只名叫彼得·波克的猪，它的另一个分身是蜘蛛侠），以及他们的对手。2021年的电影《蜘蛛侠：没有回家的路》(*Spider-Man: No Way Home*) 通过无缝地重新引入之前几部不相关的电影系列中的角色（以及扮演这些角色的演员），大大吸引了粉丝（这是一种好的方式）。

多元宇宙的概念提高了创造性的门槛，即在科幻小说和漫画人物的世界中可能发生的娱乐价值。多元宇宙是否存在于我们的现实中，科学家们已经争论了一段时间；到今天为止，还没有确凿的证据，也没有实现多元宇宙的方法。社交媒体会成为我们的运输工具吗？

走向元

2021年10月，Facebook更名为一个新的主打品牌Meta。据该公司首席执行官扎克伯格表示："Meta的重点是将元宇宙带入生活，并帮助人们联系、寻找社群和发展业务。"[2]

人们想知道，品牌变革的时机是否是一项宏大计划的一部分，这项计划目的是抢占未来先机，并将公司前瞻性战略中的所有可能对象都纳入其中，或者将焦点从一些Facebook的公共议题上转移开（包括隐瞒关于Instagram如何影响少女体象的内部研究，以及无法消除其平台上有关新冠病毒疫苗的广为流传的错误信息）[3]。不管这种变化的根本原因是什么，Facebook——我的意思是，Meta——可能在这里挖掘了一些特别的东西。

当"meta"这个词有这么多不同的含义时,我们该如何定义它?像往常一样,当有疑问时,我们会求助古希腊人。在他们的时代,"meta"(元)被翻译成"after"(超出)。从那时起,它开始暗示我们的世界以及它之外的其他领域[4]。任何附加到超能力结尾的东西都呈现出一个超凡脱俗的层次,比如形而上学,它指的是人类感官无法感知的东西,或者是超自然的东西。

关于我们当前的数字世界,"meta"加"verse"指的是一个人类与应用程序、软件和彼此互动以模拟全新感知现实的世界。这个词被认为首次正式出现在尼尔·斯蒂芬森 1992 年的科幻小说《雪崩》(*Snow Crash*)中。听起来很震撼,对吧?当然,也许对于那些为了虚拟游戏进阶而通宵达旦、忍耐饥饿,以及克制如厕冲动的人来说,可能就没有那么兴奋了。这些虚拟游戏是利用增强现实技术,通过增强视觉效果和声音来增强体验。对于游戏玩家来说,终极感觉是当他们通过模拟技术(例如护目镜)沉浸在其他世界和宇宙中(例如和其他玩家、可怕的生物、外星人等进行战斗)[5]。

在我们这个流行病肆虐和保持社交距离的世界里,元宇宙技术的进步给我们带来了双重好处:(1)我们参与有趣的活动来度过我们的时间;以及(2)我们可以通过平台论坛,想象和体验在同一地点、同一时间,在另一个层面上的同步。视频会议(如 Zoom)使我们能够实时看到和听到对方,以便在无法进行当面聚会的情况下开展业务,甚至与朋友见面。我们在屏幕上互动,看到彼此的生活空间(办公室、厨房等)或者我们选择显示的任何经过处理的背景和表情符号。

想象一下,由于 AR、3D 技术和其他进步,当所有这些都变成元时，我们的未来是什么样的。想象一下，我们就像正坐在公司 CEO 旁边的椅子上一样，参加一个商业会议并与他人互动。同样地，我们也可以坐在客厅的沙发上感受到坐音乐会现场的前排，或者在棒球比赛现场与一位大联盟投手站在投手丘上。

系好你的五点式安全带，出发，看看社交媒体元宇宙对我们意味着什么。

影响力和元的汇合

Topia 是一家尖端网站，在这个网站中，人们可以通过实时连接和游戏来创造社交体验。Topia 的首席执行官丹尼尔·里伯斯金向我解释道："元宇宙的力量在于人与人之间发展的关系。"[6]

在结论进行到一半的时候，我冒着抛出更多术语的风险（这算是打破第四堵墙吗），互联网是异步的（两件或更多的事情不会同时发生）。里伯斯金先生举了一个例子："就像你发送了一封电子邮件，然后等待回复。"

与之相反，元宇宙是同步的，这意味着事情同时发生。那些以这种方式吸引人们的人有可能提高数字人际互动的标准，使他们的用户能够同时看到、听到并与他人交流。这一概念具有巨大的吸引力，特别是鉴于新冠病毒变体的持续扩散以及关于社交距离的建议、指南或参考。

在社交媒体元宇宙中，在线建立的真正的友谊是什么样子的？正如里伯斯金先生对我所描述的："元宇宙将为真正的关系、真正的社群创造一个空间。无论经济状况如何，也无论身处何处，基于同步的体验和联系，加入社群都会更容易。"

我推测,在可预见的未来,同步社交媒体元宇宙中的网红将被称为融合者。[7] 按照其标准定义,融合意味着两个事物同时出现或相遇(比如两条河流)。[8] 当我们与社交媒体的网红融合时,我们不仅仅是指一个拥有忠实粉丝社群的个人。融合者有可能将他们的社群带入一个新的连接维度,因为互动将以实时的、面对面的直播为特色——同时也将其盈利化(如果这恰好是融合者的目标的话)。

在元宇宙中,人们拥有化身(比如 Wii 视频游戏)来探索用户创造的世界。"当一个虚拟角色在虚拟世界中接近另一个虚拟角色时,一个数字视频聊天就会弹出,模拟你走在街上,停下来,然后开始聊天"。里伯斯金告诉我。"这两人可以通过视频直播开始交谈。在 Topia 上,视频聊天的人数通常上限为 10 人,因为更多的人不太现实,而且像现实生活中一样,通过视频直播会降低工作效率。"(就他的观点而言,与 50 人进行对话可能具有挑战性。)

在元宇宙中,各式各样的现场活动——音乐会、体育赛事、演讲活动、聚会等——可以是独家的,也可以是非独家的。主办方可以出售这些聚会的门票,或者可以免费提供。吸引参会者的营销人员和销售人员可能会受到佣金的激励,或者提供其他有价值的东西作为交换,比如广告、免费视频或关于某个话题的书面报告(例如开发潜在客户)。

当 Facebook 将公司名称更改为 Meta 时,它完全有可能注意到说唱歌手特拉维斯·斯科特在 2020 年 4 月的 "天文" 表演和/或爱莉安娜·格兰德在 2021 年 8 月 6 日的 "Rift" 表演的成功——这两场演出都是由《堡垒之夜》赞助的,每一场都吸引了 100 多万名参与者。后者将音乐、游戏、迷幻图像和(跟外星生物一起)讲故事结合在一起。同时赋予参与者参与和竞争的能力,以获得独特的沉浸式体验。[9]

例如，格兰德女士并不是以歌手的身份出现在舞台上，而是以眼睛发光的虚拟化身形象出现。参与者可以花 2 000V 币（虚拟货币）"换上她的虚拟化身的皮肤"，或者花 2 800V 币（19.99 美元）购买"V 币套餐"，还有 800V 币零钱备用。[10] 还有许多其他选项可用于增强体验。赞助商的化妆品也提供额外的 V 币。

里伯斯金先生认为，在元宇宙中，可能性是无限的。世界是可定制的——几乎任何内容都可以纳入其中，包括以前在社交媒体上发表的内容——如 Instagram、YouTube 和 TikTok 视频——或文章、PowerPoint 演示文稿、Zoom 演示文稿等。

就像现实世界中的任何群体一样，人们可能来来去去，再也不会回到这里来。里伯斯金先生观察到，"用户留存率最高的群体是具有特殊兴趣的元宇宙世界，比如那些关于健康、全球变暖、政治和爱好的话题，比如宠物、体育和烹饪"。

各大公司都在迅速进军这一领域，因为它以同步的方式为用户提供了几个世界中的精华：有机会一睹网红的风采（近距离学习或娱乐），这是一个了解站在网红位置上是什么感觉的机会，以及一种在任何时候与世界各地具有相似兴趣的人进行接触或竞争的方式。

对于那些试图抵制社交媒体向元宇宙不可避免的扩展演变的人来说，我引用了最后一章托尼·尤恩博士的话："面对影响如此巨大的东西，你要么搭上这班车，要么就会被它碾过去。"

你想知道我的建议？准备好你的车票，出发吧！

后　记

> 当整个世界都安静下来，即便只有一个声音也会很有力量。
>
> ——活动家 马拉拉·尤萨夫扎伊[1]

当这本书临近尾声时，我想列出几个平台上有史以来最受欢迎的帖子，可能会对你很有帮助：

Tweet（来自查德威克·博斯曼的家人）：我们怀着无比悲痛的心情确认查德威克·博斯曼的死讯。能在《黑豹》中让特查拉国王起死回生，是他一生的荣耀。（720万+点赞）[2]

Facebook（来自尼克·胡哲）：一张尼克·胡哲（《纽约时报》畅销书作家、世界知名演说家、教练和企业家，但没有四肢）和他的家人在海滩上的照片。（1 500万+点赞）

YouTube：路易斯·冯西与洋基老爹合作的歌曲《慢慢来》（*Despacito*）的视频。（4 700多万点赞）[3]

TikTok：贝拉·波奇跳《M 到 B》（"M to the B"）的视频。（5 400 万＋点赞）[4]

Instagram（来自 world_record_egg）：世界上最大的鸡蛋的照片。（5 500 万＋点赞）[5]

从这些帖子中可能可以提炼出很多东西，但我最感兴趣的是关于下面这个问题的回答：它们有一个共同的主线（thread）吗？这些热门帖子都以名人的墓志铭，一张家庭的快照，一段原创的音乐视频，一个艺人随着音乐起舞的片段，还有一张物品的照片为特征。共同之处在于，它们都以不同的方式打动了人们，尽管方式不同：悲伤、温暖、振作、兴奋，还有幽默。一篇成功的帖子会深深打动人们。例如，博斯曼先生不幸离世的报道，激发了许多人深深的情感储备，使得集体宣泄达到了在社交媒体之前绝不可能达到的规模。这说明了社交媒体的影响力。

另一个最重要的观察是，这些超级帖子是多样化的、国际化的，来自两个极端的人：知名度高的和相对默默无闻的。（这张鸡蛋照片是 world_record_egg 账户中唯一一篇没有个人简介的帖子，简称"尤金"。）请注意，没有一个最受欢迎的帖子带有负面基调或者政治色彩。善战胜恶和丑；人类往往更关注后两者。你可以说我天真，但我真心相信，当涉及正直的公民、社交媒体上的好评以及生活中的普遍善意时，我们比自己想象的要好得多。这些帖子代表了真实和人际关系在多巴胺加剧的环境中的交集。"尤金"是网红努力争取的影响力的顶峰，而没有任何实际的影响力或动机去影响。为什么？人类＋社交媒体＝魔法是什么？在内心深处，我们都有心理上的需求，需要与某种真实的东西联系在一起，这种真实的东西比我们自己更重要。

后 记

最后的叮嘱

赛伦斯·杜古德是本杰明·富兰克林的笔名，他曾写道："没有思想自由就没有智慧；没有言论自由就不可能有公共自由。"[6]

如果杜古德先生今天还活着，他可能会通过双焦眼镜观察到有只苍蝇直接飞进了社交媒体的药膏中。在社交媒体领域可以发现大量宝贵的公共教育和自我表达，一些平台正通过——我敢用这个词吗——审查制度，逐渐压制对立观点。具有讽刺意味的是，许多曾经被认为是言论自由避风港的大学校园，现在竟然把反对意见排除在公开辩论和讨论之外。我们所有的平台高管、网红、用户和赞助商都有责任坚持在社交媒体上言论自由，即使我们没有共同的观点。这适用于所有人，从有三个粉丝到超级网红。英国哲学家约翰·斯图尔特·密尔敏锐地写道，"压制意见表达的特殊罪恶在于，它掠夺了人类、子孙后代以及现有的一代；那些对这种观点持不同意见的人，比持这种观点的人还要多。如果观点是正确的，他们就失去了用错误换取真理的机会；如果错误，他们就会失去与错误碰撞产生的对真理更清晰的感知和更生动的印象，而这几乎是一个巨大的好处"。[7]

我在前面几页一直强调，这些平台有责任保护公众免受迫在眉睫的危险和威胁，特别是在防止儿童和青少年接触这些信息方面。与其审查仅仅代表相反观点的安全帖子，我们有一个秘密武器来打击错误信息、虚假信息和其他任何可能损害民主思想的东西：我们的批判性思维技能，这可以通过认知商来挖掘。我们的认知商帮助我们区分事实和虚构；教育自己；知道何时以及如何质疑问题；并且最终，无论我们在网红或用户动态中看到或听到什么，都要为自己和社会做出正确的决定。精通批判性思维使我们能够自我管理社交媒体内容，社交媒体已经取代了所有其他渠道，成为世界上最大的综合自我表达、信息、观点和新闻的综合论坛。我们可以通过坚持所有平台容纳各种各样的想法——不是在阴影中，而是在光明中，对所有人开诚布公，确保我们的自由保持光明。

致　谢

致我亲爱的读者：你抓住了机会，选择了这本书，它所涵盖的话题几乎涉及每个人的生活。我知道你有很多可购买的选择，所以我感谢你最终选择了这本《成为网红》。

我要告诉你一个关于作者的小秘密：在很大程度上，我们是在为你写作，而不是为我们自己写作，本书的出版是为了感动你，激励你。我希望，在这些书中，你会发现许多见解，让你大声喊出："哇！我才知道！""这太不可思议了！""我将实践这本宝典！"或做出其他类似的评论。

有许多富有爱心和才华的人帮助塑造和指导写作这本专业书籍，这本书开始时只是一个粗略的想法。我的经纪人，Fuse 文学社的戈登·沃诺克是从我的作者生涯开始就一直陪伴我的关键人物。

戈登，你在我身上看到了一些我自己都不知道自己拥有的东西。作为一个经纪人，你付出的不仅仅是你的时间和技能；你为帮助这本书实现其全部潜力投入了如此多的精力。我知道这占用了你无数额外的时间和精力，而这些时间和精力本可以用在你的其他职责上。你的无限才华、精明的指导、忠诚的宣传和对这个项目的真诚关怀，我永远感激。我很荣幸，你一直是我生命中的一个重要部分。我无法表达我对你作为我的天才经纪人和亲密朋友的所有感激之情。

谢谢你，我的出版商，Rowman&Littlefield 的苏珊娜·斯塔扎克·希尔瓦。我非常感谢你从戈登的第一份提案开始就支持这本书。我感谢你和帕特里夏·史蒂文森、德尼·雷姆斯伯格投入的所有时间，阅读和编辑手稿，使其更加紧凑，并使用300粒度的砂纸进行打磨让它完美。我很荣幸，你们技术精湛的创作团队帮助将这本书交付给世界。我感谢你，阿普里尔·奥斯汀，确保我没有留下任何错误的 i's 或 t's。

致加里·M. 克雷布斯，我的写作顾问。加里，你帮助我将这本书的愿景塑造成了现在的样子。你从不害怕靠近焖烧的窑炉，冒着烫伤手的风险，以确保这本书成形。感谢你在我跨出这一步时的辛勤工作；在似乎绕了无数圈之后，以完美的步伐安顿下来；最终，在最后一百米冲刺，冲过终点线。再次感谢你成为团队中非常有价值的一员，我对于能成为你的朋友也非常感谢。

对于我的朋友们、我的同僚们，在我为这本书采访你们的时候，你们都非常慷慨地抽出了宝贵的时间，谢谢你们。通过在网红领域未经过滤的第一手经验，你们为本书增加了一层深度、洞察力、理解和细微差异。我知道，你们通过分享你们的丰富经历、个人故事和顿悟式的见解，对我给予了高度的信任。我珍视这种信任，并承诺永远不会将其视为理所当然。在某些方面，我认为这本书就像安东尼·布尔丹的《厨房秘事》①（当然是在社交媒体上，而不是在食物上），因为

---

① 安东尼·伯尔丹，纽约BrasserieLesHalles餐厅的执行厨师长，从事厨师职业28年，首部非小说类作品《厨室秘事》风靡全球。——译者注

它是多么勇敢和公开地拉开社交媒体的帷幕。

以下是按照姓氏字母顺序排列的我的社交媒体受访者及他们的网名：

Natalie Aguilar: TikTok @nnatalieaguilar, Instagram @nnatalieaguilar, YouTube @Natalie& the Aguilars

Fayez Ajib, DO: TikTok @lifeofadoctor, Instagram @doctorfayez, YouTube @lifeofadoctor

Jess Andrade, DO: TikTok @doctorjesss, Instagram @doctorjesss, YouTube @Doctorjesss

Spencer Barbosa: TikTok @spencer.barbosa, Instagram @spencer.barbosa, YouTube @spencerbarbosa

Dana Brems, DPM: TikTok @footdocdana, Instagram @footdocdana, YouTube @FootDocDana

Ricky Brown, MD: TikTok @therealtiktokdoc, Instagram @drrichardjbrown, YouTube @Doctor Ricky

Tommy Martin, MD: TikTok @dr.tommymartin, Instagram @dr.tommymartin, YouTube @Dr.Tommy Martin

Krysten Mayers: TikTok @krysmay, Instagram @krysmay_official, YouTube @Krysmay Official

Josh Otusanya: TikTok @joshotusanya, Instagram @josh.otusanya, YouTube @Josh Otusanya

Magnolia Printz, MD: TikTok @balancedanesthesia, Instagram @magnoliaprintzmd

Karan Rajan, MRCS, MBBS, BSc: TikTok @dr.karanr, Instagram @

drkaranrajan, YouTube @Dr Karan

Sarah Rav, MD: TikTok @sarahrav, Instagram @sarahrav

Siyamak Saleh, MD: TikTok @doctor.siya, Instagram @doctor.siya, YouTube @Siyamak Saleh MD

Muneeb Shah, DO: TikTok @dermdoctor, Instagram @doctorly, YouTube @Doctorly

Tony Youn, MD: TikTok @tonyyounmd, Instagram @tonyyounmd, YouTube @Youn Plastic Surgery

安迪·帕特森：我真心感谢你为这本书提供的深刻见解。我也很感谢有机会成为世界卫生组织"Fides"网红小组的成员，并支持你在社交媒体上对抗虚假信息泛滥的使命。

我还采访了一位著名的社交媒体人才经理，他选择了匿名。感谢你在幕后提出的宝贵意见。

丹尼尔·里伯斯金：你对虚拟网络的贡献是非常宝贵的。未来见！

最后也是最重要的一点：我想对我的妻子塞琳娜表示衷心的感谢。出版一本书是一场马拉松，而不是短跑，在这个漫长的过程中，你对我的支持从未动摇过。在我追求这种激情的过程中，你给了我足够的约束和无尽的耐心。我无法想象我的世界没有你和你无条件的爱。你不断地激励我成为更好的自己。我爱你，塞琳娜，爱你的一切，无论好坏！

附录A

术语表

本词汇表并非旨在作为与社交媒体影响相关的术语的权威词典,而是作为遵循本书中引用的术语的工具。它包括一些技术和科学术语的简明定义,以及我承认自己创造的或从别人那里参考来的词汇。后一种情况用 * 表示。

异常红色反射(abnormal red reflex):在使用闪光灯的照片中,一只或两只眼睛的瞳孔中出现黑色、白色或黄色反射。(红色反射为正常颜色。)

前扣带回皮质(ACC):参见前扣带回皮质(anterior cingulate cortex)。

账号 [account(s)]:在社交媒体中,用户加入并参与平台的地方。

解析法(analytics):用于评估社交媒体表现的数据。

前扣带回皮质(ACC):大脑的一部分,被认为与冲动控制、情绪、决策和错误检测有关；前扣带回皮质位于扣带回皮质的前部。

应用程序（app）："应用程序"一词的缩写版本，通常指可以在包括计算机和智能手机在内的各种设备上运行的软件；一些社交媒体平台（如 Instagram 和 TikTok）被创建为智能手机应用程序。

人工智能[artificial intelligence（AI）]：控制呈现系统、机器人或其他由人类执行的任务。

异步（asynchronous）：一件事发生的时间与另一件事不同。

萎缩（atrophy）：体积或容量缩小或被减少的行为。

增强现实技术[augmented reality（AR）]：可以增强用户的物理空间的一种计算机技术。

真实的（authentic）：当一个人在社交媒体上的行为被他们自己认为是真实的时候。也请参见真实性（authenticity）。

真实性（authenticity）：当一个人忠于自己的个性、价值观和精神，不会顾及是否有其他行为的压力。当一个人对自己和他人诚实时，这个人就要对错误负责，因此他们的价值观、理想和行动都是一致的。[1]

头像（Avatar）：在数字世界中代表一个人的图形或图标（如在电子游戏中）。

婴儿潮一代（baby boomer）：1946 年到 1964 年之间出生的人。

平衡（balance）：当一个人可以同时管理工作、社会生活和空闲时间而不会有过度的压力。

赚钱（bank）：在社交媒体中（而不是关于机构），这可能被用作动词"产生"（"她在那个广告上赚了很多钱"），或者作为名词（"他从广告中赚了大钱"）。

咖啡师*（baristing*）：指咖啡师的行为或指在商店里准备和供

应咖啡的人。

拦截（ock）：禁止一个或多个人看到你的社交媒体个人资料或帖子的行为。如果需要，应用程序可能会屏蔽用户。

博客（blog）：一种循环出现的在线日志，一个人或组织在其中介绍受众有关思想、信仰、活动、信息或某些技能。

博客主（blogger）：创建博客的人。

引爆（blow up）：参见病毒式传播（*viral*）。

界限（boundaries）：网红或用户将社交媒体生活与工作和个人生活分开的能力。

品牌（brand）：向公众展示的个人、公司或产品的代表。另请参见网红品牌。

品牌赞助视频（brand-sponsored video）：由网红发布的视频，由组织或企业付费，通常旨在提高该组织或其产品的品牌知名度，通常以创造销售为目标。

倦怠（burnout）：当一个人因投入大量的时间在任何一项活动上而疲惫不堪、过度劳累时，通常与工作有关，网红同样也会经历这些。

取消（cancel）：使某人保持沉默甚至使其他人回避远离那个人的行为。参见取消文化。

取消文化（cancel culture）：指一大群人在社交媒体上针对某个人或公司，意图将其排斥在自己的圈子之外。组织声誉受损是潜在损失之一。

谎言（cap）：在社交媒体中，这指的是虚假信息。

谎言疫情*（capacademic*）：当谎言像传染病一样肆虐传播的时候。参见谎言（cap）。

诱惑＊（carrotted＊）：激励效应传播。

名人 DBI（celebrity DBI）：由营销部门公司创建的一个指数，用于量化和限定消费者对名人的看法。

审查［censorship（censor）］：当一个人或组织屏蔽或压制内容时或阻止信息向公众传播。

大脑皮层（cerebral cortex）：参见大脑额叶（*frontal lobe*）。

聊天（chat）：在社交媒体信息流或其他类型的电子通信中进行的附带讨论；对话可以是两个或两个以上的人之间的私人对话，也可以是对更广泛的群体可见的。

点击（click）：当电脑鼠标在电子屏幕上选择一个选项时；在社交媒体中，这通常指用户每次选择一个特定的帖子。

碰撞声（clinkage）：在本书的语境中，这是一个名词，指的是两杯碰杯庆祝的声音。这个词最早是赛艇教练帕特·海耶斯创造出来的。当一名赛艇运动员在一天内赢得多项比赛的奖牌时，围绕在他脖子上的奖牌发出的声音会发出刺耳的碰撞声音。

视频片段（clip）：在动态消息中出现的一段简短的视频。

评论（comment）：用户输入到提要中的任何形式的文字（或视觉信息）；它也可能包括网红对这些帖子的回应。

社群粉丝团（community）：一群追随某一特定网红并通常有相似兴趣的人。

社群指南（community guidelines）：针对某一社交平台的规则。

违反社群指南（community guidelines violation）：当用户或网红打破平台的一条规则时。根据网站的指南，平台可能会发出警告；强制撤除帖子；或关闭用户的账号（暂时或永久），如果有持续不断的违规行为，这种情况就更有可能发生。

融合（confluence）：当两件事物同时发生或相遇时（如两条河流汇合）。在社交媒体中，这指的是网红与用户实时互动。参见融合者和元宇宙（*confluencer and metaverse*）。2

融合者（confluencer）：一个网红，通过与参与者的互动，面对面的视频和在虚拟空间中创造资产，领导其社群达到一个新的联结维度。参见融合者和元宇宙（*confluencer and metaverse*）。

阴谋论（conspiracy theory）：指某一行为是由一个邪恶的或有权势的团体蓄意掩盖的。在现实中，有更多基于支持性证据的可能解释。

内容（content）：任何发布在网上的材料，包括但不限于在提要、博客、照片或其他图片或视频中的几个文字。

内容创建者（content creator）：在社交媒体中，为发布内容而制作内容的任何个人或组织，包括用户、网红、博客作者、视频博主、专家，甚至动物/无生命物体/婴儿/学步幼童/表情包。也请参见内容（*content*）。

内容生成（content generation）：制作用于发布在社交媒体上的内容。参见内容（*content*）。

模仿行为（copycat behavior）：一群人模仿另一个人的行为；在社交媒体帖子中，当主题涉及自杀或其他形式的自我伤害时，这可能是有害的。

角膜（cornea）：眼睛外部的透明晶状体，帮助聚焦光线以形成视觉。

创造性驱动力（creative drive）：是什么激励一个人产生任何类型的成果；就社交媒体而言，这指的是内容。

创建者（creator）：请参见内容创建者（*content creator*）。

可信度（credibility）：网红的可信程度，尤其是在发布的内容与其品牌形象相匹配方面。另请参见信任（*trust*）。

批判性思维（critical thinking）：一个人区分幻想与现实、虚假与真实的能力。另请参见认知商（*Perceptual Intelligence*）。

众筹（crowdsource）：当一大群人参与构思、帮助决策或就内容提供意见时。网红们、用户、个人和企业可以使用此方法获得见解，帮助共同创建（内容或产品），与特定的目标群体进行互动。

关键对话（crucial conversation）："两个或更多人之间的讨论，具有如下特征即（1）利害关系重大，（2）各执一词，（3）情绪高涨。"[3]

崇拜（狂热）[cult (cultish)]：在社交媒体中，通常试图说服成员和非成员采纳某些思想或行为的小团体。

网络欺凌（cyberbullying）：针对个人或群体的网络攻击（侮辱或威胁），通常是出于羞辱的目的，会造成感情伤害和伤及自尊。

网络跟踪（cyberstalking）：在网上骚扰或跟踪另一个人或组织的行为。这可能表现为嘲讽、诬告、诽谤、中伤、威胁、勒索和导致身份盗用或身体伤害（如不必要的性挑逗）。

黑魔法（dark arts）：用于邪恶的魔法咒语；这个词起源于《哈利·波特》小说。

暗晕效应[dark (darker) halo effect]：当名人或公众人物的负面或有害行为激发他人做出相同或类似的危险、潜在致命的行为时。

多巴胺行为平衡（DBB）：见多巴胺刺激平衡（*dopamine behavior balance*）。

深度伪造技术（deepfake）：复杂的3D人工智能技术，可以让一个人制作一段自己扮演别人的视频，通常是名人的视频。当这些模仿如此令人信服，以至于许多人相信它们是真的时，问题就出现了。

数字优先（digital-first）：个人或公司生产的所有产品都应该有一个主要的技术（通常是在线）组件。

数字足迹（digital footprint）：一个人在线历史的量化；例如，可以通过谷歌搜索一个人或组织来进行简单的评估。

数字存在（digital presence）：衡量一个人或公司在网上的知名度。

私信（direct message）：参见私信（DM）。

信息公开（disclosure）：在社交媒体中，这是指网红或用户公开一些有助于证明他们真实性的细节。这通常是指网红通过在帖子中标明广告或品牌合作商来体现广告或赞助。

虚假信息（disinformation）：故意篡改事实或视觉效果（如照片），以适应议程、仇恨或是突发的奇想。这可能会对他人造成情感、身体甚至名誉上的伤害。

注意分散（distraction）：在社交媒体中，当设备（及其上的应用程序）导致个人将注意力转移到其他事情上时。

私信（DM）：私人的直接消息；通常是社交媒体中使用的一种速记交流形式。

脱氧核糖核酸（DNA）：在科学上被称为脱氧核糖核酸，它由自我复制的遗传物质组成，从一代传给下一代。

被篡改的图像（doctored images）：经过处理的照片，以使某人、某地或某物看起来更有吸引力，或误导他人相信其外表比实际更令人赞叹。

阴暗刷屏（doomscrolling）：花费大量时间在应用程序和网站上的行为，这些应用程序和站点占用了自己的时间，经常关注负面新闻，可能会误导人，有时甚至是危险的。

多巴胺（dopamine）：一种微小而强大的神经递质或化学信使，在感受快感中起着重要作用。另见多巴胺行为平衡（*dopamine behavior balance*）。

多巴胺行为平衡（DBB）*（*dopamine behavior balance**）：多巴胺刺激的平衡表现在个体寻求满足多巴胺释放及其愉悦效果的活动时，表现出的多巴胺行为平衡。

极好的（dope）：俚语，表示优秀或令人敬畏；"极好的"或"火灾"的同义词。

人肉搜索（doxxing）：将他人的私人信息（如家庭住址）公之于众，意图对他人造成伤害的行为。

草稿箱（drafts section）：社交网络上一个私密的位置，在用户或网红将未来可能发布的帖子发布动态之前，这些内容会一直保存在这里。

接龙（duet）：在 TikTok 上，一个帖子包含一个视频与另一个视频相关联。

侏儒症（dwarfism）：一个人由于遗传或疾病导致的身材矮小。

表情符号（emoji）：表示一个人对某事或当前心理状态的情绪反应的小图像或图形。

共情（empathy）：与他人的情感联系，理解或感受他人情绪的能力。

参与（engage）：用户与内容创建者发布的内容进行交互的行为。另请参见参与（engagement）。

参与（engagement）：用户与创作者在内容之间的互动；这些表现形式包括浏览、点赞、评论、分享、个人资料查看、保存、回复、网站点击、电子邮件点击等。不同平台指标可能各异。另请参见参与和参与率（*engage and engagement rate*）。

参与率（engagement rate）：用户与创作者内容互动的指标；这种表达基于点击量、点赞量、评论量、分享量、个人资料点击量、保存量、回复量、网站点击量、电子邮件点击量等数量。需要分析的一些数据值可能包括：每天、每周、每月的增长；浏览、点赞、评论和分享的数量；以及用户观看视频所花费的时间和完全观看视频的用户百分比。一些公司拥有专有的算法来确定网红的总体参与率。另请参见指标（*metrics*）。

事实（fact）：一个可证实的、真实的陈述。

虚假账户（fake account）：一个网红、名人、个人或组织的社交媒体冒名顶替的个人资料。

虚假新闻（fake news）：故意或不知情地传播错误信息或虚假信息的误导性信息。

粉丝（fan）：完全忠诚于网红并与之互动的追随者。

筋膜炎（fascinoma）：一种奇特复杂的医学结节、生长或肿块。如果医学领域有一本术语词典，这个词就会出现在其中。

肥胖羞辱（fat shaming）：以体重或体型来羞辱别人的行为。另请参见羞辱（*shaming*）。

提词（平台动态）：一个社交媒体应用程序的小部件，它聚合主题内容，例如搜索一个单词，或者搜索前面有 # 或 @ 的单词，具体取决于平台。这个词很多也指用户在其账户上发布的内容。

平地论者（flat-earther）：地球是平的而不是圆的观点的现代支持者。

炫耀*（flexy*）：弯曲的形容词；炫耀的网络俚语。

功能性磁共振（fMRI）：利用磁振造影来测量神经元活动所引发之血液动力的改变，通常用于检查大脑中的血液动力变化的磁共振成像。另请参见磁共振成像（MRI）。

粉丝（follower）：在 TikTok、Instagram 和 Twitter 上选择进入创作者的账户并看到该账户内容的用户。

关注效率比*（follower efficiency ratio*）：一个账户的总视频点赞数除以给定时间段的新粉丝数。

粉丝团（followers）：在创作者账户上看到内容的一群人。

人云亦云（following the herd）：跟随大多数人的想法，而不是脱离自己的个人思维过程。

错失恐惧症（FOMO）：害怕错过。

大脑额叶（frontal lobe）：大脑皮层前面的部分，负责高级功能。

到你的页面（FYP）：请参阅 TikTok 到你的页面（TikTok FYP）。

阿尔法世代（Gen alpha）：2013 年至 2025 年出生的人。

X 世代（Gen X）：1965 年至 1980 年间出生的人。

Z 世代（Gen Z）：1997 年至 2012 年出生的人。

灰质 [gray (or grey) matter]：这部分大脑使人类能够控制记忆和运动，以及其他一些关键功能，包括情绪调节。

基本规则（ground rules）：在社交媒体中，个人（或家庭）用来监控和限制花费在社交上的时间的组织系统。

生长激素缺乏症（GHD）[growth hormone deficiency (GHD)]：参见侏儒症（*dwarfism*）。

刮痧（gua sha）：中国古代的石头，通常由石英或玉制成。一些网红误导用户，让他们相信这种宝石有改善下颌轮廓的特殊属性。研究表明，它可以改善肌肉酸痛。

习惯（habit）：重复进行的活动，其程度已成为第二天性或难以放弃。

黑客攻击（hack）：出于恶意目的对个人或组织的技术电子邮件、计算机、社交媒体提要、用户配置文件等进行恶意的攻击。

晕轮效应（halo effect）：名人的正面公众形象如何影响他人的思想或行为。

话题标签（hashtag）：在帖子中的单词或短语之前使用的符号#（井字号），以帮助扩大其影响力。

高认知商：有能力运用批判性思维技能，通过追求和分析现有的逻辑事实来区分现实和幻想。另请参阅低认知商和认知商（*low PI and Perceptual Intelligence*）。

Holcomb C3-R® 交联术（Holcomb C3-R® cross-linking）：一种非侵入性圆锥角膜手术，通过加强减弱的角膜纤维来稳定进一步的视力丧失。患者通常在第二天恢复正常的日常功能，没有任何副作用。另见圆锥角膜（*keratoconus*）。

全息图（hologram）：使用3D技术录制并以虚拟形式准确呈现的照片或视频图像。

痴心妄想*（hopeium*）："一厢情愿"的名词，由我的老朋友 Ari Galper 创造；这个词是关于毒品鸦片的恶作剧。

影响力（influence）：在社交媒体中，能让观众定期参与并能引发他们具体想法或行动的内容。另请参见受影响的、网红受众和网红（*influenced, influencee, and influencer*）。

受影响的（influenced）：在社交媒体中，网红受众在思想或行动上被网红打动的状态。另请参见影响力、网红受众和网红（*influence, influencee, and influencer*）。

网红受众＊（influencee＊）：被网红在思想或行动上感动的用户。

网红（influencer）：任何在社交媒体上拥有强大影响力的人，他们制作内容，拥有在线社群，与众多粉丝互动，并发布想法和建议，目的是引起受众的情绪反应和行为反应。另请参见影响力、受影响的和网红受众（*influence, influenced, and influencee*）。

网红品牌（influencer brand）：网红的身体或感知的表象，以及他们所代言的，或因他们而出名的。

网红营销（influencer marketing）：一种社交媒体营销，包括招揽和联系有影响力的人，以获得付费的品牌、产品或服务代言。

上网冲浪 [internet（the）]：一个看似无限的互联网络，用户可以在其上消费和发布信息，相互交流，并通过无数的网站和应用程序共享内容。

直觉（intuition）：一种无需有意识推理就能理解事物的能力。

圆锥角膜（keratoconus）：角膜向外凸起的一种状态，造成一系列视觉扭曲的情况。另见角膜和Holcomb C3-R® 交联术（*cornea and Holcomb C3-R® crosslinking*）。

儿童网红（kidfluencer）：一个是网红的孩子。另见影响力、受影响的、网红受众和网红。

左侧额叶（left frontal lobe）：见大脑额叶（*frontal lobe*）。

左伏隔核：见伏隔核（*nucleus accumbens*）。

LGBTQIA+：**性少数群体**，是女同性恋、男同性恋、双性恋、跨性别者、酷儿、双性人、无性恋者和更多性身份的缩写。

救生员（lifecaster）：具有特殊才能的人，如企业家、模特、演员、名人、运动员或政治家。

点赞（Like）：在社交媒体中，用户可以点击这个按钮来表达对某人帖子的赞赏。

大笑（lol）：大笑的首字母的缩写。

低认知商（low PI）：在区分幻想和现实时，批判性思维能力较弱，无法追求和分析现有的逻辑事实。另请参阅高认知商和认知商。（*high PI and Perceptual Intelligence*）

磁感应（magnetoreception）：一种使生物体能够探测磁场方向和其他特征的感觉。

磁共振成像（magnetic resonance imaging）：参见磁共振成像（*MRI*）。

恶意信息泄露（malinformation）：当个人或组织的私人信息被故意公开时。这可能涉及举报人的泄密、受害者内部圈子中的人的破坏或外部来源的黑客攻击。

货品（merch）：出于社交媒体目的，网红销售的产品（可能是品牌，也可能不是品牌），通常在他们的账户上或通过链接出售。

中脑皮层通路（mesocortical pathway）：进入大脑的四种多巴胺通路之一。该系统调节动机、情绪反应和其他功能。另见多巴胺（*dopamine*）。

中脑边缘系统通路（mesolimbic pathway）：进入大脑的四条多巴胺通路之一。该系统通常被认为是"奖励"途径，并调节学习和强化。另见多巴胺（*dopamine*）。

元（meta）：对我们的世界以及它之外的其他领域的引用；此外，Meta（大写 *M*）是 Facebook 和其他关联组织的总括名称。[4]

元宇宙（metaverse）：在数字空间中，人类作为化身参与应用程序和软件互动，并在虚拟世界中进行互动，包括与其他化身互动，以模拟一个全新的感知现实。

参数（metrics）：内容创建者可以使用数据值来确定他们与粉丝的互动水平。另请参见参与率（*engagement rate*）。

千禧一代（millennial）：1981年至1996年出生的人。

错误信息（misinformation）：无意中不正确的信息。它们可能包括拼写、翻译、日期和统计数据等内容。

超级网红*（MLI*）：一个宏观层面的网红，拥有相当于一个大国的人口规模的粉丝。发音为"m'lee"。

货币化（monetization）：从既定活动中产生收入的行为，比如网红（通过赞助、广告或订阅模式等渠道）从社交媒体中取得财务成功。

磁共振成像（MRI）：磁共振成像是用于测量身体结构的。功能磁共振成像和磁共振成像之间的区别在于后者扫描显示解剖结构，制成物体内部的结构图像，而功能性磁共振成像显示由大脑活动引起的血液动力的改变。另请参见功能性磁共振（*fMRI*）。

吃播（mukbang）：这个词由韩语mukja（我们吃吧）和bang song（广播）组合而成，起源于韩国，指的是人们在社交媒体上狂吃大量食物，而其他人则在观看。[5]

多元宇宙（multiverse）：当一组虚拟的人物通过魔法、法术或其他宇宙的强大力量，与另一组在不同的现实或虚拟世界中沿着不同的时间线存在的自己（加上他们的敌人和其他人）相遇时。

神经元的（neuronal）：神经元的形容词形式。

神经元（neurons）：传递冲动的神经细胞。

神经递质（neurotransmitter）：一种担当"信使"的化学物质，在人体神经系统中传递信号。

黑质纹状体通路／黑质（nigrostriatal pathway）：进入大脑的

四种多巴胺通路之一。这一系统影响躯体的随意运动。另见多巴胺（*dopamine*）。

不是谎言（not cap）：在社交媒体上，对某一件事是真实的声明。

通知（notification）：设备上的警报，如嗡嗡声、铃声、振动或音乐，提醒用户事件或通知他们在平台动态或其他地方发生了什么问题。

伏隔核（nucleus accumbens）：大脑中参与动机和行动（运动功能）的一部分，与处理和衡量奖励有关，这可能在成瘾中起作用。

过度分享（oversharent）：当父母在社交媒体上披露了太多关于孩子的个人敏感信息细节时。另请参见晒娃族（*sharent*）。

拟社会关系（PSR）[parasocial relationship（PSR）]：在社交媒体中，当粉丝与网红联系紧密，以至于他们将情感联系解释为现实生活中的关系时，就会出现这种情况。[6]

感知（perception）：使用感官（视觉、听觉、触觉或味觉）来意识到某物的能力。

认知商（PI）[Perceptual Intelligence（PI）]：一个人通过追求和分析现有的逻辑事实，运用批判性思维技巧区分现实和幻想的能力。另请参见批判性思维（*critical thinking*）。

头像（pfp）：用户为其账户选择的头像。

PI：参见认知商（*Perceptual Intelligence*）。

堆积（pile on）：在社交媒体中，当大量用户对帖子（或评论）发表负面评论时，通常是出于侮辱、回避、尴尬、恶意攻击或取消关注某人的目的。

平台（platform）：旨在促进用户参与的社交媒体应用程序；该

术语也可以用来指代网红或用户账户的整个账户范围，包括营销或宣传覆盖的范围。

发布内容（post）：作为社交媒体世界中的一个名词，它指的是添加到用户提要中的任何内容（如文本、照片、视频或画像）。在动词形式中，"发布"意味着在平台动态上提供内容的行为。

人（ppl）：人的缩写。

楔前叶（precuneus）：大脑中参与记忆和感知等功能的部分。

隐私（privacy）：在社交媒体中，这意味着用户有权对部分或所有其他用户隐藏个人信息（例如个人资料详细信息）；帖子也可以被视为私人信息，只对特定人群开放。每个社交媒体平台对于他们可以与第三方（比如营销人员）分享哪些数据点都有不同的规则。另请参阅服务条款（terms of service）。

个人资料（profile）：用户账户上的信息，通常包括个人事实。用户决定他们愿意分享什么信息。

公共服务公告（PSA）：公共服务公告的首字母缩写。

拟社会关系（PSR）：参见"拟社会关系"（parasocial relationship）。

脸（punim）：意第绪语中表示一个人的脸的意思。这个词最常用于表达感情，例如祖父母对年幼的孩子称赞道："你有这么漂亮的脸蛋！"

目的（purpose）：一种强烈的激励因素，有时被称为一个人选择做某事或创造某事的原因。

反应视频（reaction video）：在重新发布之前与原始帖子进行后续接龙或拼接的视频。

实时（real time）：在虚拟世界中，这是指可以被其他人实时观看的事件或动作。

附录 A

相关性（relatability）：网红理解和联系用户的能力，并能够表现出同理心。另请参见真实性（authenticity）。

再分享（reshare）：当用户或网红在他们的账户上转发内容时。

右额叶（right frontal lobe）：见额叶（frontal lobe）。

屏幕时间（screen time）：一个人在电子设备上花费的分钟数或小时数。

滚动/浏览（scroll）：在社交媒体中，这是一个动词，指向上或向下移动光标以查看用户或网红的平台动态消息的行为。

自拍（scroll）：通常用智能手机拍摄自己的照片，用于在社交媒体上发布。

羞辱（shaming）：使某人感到羞耻或不称职。另见脂肪羞辱和荡妇羞辱（fat shaming and slut shaming）。

共享［share（sharing）］：从网红或其他用户中转发内容的行为。

晒娃族（sharent）：在社交媒体上公开披露孩子信息的行为。另请参见过度分享（oversharent）。

塞壬（sirens）：在古希腊神话中，这些美丽的少女半裸地坐在岸边的岩石上，唱歌引诱水手。这种催眠效果会导致船员们将船只引导到浅水、多岩石的水中，并经常导致船只坠毁。在荷马史诗《奥德赛》中，奥德修斯遇到了塞壬。对应现代版的就是钓鱼帖子。

荡妇羞辱（slut shaming）：基于感觉到的或真实的性行为而羞辱一个人的行为。另请参见羞辱（shaming）。

社交媒体（social media）：通过异步虚拟社群和网络促进信息、思想、兴趣和其他表达形式的创造和共享的互动技术。另请参见异步和同步（asynchronous and synchronous）。

社交媒体成瘾（social media addiction）：当一个人在情感上依

265

赖社交媒体，以至于对日常生活、功能和关系产生不利影响时。

社交媒体参与（social media engagement）：参见参与（*engagement*）。

社交媒体代号（social media handle）：个人或组织的用户名。某些平台，如 TikTok 和 Instagram，需要在名称前添加 @ 符号。

垃圾邮件（spam）：垃圾邮件是可能通过电子邮件、用户社交媒体动态和私信中出现的数字垃圾邮件。

赞助商［sponsor（sponsorship）］：从网红那里购买广告、代言的公司或个人。另请参见品牌（brand）。

拼接/缝合（stitch）：当一个用户或者网红在另一个用户或者网红的视频中添加了一个反应视频。

订阅者（subscriber）：选择成为某个特定内容创作者账户的粉丝的用户，在某些平台上，如 YouTube，订阅者就是粉丝的同义词。

订阅模式（subscription model）：一种社交媒体策略，其中网红向粉丝收取费用以获得独家内容。收费通常定期重复，粉丝可以选择退出。

超明星*（supernova*）：在本书的背景下，这是一个疯传的视频，视频点击量达到了天文数字。

同步（synchronous）：当两个或多个事件同时发生时。

速度恐惧症（tachophobia）：对（较高）速度的恐惧。

标签（tag）：在帖子中通过输入他人的社交媒体代号来识别他人或实体的行为。被标记的一方通常会收到被提及的通知。

人才经理（talent manager）：在社交媒体中，帮助网红向品牌方寻求赞助，来通过平台赚钱的专业人士。

服务条款（terms of service）：一个人在加入一个平台时必须签署的法律协议。这些条款通常提出平台的隐私规定，以及在应用程序上用户被许可的行为模式。

短信脖（text neck）：由于长时间低头看手机等电子设备而导致的颈部重复性压力损伤。

钓鱼帖（thirst trap）：一个以性为主题的社交媒体帖子，旨在吸引受众注意。

主线（thread）：在社交媒体中，来自不同用户的一系列消息，这些消息被组织成了一个对话，以回应帖子。它们都是相互联系的，且可以被观看。

TikTok 成瘾*（TikTok addiction*）：当个人在情感上依赖 TikTok，以至于对日常生活、正常社会功能能力或人际关系产生不利影响时。这个人会是 TikTokaholic。另请参见（*TikTokaholic*）。

TikTok 癖好者*（TikTokaholic*）：一个在情感上依赖 TikTok，以至于对日常生活、正常社会功能能力或人际关系产生不利影响的人。

TikTok 大咖（TikTok famous）：表示在 TikTok 上积累了大量粉丝的用户。

TikTok For You 页面（TikTok FYP）：在 TikTok 这个平台上的"For You 页面"。

流量（traffic）：在社交媒体中，在给定时间访问一个账户的用户和访问者的数量。

喷子（troll）：在提要上发表煽动性评论的人；通常，此人隐藏在匿名状态背后。

信任（值得信赖）[trust（trustworthy）]：当一个粉丝相信一个网红是诚实的、真实的，并且不隐瞒议程。

结节－漏斗通路（tuberoinfundibular pathway）：进入大脑的四种多巴胺通路之一。该系统通过脑下垂体调节催乳素分泌（负责女性的哺乳和乳房发育）。另见多巴胺（*dopamine*）。

用户（user）：拥有社交媒体账户的个人或组织。

用户名（username）：用户的账户名或社交媒体代号。

认证标识（verification）：用户姓名旁边的勾号复选标记，通常为蓝色的，表示网红、公众人物、名人或品牌的真实账户。另请参见已认证。

已认证（verified）：当一个社交媒体平台确认该账户真实地代表了网红人物、公众人物、名人或品牌，并在用户名旁边复选打勾标记（通常是蓝色的）。有些人认为这是一个信誉的标志，表明网红非常重要而足以吸引那些可能假冒网红的人。

观看量［view（s）］：在社交媒体语境中用作名词，这是用户每次点击帖子的时候产生的。

疯传（viral）：这个形容词用来形容一个视频变得非常受欢迎，并积累了大量的观看次数。

虚拟（virtual）：用来模拟真实世界的计算机软件，尽管通常是以创造性的方式。

视觉皮层（visual cortex）：大脑的主要部分，负责接收、加工编码和处理解读来自眼睛的视觉信息。

视频博客（vlog）：视频和博客（或日志）的组合；一系列重复出现的视频，其中一个人或组织向用户介绍思想、信念、活动、信息或某些技能。

视频博主（vlogger）：制作视频博客，并利用此类内容赚钱的人。

白质（white matter）：在大脑和脊髓中发现的神经细胞延伸的集合；其主要职责是传递信息。

觉醒（woke）：当一个人更强烈地意识到社会不公时。

时代精神［zeitgeist（zeitgeisty*）］：特定时期的精神或情绪；"一个时期或一代人的品味和面貌。"⁷

附录B

社交媒体常用表情符号的隐藏含义

1. 蓝色鸭舌帽：如果标记上这个帽子，暗指这个事情是假的。（我承认我有点偏爱这个词。）

2. 椅子：当在 TikTok 上为不知情的人制造混乱时，会发出搞笑或者大笑的声音。

3. 小丑脸：用来嘲笑或取笑用户的。

4. 小丑脸和棺材：与带十字骨的骷髅的意思相同，但较少使用。

5. 皇冠：高度赞扬说某人像"山羊"（GOAT，"史上最伟大的时刻"的首字母缩写）。

6. 双手合十：表达谢谢你或感恩。

7. 眼睛之间的嘴唇：看到一个令人震惊或意想不到的帖子。

8. 眼睛之间有眼泪的嘴唇：感到悲伤。

9. 摩埃石像：当某事不好笑时，面无表情的脸，说明笑话搞砸了。

10. 🤜 迎面而来的拳头：祝贺某人；或者，像现实生活中那样说"嗨"或"再见"。

11. 🥺 哀求的脸上带着大大的黑色"小狗狗"的眼睛：表示哀求。

12. 💀 骷髅和 ☠️ 带十字骨的骷髅：滑稽地暗示"我笑死了"。

13. 😎 戴墨镜的笑脸：某人或某事很酷很厉害，就像取得一项成就。

14. 👉👈 两只食指指尖并拢：用户害羞或以害羞的方式评论；有时也会加上 🥺 哀求表情来强调一下。

15. 🥺🦯 哀求表情和一个手杖横在脸前方的人：一个人没有看到某事或者忽略了它。

16. ✨两个闪光之间夹着词✨：是用来强调中间这个词的。

17. ✨✍️ 闪光和一个握笔的手：表示有些东西是有用的，并且在心理上得到重视。

参考资料来源于社交媒体表情汇总。[1]

注 释

题 记

1. Brandon Gaille.44 条激动人心的罗伯特·B.西奥迪尼语录［EB/OL］.（2016-02-05）［2023-09-08］. https://brandongaille.com/44-breathtaking-robert-b-cialdini-quotes/.

2. Quotefancy. 我不想影响任何人［EB/OL］.［2023-09-08］. https://quotefancy.com/quote/848920/Kim-Kardashian-I-m-not-trying-to-influence-anyone-else-I-m-not-saying-do-what-I-do-I.

前 言

1. A-Z Quotes. 我们嘲笑自己的未来［EB/OL］.［2023-09-08］. https://www.azquotes.com/quote/624677.

2. A-Z Quotes. 人们在被影响时进行了无意识的选择［EB/OL］.［2023-09-08］. https://www.azquotes.com/quote/789404.

导 言

1. 亚当·D. I. 克雷默. 通过 Facebook 传播的情感论文集［C］.

ACM 数字图书馆，2012.

2. 网红营销中心. 网红营销基准报告 2021［EB/OL］.［2023-09-08］. https://influencermarketing.com/ebooks/influencer_marketing_benchmark_report_2021.pdf.

3. Instagram. Coco pink princess 的页面［EB/OL］.［2023-09-08］. https://www.instagram.com/coco_pinkprincess/.

4. 凯莉·麦斯威尼. 这是 Instagram 上你的大脑：社交媒体对大脑的影响［EB/OL］.（2019-03-17）［2023-09-08］. https:/now.northropgrumman.com/this-is-your-brain-on-instagram-effects-of-social-media-on-the-brain/.

5. 劳伦·谢尔曼，帕特里夏·M. 格林菲尔德，利安娜·M. 埃尔南德斯，等. Instagram 的同辈影响力：对青少年和年轻人大脑和行为的影响［J］.《儿童发展》，2018，89（1）.

6. https://www.youtube.com/watch?v=AY8D28WCD6k.

7. https://www.instagram.com/waltergoodboy/?hl=en.

8. Dan Schawbel. 语录［EB/OL］.［2023-09-08］. https://danschawbel.com/quotes/.

第一章

1. Quotefancy. 我想感知和理解事物的隐藏力量和规律，以便将其掌握在我的手中［EB/OL］.［2023-09-08］. https://quotefancy.com/quote/957439/Salvador-Dal-I-want-to-perceive-and-understand-the-hidden-powers-and-laws-of-things-in.

2.《美国》杂志. 迄今为止我们所知道的关于 YouTube 明星詹姆斯·查尔斯与塔蒂·韦斯特布鲁克的世仇.［EB/OL］.（2020-06-30）

注 释

［2023-09-08］. https://www.usmagazine .com/celebrity-news/pictures/james-charles-tati-westbrook-feud-everything -we-know/.

3. 沃纳·盖泽尔. 什么是 TikTok？——目前发现增长最快的社交媒体应用［EB/OL］.（2021-06-11）［2023-09-08］. https://influencer-marketinghub.com/what-is-tiktok/.

4. 帕特·拉杜瑟. 我们比死亡更害怕什么［EB/OL］.（2013-09-12）［2023-09-08］. https://www.mentalhelp.net/blogs/what-we-fear-more-than-death/.

5. https://www.tiktok.com/@nnatalieaguilar?lang=en.

6. 哈瑞博. 品牌更新：高露洁纤细木炭牙刷会让你说"WhattheBlack"！［EB/OL］.（2014-11-06）［2023-09-08］. http://marketingpractice.blogspot.com/2014/11/brand-update-colgate-slimsoft charcoal.html.

7. 杰森·法尔斯. 影响力［M］. 尔湾：企业家出版社，2021.

第二章

1. Oxfordreference. 查尔斯·达尔文 1809-82 英国自然历史学家［EB/OL］［2023-09-08］. https://www.oxfordreference.com/view/10.1093/acref/9780191826719.001.0001/q-oro-ed4-00003457#:~:text=Charles%20Darwin%201809%E2%80%9382&text=Ignorance%20more%20frequently%20 begets%20confidence,never%20be%20solved%20by%20science.

2. 罗伯特·B. 西奥迪尼. 影响力：说服心理学（新增及扩展版）［M］. 纽约：哈珀商业出版社，2021.

3. 艾梅·奥尔蒂斯. Peloton 广告被批评为性别歧视和反乌托

邦［N/OL］.纽约时报，2019-12-03［2023-09-08］. http:［3］/www.bjyouth.com.cn/Bqb/20000412/GB/4216%5ED0412B1401.htm.

4. 龙杰姆·迪尼什沃里.刮痧不能给你一个更尖的下巴：常见的误解被揭穿［EB/OL］.（2021-06-11）［2023-09-08］. https://www.thehealthsite.com/beauty/skin-care/gua-sha-cannot-give-you-a-sharper-jawline-dr-rashmi-shettyra-debunks-misconceptions-about-this-beauty-tool-819246/.

5. 彼得·苏西欧.社交媒体与信仰的必要性［J/OL］.福布斯，2019［2023-09-08］. https://www.forbes.com/sites/petersuciu/2019/11/11/social-media-and-the-need-to-believe/?sh=739bd1d37bf3.

6. Mottchildren."莫特民意调查：近三分之二的母亲因为自己的养育技巧而感到羞愧"，［EB/OL］.［2023-09-08］. https://www.mottchildren.org/news/archive/201706/mott-poll-nearly-two-thirds-mothers-%E2%80%9Cshamed%E2%80%9D-others-about.

7. J.D.西姆金斯.空军老兵囤积了17 700瓶洗手液，却没有地方出售——悲伤！［N/OL］.空军时报，2020-03-17［2023-09-08］. https://www.airforceTimes.com/off-duty/military-culture/2020/03/17/air-force-vet-stay-with-177000-bottles-of-hand-sanitizer-with-no-place-to-sell-them-sad/.

8. 理查德·罗珀.《15分钟的羞耻：令人清醒的HBO大型档案》［N/OL］.芝加哥太阳报，2021-10-06［2023-09-08］. https:/Chicago.suntimes.com/movies-and-tv/2021/10/6/22710729/15-minutes-of-shame-review-hbo-max-movie-monica-lewinsky-documentary-matt-colvin-emmanuel-cafferty.

9. 卡罗琳·米勒.使用社交媒体会导致抑郁症吗［EB/OL］.

［2023-09-08］https://childmind.org/article/is-social-media-use-causing-depression/.

10. 雷米·布鲁门菲尔德.工作中的 Z 世代——害怕的八个理由［J/OL］.福布斯,2019［2023-09-08］.https://www.forbes.com/sites/remyblumenfeld/2019/10/15/gen-z-at-work8-reasons-to-be-afraid/?sh=18b33bf533a9.

11. 萨姆亚·阿格拉瓦尔.这个视频让男人们相信女人在经期过后会蜕皮［N/OL］.时代周刊,2021-05-13［2023-09-08］.https:/www.timesnownews.com/the-buzz/article/this-video-Has-convince-men-that-women-peel-their-skin-off-period-watch/756411.

12. 艾希莉·莫泽.公园城一家人与被盗狗狗团聚感谢社交媒体［EB/OL］.（2021-04-22）［2023-09-08］.https://ksltv.com/460476/park-city-family-reunited-with-stolen-dog-thanks-to-social-media/.

13. https://www.youtube.com/watch?v=Ed_Kxyqgp1c.

14. 瑞亚·阿罗拉.你的社交媒体帖子可以揭示你的健康状况［EB/OL］.（2019-06-23）［2023-09-08］.https://qrius.com/your-social-media-posts-can-be-reveal-your-health-condition-heres-how/.

15. 安德鲁·G.里斯,克里斯托弗·M.丹弗斯.Instagram 照片揭示了抑郁的预测标志［EB/OL］.［2023-09-08］.https://www.researchgate.net/publication/306186650_Instagram_photos_reveal_predictive_markers_of_depression.

16. 雷娜·穆卡迈.照片可以帮助诊断儿童的眼睛问题和挽救视力［EB/OL］.（2021-02-25）［2023-09-08］.https://www.aao.org/eye-health/tips-prevention/diagnosing-children-from-photographs.

第三章

1. 娜塔莉·穆勒.动物嗨起来：10个常见的醉鬼［J/OL］.澳大利亚地理杂志，2011［2023-09-08］.https://www.australiangeographic.com.au/topics/wildlife/2011/10/anims-getting-high-10common-drunks/.

2. 贝克·库鲁斯.班尼特的小袋鼠吃了罂粟种子［J/OL］.澳大利亚地理杂志，2015［2023-09-08］.https://www.australiangeographic.com.au/blogs/creatura-blog/2015/02/bennet-wallabies-get-high/.

3. 克里斯蒂·汉密尔顿.美洲虎尝到了Yage的致幻作用［EB/OL］.（2014-10-29）［2023-09-08］.https://www.iflscience.com/plants-and-animals/Jaguar-taste-hallucinogenic-effects-yage/.

4. 海蒂·费-汤普森.猫薄荷是什么？它对我的猫有什么影响［EB/OL］.［2023-09-08］.https://aercmn.com/what-is-catnip-what-does-it-do-to-my-cat/.

5. 埃德·尤恩，"为什么一只小哺乳动物有如此多的性爱，以至于它会分解"，国家地理，2013年10月7日，https://www.nationalgeographic.com/science/article/why-a-little-mammal-has-so-much-sex-that-it-disintegrates.

6. 萨克斯媒体.美国人选择智能手机而不是性［EB/OL］.［2023-09-08］.https://sachsmedia.com/poll-americans-choose-smartphones-over-sex/.

7. A-Z Quotes.当我们在智能手机上收到一个小脉冲信号时，我们的多巴胺水平也会得到一定提升。我们既兴奋，又期待。当我们感受到这一点时，我们就越来越想要这样做。所以我们看手机的时间越来越多。［EB/OL］.［2023-09-08］.https://www.azquotes.com/quote/

1136094

8. 简·M.特文奇.智能手机摧毁了一代人吗[J/OL].大西洋月刊,2017[2023-09-08].https://www.theatlantic.com/magazine/archive/2017/09/has-the-intelligent-destroyed-a-generation/534198.

9. 美国疾病预防控制中心.关于青少年怀孕[EB/OL].[2023-09-08].https://www.cdc.gov/teenpregnancy/about/index.htm.

10. 神经科学新闻.这是社交媒体上的青少年大脑[EB/OL].(2016-05-31)[2023-09-08].https://neurosciencenews.com/nucleus-accumbens-socialmedia-4348/.

11. 劳伦·E.谢尔曼,阿什利·A.佩顿,琳娜·M.埃尔南德斯,等.青春期喜欢的力量[J/OL].心理科学,2016[2023-09-08].https://www.ncbi.nlm.nih.gov/pmc/articles/PMC5387999.

12. 叶基洛,金井良太.高级媒体多任务活动与前扣带皮层中较小的灰质密度有关[J/OL].公共科学图书馆·综合,2014[2023-09-08].https://journals.plos.org/plosone/article?id=10.1371/journal.pone.0106698.

13. 莫娜·莫伊萨拉,维尔贾米·萨梅拉,艾玛·萨洛,等.听觉和视觉句子理解任务的分离和选择性注意过程中的大脑活动[J/OL].人类神经科学前沿,2015[2023-09-08].https://www.frontiersin.org/articles/10.3389/fnhum.2015.00086/full.

14. 道格拉斯·菲尔兹.电视会腐蚀你的大脑吗[J/OL].科学美国人,2015[2023-09-08].https://www.scientificamerican.com/article/does-tv-rot-your-brain/.

15. 李海延、杰里米·贾米森、哈里·里斯,等.在社交媒体上比其他人获得更少的"赞"会引起受害青少年的情绪困扰[J/OL].儿童发展, 2020 [2023-09-08]. https://www.researchgate.net/publication/344195460_Getting_Fewer_Likes_Than_Others_on_Social_Media_Elicits_Emotional_Distress_Among_Victimized_Adolescents.

16 艾比·赫弗林. 对于青少年来说，更多的屏幕时间意味着更少的幸福［EB/OL］.（2018-02-07）［2023-09-08］. https://coachingfederation.org/blog/teens-screen-time-equals-less-happiness.

17. 安东尼·L. 费舍尔. 社交媒体是寄生虫，它在榨干你的生命［EB/OL］.（2020-09-06）［2023-09-08］. https://www.businessinsider.com/deletesocial-media-phone-parasite-mental-health-instagram-twitter-facebook-2020-9.

18. 艾米·布拉施卡. 这就是为什么你需要关闭社交媒体通知［J/OL］. 福布斯, 2020［2023-09-08］. https://www.forbes.com/sites/amyblaschka/2020/09/21/this-is-why-you-need-to-turn-off-social-media-notifications/?sh=3ac9b506690a.

第四章

1. Reddit. 让你感觉良好，而不去关心一件事情的真伪，这在道德上也是糟糕的［EB/OL］.［2023-09-08］. https://www.reddit.com/r/quotes/comments/hgceeb/it_is_morally_as_bad_not_to_care_whether_a_thing/.

2. 艾琳·斯宾塞. 手枪虾的真正力量［EB/OL］.（2020-09-10）［2023-09-08］. https://oceanconservancy.org/blog/2020/09/10/pistol-shrimp

3. 亨利·H. 威尔默, 威廉·H. 汉普顿, 托马斯·M. 奥利诺, 等. 移动技术参与、跨期偏好与额纹状体白质连接性之间的联系［J/OL］.社会认知与情绪神经科学，2019［2023-09-08］.https://academic.oup.com/scan/article/14/4/367/5479340.

4. 伊森·S.布朗伯格-马丁，奥基希德·希科萨卡.中脑多巴胺神经元对即将到来的奖励信息的信号偏好［EB/OL］.（2009-07-16）［2023-09-08］.https://www.ncbi.nlm.nih.gov/ pmc/articles/PMC2723053/.

5. 莎拉·斯宾克斯.青少年的大脑正在进化［J/OL］.前线，2000［2023-09-08］.https://www.pbs.org/wgbh/pages/frontline/shows/teenbrain/work/adolescent.html.

6. 约翰·巴奇.不知不觉［M］.纽约：奥特里亚出版社，2018.

7. 罗素·D.罗密欧.青少年的大脑：压力反应和青少年的大脑［J/OL］.心理科学当前趋势，2013［2023-09-08］.https://www.ncbi.nlm.nih.gov/pmc/articles/PMC4274618/.

8. 布莱克·特尼尔·劳埃德.青少年身份认同、媒体影响和社会发展研究概念框架［J/OL］.普通心理学评论，2002［2023-09-08］.https://journals.sagepub.com/doi/10.1037/1089-2680.6.1.73；辛西娅.霍夫纳，玛莎-布坎南.年轻人对电视角色的一厢情愿的认同：感知相似性和角色属性的作用［J/OL］.媒体心理学，2005［2023-09-08］.https://www.tandfonline.com/doi/abs/10.1207/S1532785XMEP0704_2.

9. 卡罗琳娜·马丁内斯，托拜厄斯·奥尔森.理解 YouTube 网红：瑞典儿童如何将 Misslisibell 构建和协商为女童名人［J/OL］.儿童与媒体杂志，2019［2023-09-08］.https://www .tandfonline.com/doi/full/10.1080/17482798.2018.1517656.

10. 莫杰克·德·威尔曼，李斯洛特·赫德斯，米歇尔·R.纳尔逊，等.什么是网红营销？它是如何针对儿童的？未来研究的回顾与方向［J/OL］.心理学前沿，2019［2023-09-08］.https://www.

frontiersin.org/articles/10.3389/fpsyg.2019.02685/full.

11. Misterrogersneighborhood.关于弗雷德·罗杰斯[EB/OL]. (2009-07-16)[2023-09-08]. https://www.misterrogers.org/about-fred-rogers/.

12. NPR.9岁男孩被评为2020年收入最高的YouTube明星[EB/OL].(2020-12-24)[2023-09-08]. https://www.npr.org/2020/12/24/949926198/9-year-old-boy-is-named-highest-earning-youtube-star-of-2020.

13. Truthinadvertising.瑞安玩具评论目标学龄前儿童违反联邦贸易委员会法[EB/OL].[2023-09-08]. https://truthinadvertising.org/articles/ryan-toysreview-targets-preschoolers-in-violation-of-ftc-law/.

14. 莫杰克·德·威尔曼,施特菲德·贾恩,伊丽莎白·范·登·阿比勒,等.揭开社交媒体网红的力量:一项关于青少年网红作为社交媒体上商业内容创造者的定性研究[J/OL].社交媒体网红的管理,2020[2023-09-08]. https://www.researchgate.net/publication/342025696_Unravelling_the_power_of_social_media_influencers_a_qualitative_study_on_teenage_influencers_as_commercial_content_creators_on_social_media.

15. 卡鲁·沙玛.别开玩笑了,6~12岁年龄段的儿童网红是如何吸引品牌的[EB/OL].(2020-01-24)[2023-09-08]. https://www.businessinsider.in/advertising/ad-tech/article/no-kidding-how-kids-influencers-in-the-age-group-of-6-12-are-wooing-brands/articleshow/73560858.cms.

16. 玛丽安·弗里斯塔德,彼得·赖特.说服知识模型:人们如何应对说服尝试[J].消费者研究杂志,1994,21(1).

17. 李斯洛特 - 赫德斯，皮耶特·德波夫，维罗琳·考伯格. 揭示广告素养如何影响儿童对嵌入式广告格式的处理：一个未来的研究议程［J/OL］. 广告杂志，2016［2023-09-08］. https://www.researchgate.net/publication/311310928_Shedding_New_Light_on_How_Advertising_Literacy_Can_Affect_Children's_Processing_of_Embedded_Advertising_Formats_A_Future_Research_Agenda.

18. 杰辛达·桑托拉.2021年100位网红营销统计［EB/OL］.（2021-09-07）［2023-09-08］. https://influencermarketinghub.com/influencer-marketing-statistics/.

19. 泰勒·穆尼. 公司从儿童网红身上赚了数百万，法律却没有跟上［N/OL］. 哥伦比亚广播公司新闻，2019-08-26［2023-09-08］. https://www.cbsnews.com/news/kid-influencers-companies-make-millions-law-hasnt-kept-up-cbsn-originals/.

20. 拉里·马吉德. 研究：92%的美国两岁儿童有在线记录［N/OL］.CNET,2010-08-26［2023-09-08］. https://www.cnet.com/tech/services-and-software/study-92-of-u-s-2-year-olds-have-online-record/.

21. 汉内克·亨德里克斯，丹妮 - 威尔森，维姆·范达伦，等. 想象我喝酒：Instagram网红在年轻人中流行的与酒有关的帖子［J/OL］. 心理学前沿，2019［2023-09-08］. https://europepmc.org/article/med/32038379.

22. 范克·格森斯，卡布拉尔·A.比格曼 - 加里莫尔，凯瑟琳·贝伦. 分享和接触酒精与饮酒意图之间关系的跨文化比较［J/OL］. 新媒体与社会，2020［2023-09-08］. https://journals.sagepub.com/doi/full/10.1177/1461444819860057.

23. 美国疾病预防控制中心. 国家糖尿病统计报告2020［R/OL］

〔2023-09-08〕. https://www.cdc.gov/diabetes/pdfs/data/statistics/national-diabetes-statistics-report.pdf.

24. 美国疾病控制与预防中心. 儿童超重和肥胖〔EB/OL〕.（2021-08-30）〔2023-09-08〕. https://www.cdc .gov/obesity/childhood/index.html#:~:text=1%20in%205%20children%20 and,than%20what%20is%20considered%20healthy.

25. 安娜·E. 科茨，夏洛特·A. 哈德曼，贾森·C.G. 哈尔福德，等. 社交媒体网红营销和儿童食物摄入：随机试验〔J/OL〕. 儿科学，2019〔2023-09-08〕. https://publications.aap.org/pediatrics/article/143/4/e20182554/37177/Social-Media-Influencer-Marketing-and-Children-s.

第五章

1. 巴特勒. 魔法师的神话〔M〕. 剑桥：剑桥大学出版社，1993.

2. Quotetab. 眼所见，耳所闻，心所信〔EB/OL〕.〔2023-09-08〕. https://www.quotetab.com/quote/by-harry-houdini/what-the-eyes-see-and-the-ears-hear-the-mind-believes.

3. https://www.tiktok.com/@footdocdana/video/7010890753870155013.

4. Mashable. 网红推广加密货币的阴暗世界〔N/OL〕. Mashable, 2021-06-25〔2023-09-08〕. https://mashable.com/article/ influencers-altcoin-scams.

5. 约翰·巴奇. 不知不觉〔M〕. 纽约：奥特里亚出版社，2018.

6. 科技日报. 科学表明，吸引力在工作中会得到回报——但是有一个技巧可以让竞技场公平起来〔N/OL〕. 科技日报，2021-08-27〔2023-09-08〕. https://scitechdaily.com/science-shows-attractiveness-

pays-off-at-work-butthercs-a-trick-to-level-the-playing-field/.

7. 奥姆里·瓦拉赫. 社交媒体平台上的世界 50 大网红［EB/OL］.（2021-05-14）［2023-09-08］. https://www.visualcapitalist.com/worlds-top-50-influencers-across-social-media-platforms/.

8. 阿什利·布彻. 从莱昂纳多·迪卡普里奥到乔纳·希尔，15 位曾被身体羞辱的男星［N/OL］.The Wrap,2021-10-15［2023-09-08］. https://www.thewrap.com/male-stars-actors-body-shamed-vin-diesel-leonardo-dicapriophotos/.

9.Knowyourmeme. 向伊朗投放莉佐［EB/OL］.［2023-09-08］. https://knowyourmeme.com/memes/dropping-lizzo-on-iran.

10. 比利·佩里戈.Instagram 让青少年女孩憎恨自己。那是一个错误还是一个特点［EB/OL］.（2021-09-16）［2023-09-08］. https://time.com/6098771/instagram-body-image-teen-girls/.

11. 玛丽娜·皮托夫斯基. 报告声称：Facebook 管理者知道 Instagram 会对青少年的心理健康产生负面影响［N/OL］. 今日美国，2021-09-14［2023-09-08］. https://www.usatoday.com/story/tech/2021/09/14/facebook-knew-instagram-could-bad-teens-mental-health/8340578002/.

12. 艾丽森·邱. 为什么挪威专家说修改照片无助于解决体象问题［N/OL］. 华盛顿邮报，2021-07-08［2023-09-08］. https://www.washingtonpost.com/lifestyle/wellness/photo-edit-social-media-norway/2021/07/08/f30d59ca-df2c-11eb-ae31-6b7c5c34f0d6_story.html.

13．https://www.tiktok.com/@brianboxerwachlermd/video/6921479035411287302?lang=en&is_copy_url=1&is_from_webapp=v1.

14. 凯特·门罗. 与新的社交媒体明星见面，让他们成为消除网红文化的爱好者［EB/OL］.（2020-08-13）［2023-09-08］. https://www.refinery29.com/en-us/2020/08/9961712/social-media-accounts-ending-influencer-culture.

15.Merriam Webster.Fact［EB/OL］.［2023-09-08］. https://www.merriam-webster.com/dictionary/fact.

16. 亚历山德罗·博格利亚.网红营销和联邦贸易委员会条例［N/OL］.福布斯,2020-12-02［2023-09-08］. https://www.forbes.com/sites/forbesagencycouncil/2020/12/02/influencer-marketing-and-ftc-regulations/?sh=4c647d51566e and https://www.forbes.com/sites/davidkroll/2015/08/11/fda-spanks-drug-maker-over-kim-kardashian instagram-endorsement/?sh=668d7b39587b.

17. 海登·菲尔德."网红欺诈"让公司损失数百万美元。一个人工智能驱动的工具现在可以显示谁花钱提高了他们的参与度［EB/OL］.（2019-04-04）［2023-09-08］. https://www.entrepreneur.com/article/331719.

18. 安娜·伊丽莎白·科茨,夏洛特·爱丽丝·哈德曼,杰森·克里斯蒂安·格罗文诺·哈福德.网红营销食品和"保护性"广告披露对儿童食品摄入量的影响［J/OL］.儿童肥胖，2019［2023-09-08］. https://onlinelibrary.wiley.com/doi/abs/10.1111/ijpo.12540.

19. 联邦贸易委员会.社交媒体用户的101条披露声明［EB/OL］.（2019-11）［2023-09-08］. https://www.ftc.gov/system/files/documents/plain-language/1001a-influencer-guide-508_1.pdf.

20. 泰勒·洛伦茨.Instagram上冉冉升起的明星们正在发布假的赞助内容［N/OL］.大西洋月刊,2018-09-18［2023-09-08］. https://www.theatlantic.com/technology/archive/2018/12/influencers-are-faking-

brand-deals/578401/.

第六章

1. Clip Cafe. 我从没这么近距离看过人［EB/OL］.［2023-09-08］. https://clip.cafe/the-little-mermaid-1989/ive-never-seen-a-human-closebefore/.

2. 杰斯林·希尔兹. 旅鼠集体跳下悬崖是一个神话［EB/OL］.（2020-07-20）［2023-09-08］https://animals.howstuffworks.com/mammals/lemmings.htm.

3. 道尔顿·库珀. 关于禁止 TikTok 的内容创建者和 Twitch Streamer Onlyjayus 的请愿书正在爆炸［EB/OL］.（2021-06-17）［2023-09-08］https://gamerant.com/onlyjayus-petition-tiktok-ban/.

4. Change. 禁止 OnlyJayus 进入 TikTok［EB/OL］.（2022-01）［2023-09-08］https://www.change.org/p/tiktok-social-media-ban-onlyjayus-from-tiktok.

5. 同第六章第 3 条.

6. 昆汀·福特雷尔. 研究表明名人自杀后几个月自杀率上升［N/OL］. 市场观察, 2018-06-10［2023-09-08］. https://www.marketwatch.com/story/there-was-a-10-rise-in-suicides-after-the-death-ofrobin-williams-2018-02-08.

7. M. S. 古尔德, S. 沃伦斯坦, M. H. 克莱恩曼. 自杀集群：对特定年龄的影响的研究［J］. 美国公共卫生杂志, 1990, 80（2）.

8. 马修·S. 施瓦茨. 研究显示，网飞公司的《十三个原因》首播后，青少年自杀率飙升［N/OL］. 美国国家公共电台, 2019-04-30［2023-09-08］. https://www.npr.org/2019/04/30/718529255/teen-suicide-

spiked-after-debut-of-netflixs-13- reasons-why-report-says.

9. 艾伦·莫泽斯. 随着社交媒体时代的到来，青少年女孩的自杀风险也在上升［N/OL］. 美国新闻，2021-02-26［2023-09-08］. https://www.usnews.com/news/health news/articles/2021-02-16/as-social-media-time-rises-so-does-teen-girls-suicide-risk.

10. 瑟琳娜·戈登.Instagram 上的"自残"帖子助长了模仿行为［N/OL］. 芝加哥论坛报,2019-06-05［2023-09-08］. https://www.chicagotribune.com/lifestyles/health/sc-hlth-instagram-self-harm-posts-0626-story.html; 阿内里·帕塔尼.Instagram 和自残：研究表明，三分之一的青少年看到切割自残的图片会自己尝试［N/OL］. 费城询问报，2019-05-28［2023-09-08］. https://www.inquirer.com/health/instagram-cutting-self-harm-social-media-mentalhealth-20190528.html.

11. 福里斯特·桑德斯. "盐和冰的挑战"让爱荷华州的孩子们严重烧伤［EB/OL］.（2019-01-25）［2023-09-08］https://www.kcrg.com/content/news/Saltand-ice-challenge-leaves-Iowans-with-severe-burns--504847271.html.

12. 阿龙·翁德沃森·方达耶，安妮·T.M. 康克尔. 女性生殖器切割的社会媒体表现：YouTube 分析［J/OL］. 妇女健康，2020［2023-09-08］. https://journals.sagepub.com/doi/full/10.1177/1745506520949732.

13. 卡丽·亨尼卡特，"社交媒体引发饮食失调的五种方式"，克莱门特，2020 年 3 月 13 日, https://clementineprograms.com/social-media-trigger-eating-disorder/.

14. 大卫·科恩.TikTok，鸽子在身体包容性和接受性上的联合力量［N/OL］. 广告周刊,2021-05-13［2023-09-08］. https://www.adweek.com/social-marketing/tiktok-dove-join-forces-on-body-inclusivity-and-

acceptance/.

15. https://vm.tiktok.com/ZMdqFJYoX/；梅丽莎·马修斯.这些病毒式的"吃播"明星以牺牲自己的身体为代价大吃特吃［EB/OL］.（2019-01-18）［2023-09-08］https://www.menshealth.com/health/a25892411/youtube-mukbang-stars-binge-eat/.

16. https://www.youtube.com/user/NikocadoAvocado.

17. 苏文云，姜贤珠，李红梅.非食品和营养专业的大学生观看吃播和烹饪的状态和饮食生活［J/OL］.营养研究和实践，2020［2023-09-08］.https://pubmed.ncbi.nlm.nih.gov/32528634/.

18. 蒂莫西·贝拉.牛奶箱病毒式挑战让人们受伤。医生们恳求他们停止［N/OL］.华盛顿邮报，2021-08-24［2023-09-08］https://www.washingtonpost.com/technology/2021/08/24/milk-crate-challenge/.

19. 公共卫生.疫苗神话被揭穿［EB/OL］.［2023-09-08］https://www.publichealth.org/public-awareness/understanding-vaccines/vaccine-myths-debunked.

20. 多哈·莫达尼.火焰节组织者比利·麦克法兰因欺诈罪被判处六年有期徒刑［N/OL］.NBC新闻，2018-10-11［2023-09-08］https://www.nbcnews.com/news/us-news/fyre-festival-organizer-billy-mcfarlandsentenced-6-years-fraud-charges-n919086.

21. 克劳迪娅·罗森鲍姆.IMG模特，贝拉·哈迪德，海莉·比伯等将返还170万美元Fyre节庆促销费的一小部分［N/OL］.公告牌，2020-08-26［2023-09-08］https://www.billboard.com/pro/bella-hadid-hailey-bieber-icm-models-fyrefestival-settlement/.

22. 雷切尔·梅斯.一个TikTok上的深度冒牌汤姆·克鲁斯是如何变成一个真正的人工智能公司的［N/OL］.CNN商业版，2021-

08-06［2023-09-08］https://www.cnn.com/2021/08/06/tech/tom-cruise-deepfake-tiktok-company/index.html.

23. 萨拉·里默. 问与答：律师事务所的丹妮尔·西特隆警告说，深度伪造视频可能破坏2020年大选［J/OL］. 今日波士顿大学报，2019［2023-09-08］. https://www.bu.edu/articles/2019/qa-laws-danielle-citron-warns-that-deepfake-videos-could-undermine-the-2020-election/.

24. Quotefancy. 出于善意做出的糟糕决定仍然是糟糕的决定［EB/OL］.［2023-09-08］https://quotefancy.com/quote/1140010/James-C-Collins-Bad-decisions-made-with-good-intentions-are-still-bad-decisions.

第七章

1. Quotenova. 我热爱演艺事业［EB/OL］.［2023-09-08］https://www.quotenova.net/authors/richard-pryor/qdkpap.

2. 基拉·马丁.《星际迷航》男主角乔治·竹井是如何在70年代成为社交媒体的红人的［N/OL］. 娱乐圈备忘单，2020-06-06［2023-09-08］https://www.cheatsheet.com/entertainment/how-original-star-trek-actor-george-takei-became-a-social-media-sensation-in-his-70s.html/.

3. 埃特尔卡·莱霍茨基. 乔治·竹井回忆起《他们称我们为敌人》中在美国拘留营的时光［N/OL］. 美国国家公共电台，2019-07-17［2023-09-08］https://www.npr.org/2019/07/17/742558996/george-takei-recalls-time-in-an-americaninternment-camp-in-they-called-us-enemy.

4. 瑞克·马歇尔.《星际迷航》偶像乔治·竹井谈社交媒体、多样性和发现［EB/OL］.（2018-08-08）［2023-09-08］https://www.digital-trends.com/movies/george-takei-star-trek-interview/.

5. 索菲·麦克沃伊. 杰奎琳·希尔化妆品系列争议的解释［EB/

注 释

OL］.（2021-04-05）［2023-09-08］https://www.thelist.com/374133/the-jaclyn-hill-makeup-line-controversy-explained/.

6. 莱拉·伊拉奇.杰奎琳·希尔的化妆品牌事件：你需要知道的一切［N/OL］.美国女装日报，2019-01-02［2023-09-08］https://wwd.com/fashion-news/fashion-scoops/jaclyn-hill-cosmetics-lipstick-controversy-everything-to know-1203212382/.

7. 西沃恩·麦根辰.一个坏影响［EB/OL］.（2020-05-29）［2023-09-08］https://the-gist.org/2020/05/a-bad-influence/; Julie Mazziotta, "Are the Kim Kardashian–Endorsed Appetite Suppressant Lollipops Safe? A Nutritionist Weighs In," People, May 17, 2018, https://people.com/health/kim-kardashian-endorsed-appetite-suppressing-lollipops-safe/.

8. 考特尼·杰克逊.金·卡戴珊说她会控制孩子的社交媒体使用［N/OL］.娱乐圈备忘单，2019-10-09［2023-09-08］https://www.cheatsheet.com/entertainment/kim-kardashian-west-says-shell-keep-her-kids-social-media-use-in-check.html/.

9. https://www.youtube.com/watch?v=Qe6ZQP1_TnY.

10. 法努埃尔·兰皮奥，黛比·克罗姆，斯蒂芬·S.杜普莱西.非洲白参对人类精子运动参数的体外影响［J］.本草疗法研究，2008，22（9）.

11. 皮埃尔·沃克，马克-奥雷尔辰盖·图恩奇·加特楚恩，帕特里克·布赖斯.非洲白参、树叶龙血草和锈色土密树混合物对正常和糖尿病前期雄性大鼠的性兴奋作用［J］.基础与临床生理学与药理学杂志，2019，30（4）；皮埃尔·沃克，皮埃尔·凯淳，斯莱斯特 D.宿肯.非洲白参根在雄性大鼠中的雄性效应［J］.亚洲男性学杂志，2004，6（3）；O.奎西，O.N.K.马泰，A.K.尼亚科.白色念珠菌对家兔阴茎勃起的调节作用：可能的作用机制［J］.非洲传统、补充和替代药物杂志，2010，7（3）；皮埃尔·沃克、皮埃尔·凯淳，斯莱斯特 D.宿肯.白色念珠菌对雄性白化大鼠抗生精和抗生育活性的影响［J］.本草疗法研究，2001，15（1）.

12.阿克拉姆·阿黑那，阿里阿克巴·奥然，哈米德·瑞，等.牛蒡水提物对烟酰胺/链脲佐菌素诱导的 2 型糖尿病雄性小鼠促性腺激素、睾酮、精子计数及活力的影响［J］.马来西亚医学科学杂志，2015，22（2）.谭云军，任玉山，高雷，等.牛蒡素 28 天口服大鼠慢性毒性研究［J/OL］.药理学前沿，2016［2023-09-08］.https://pubmed.ncbi.nlm.nih.gov/30319414/.

13.麦肯齐·辛姆夫，托马斯·乌尔默，休·希勒.摄入或吸入蓝莲（优钵罗花）后的毒性：个案系列［J/OL］.军医，2021［2023-09-08］.https://pubmed. ncbi.nlm.nih.gov/34345890/.

14. https://youtu.be/Qe6ZQP1_TnY.

第八章

1. Brainyquote.Christian Lous Lange 语录［EB/OL］.［2023-09-08］https://www.brainyquote.com/quotes/christian_lous_lange_335254.

2.艾米·维特尔.想要更有效率？像野生动物一样思考［EB/OL］.（2018-03-23）［2023-09-08］https://www.inc.com/amy-vetter/3-thingslions-tigers-bears-can-teach-you-about-productivity.html.

3.大卫·马拉科夫.分心致死［EB/OL］.（2011-03-19）［2023-09-08］https://www.conservationmagazine.org/2011/03/death-by-distraction/.

4.戴夫·查菲.2022 年全球社交媒体统计研究摘要［EB/OL］.

（2021-12-06）[2023-09-08] https://www.smartinsights.com/socialmedia-marketing/social-media-strategy/new-global-social-media-research/.

5. 克里斯蒂娜·高夫.2009年至2020年美国人花在运动、锻炼和娱乐上的平均时间[EB/OL].（2021-07-09）[2023-09-08] https://www.statista.com/statistics/189535/daily-average-time-spent-on-sports-andexercise-in-the-us/.

6. 莎拉·菲尔丁.根据三位性治疗师的观点，夫妻应该多久做爱一次[EB/OL].（2020-08-11）[2023-09-08] https://www.insider.com/how often-do-couples-have-sex.

7. 布伦丹·奇科.性爱通常持续多长时间[EB/OL].（2016-04-03）[2023-09-08] https://theconversation.com/how-long-does-sex-normally last-56432.

8. 我们来计算一下：2小时27分钟（平均在线时间）等于147分钟。如果我们把147乘以6（社交媒体上没有性生活的天数），总数等于14.7小时（882分钟）。比方说，第七天是每周的性行为时间，四十五分钟，也就是说，在社交媒体上花费的时间比做爱多约14个小时（837分钟）。

9. 艾米丽·怀特.《社会困境》中的6句令人不寒而栗的话[EB/OL].（2020-11-23）[2023-09-08] https://usustatesman.com/six-chilling-quotes-from-the-social-dilemma/.

10. 布雷克·德罗什.你对网红营销的看法是什么[EB/OL].（2019-08-26）[2023-09-08] https://www.emarketer.com/content/your-brain-on-influencers-neuroscience-study-explains-the-effects-of-influencermarketing.

11. 美国儿童和青少年精神病学学会.社交媒体与青少年[EB/

OL］.［2023-09-08］https://www.aacap.org/AACAP/Families_and_Youth/Facts_for_Families/FFF-Guide/Social-Media-and-Teens-100.aspx#:~:text=Social%20media%20plays%20a%20big,media%20site%20at%20least%20dail.

12. 本·戴维斯．社交媒体如何分散我们对现实生活的注意力［EB/OL］.（2021-05-31）［2023-09-08］https://www.mvorganizing.org/how-does-social-media-distract-us-from-real-life/.

13. 尼克·哈兹里格．调查：近一半的学生因科技分心［EB/OL］.（2019-07-10）［2023-09-08］https://www.insidehighered.com/digital-learning/article/2019/07/10/survey-shows-nearly-half-students distracted-technology.

14. 艾伦·莫泽什．研究：97%的大学生在课堂上被手机分心［EB/OL］.（2016-02-02）［2023-09-08］https://eab.com/insights/daily-briefing/academic-affairs/study-97-of-college-students-are-distracted-by-phones during-class/.

15. 玛莎·C.怀特．这些是美国最大的生产力杀手［EB/OL］.（2015-06-16）［2023-09-08］https://time.com/3919680/productivity/.

16. 史蒂夫·托德．职场社交媒体的25个问题［EB/OL］.［2023-09-08］https://opensourcedworkplace.com/news/25-problems-with-social-media-in-the-workplace-employee-and-employeradverse-effects.

17. 泰勒·洛伦兹．年轻的创作者正在耗尽精力和崩溃［N/OL］.纽约时报，2021-09-11［2023-09-08］https://www.nytimes.com/2021/06/08/style/creator-burnout-social-media.html.

18. 丽贝卡·贾维斯，泰勒·邓恩，艾丽卡·斯科特．网络明星"胖犹太人"所说的社交媒体的终结［N/OL］.ABC新闻，2016-06-30

［2023-09-08］https://abcnews.go.com/Business/end-social-media-told-internet-star-fat-jewish/story?id=40232487.

第九章

1. Nosweatshakespeare.闪闪发光的未必都是金子［EB/OL］.［2023-09-08］https://nosweatshakespeare.com/quotes/famous/all-that-glitters-is-not-gold/.

2. 奥斯卡·施瓦茨.我的黑暗之旅，一个Z世代导师的催眠世界［N/OL］.卫报，2020-01-09［2023-09-08］https://www.theguardian.com/world/2020/jan/09/strange-hypnotic-world-millennial-guru-bentinho-massaro-youtube.

3. 泰勒·洛伦茨.步鸡和TikTok"偶像崇拜"的兴起［N/OL］.纽约时报，2020-05-26［2023-09-08］https://www.nytimes.com/2020/05/26/style/stepchickens-tiktok-cult-wars.html.

4. Statista.欧洲女巫审判的死亡人数［EB/OL］.（2019-10-29）［2023-09-08］https://www.statista.com/chart/19801/people-tried-and-executed-in-witch-trials-in-europe/.

5. 特雷弗·纳塞.只有三分之二的美国Z世代相信地球是圆的［N/OL］.福布斯，2018-04-04［2023-09-08］https://www.forbes.com/sites/trevornace/2018/04/04/only-two-thirds-of-american-millennials-believe-the-earth-is-round/?sh=4dcf8aaa7ec6.

6. 雷切尔·巴西.反对地球平地理论［EB/OL］.（2020-07-14）［2023-09-08］https://physicsworld.com/a/fighting-flat-earth-theory/.

7. NBA.凯里·欧文对于平坦地球事件的评论："我很抱歉"［EB/OL］.（2020-07-14）［2023-09-08］https://www.nba.com/news/kyrie-

irving-regrets-flat-earth-comments.

8. 艾奥尼·威尔斯,西芹莱:关于病毒传播式 Instagram "治愈"的大问题[N/OL].BBC 新闻,2019-09-22[2023-09-08] https://www.bbc.com/news/blogstrending-49763144.

9. 塔尔顿·吉莱斯皮.洛根·保罗视频网站的争议以及我们对互联网平台的期待[EB/OL].（2018-01-12）[2023-09-08] https://www.vox.com/the-big-idea/2018/1/12/16881046/logan-paul-youtube-controversy-internet-companies; 伦诺克斯·刘易斯.洛根·保罗和小牛的故事：为什么 YouTube 明星称自己为"小牛"[EB/OL].（2021-06-06）[2023-09-08] https://www.sportsmanor.com/the-story-of-logan-paul-and-maverick-why-does-the-youtube-star-call-himself-the-maverick/#：~：text=Logan%20Paul%20is%20also%20recognized,before%20- he%20 had%20started%20Vine.

10. E.J.·迪金森.大卫·多布里克是 YouTube 之王。然后他做得太过分了[J/OL].滚石杂志,2021[2023-09-08].https://www.rollingstone.com/culture/culture-features/david-dobrik-youtube-vlog-squad-profile-1185706/.

11. 林赛·道奇森.Vlog 小队成员杰夫·维特克透露,他在大卫·多布里克控制的挖掘机上挥杆时伤了眼睛[EB/OL].（2021-04-22）[2023-09-08] https://www.insider.com/jeff-wittek-eye-injury-david-dobrik-documentary-2021-4.

12. 艾达·伊拉南.以为大卫·多布里克在同事被指控强奸后被免了吗？他回来了[N/OL].洛杉矶时报,2021-07-17[2023-09-08] https://www.latimes.com/entertainment-arts/story/2021-06-17/david-dobrik-is-back-on-youtube-months-after-vlog-squad-rape-allegation;

https://www.youtube. com/c/DavidDobrik/videos.

13. 西尼尔. 警方通报：强奸嫌犯里多伊·巴布是国际人口贩卖集团的成员［N/OL］. bbdnews24, 2021-05-29［2023-09-08］https://bdnews24.com/bangladesh/2021/05/29/rape-suspect-ridoy-babo-coordinates-international-trafficking-ring-police.

14. Randomvibez. 不要相信别人的话［EB/OL］.［2023-09-08］https://www.therandomvibez.com/trust-no-one-quotes/.

15. 弗莱维娅·密德鲁特.《星球大战》中尤达大师关于恐惧、耐心和知识的最佳语录［EB/OL］.［2023-09-08］https://www.goalcast.com/yoda-quotes-star-wars/.

第十章

1.Pinterest.［EB/OL］.［2023-09-08］https://www.pinterest.com/pin/575123814913154274/.

2.Yourdictionary.［EB/OL］.［2023-09-08］https://www.yourdictionary.com/zeitgeist.

3. 维尔纳·盖泽尔. 如何在 Instagram 上通过验证——七个 Instagram 技巧以帮助验证［+有趣的工具］［EB/OL］.（2021-09-24）［2023-09-08］https://influencermarketinghub.com/how-to-get-verified-on-instagram/.

4. 亚历克斯·阿特斯. 社交媒体网红可以找到代表的六家人才机构［EB/OL］.（2021-01-06）［2023-09-08］https://www.backstage.com/magazine/article/social-media-influencer-talent-agencies-70413/.

5. 游艇杂志. 最具代表性的名人超级游艇［EB/OL］.（2020-06-10）［2023-09-08］https://yachting-pages.com/articles/the-most-iconic-celebrity-superyachts. html.

6. 杰西卡·魏.最好的报复是巨大的成功［EB/OL］.（2023-03-21）［2023-09-08］https://due.com/blog/the-best-revenge-is-massive-success-frank-sinatra/#：~：text=%E2%80%9CThe%20best%20revenge%20is%20massive%20success.%E2%80%9D&text=Pity%20the%20poor%20soul%20who,burn%20of%20an%20unstoppable%20opponent.

7. 杰辛达·桑托拉.20家最具影响力的商店和我们现在喜爱的产品［EB/OL］.（2022-08-18）［2023-09-08］https://influencermarketinghub.com/best-influencer-merch-stores/.

8. 丽莎·詹宁斯.烟熏牛胸肉遇上墨西哥卷饼店新推出的炸牛肉饼［EB/OL］.（2021-09-27）［2023-09-08］https://www.nrn.com/fast-casual/smoked-brisket-meets-hacked-spicy-queso-chipotle-s-new-quesabrisket；Stackj3D.RYSE公司备受期待的Pre-Workout（一种运动补品）准备今晚就要投放了，而且价格很有竞争力［EB/OL］.（2021-11-25）［2023-09-08］https://www.stack3d.com/2021/11/where-to-buy-ryse-noel-deyzel-signature-pre-workout.html；雅虎.Coffee先生和ManiMe合作伙伴为你打造这个假日季所需的礼物［EB/OL］.（2021-12-08）［2023-09-08］https://currently.att.yahoo.com/att/mr-coffee-manimepartner-create-101700322.html?guccounter=1&guce_referrer=aHR0cHM6Ly93d3cuZ29vZ2xlLmNvbS8&guce_referrer_sig=AQAAAEHdSDFHzmfHm1rrsnrXy2v6KIAr_mY_p0-focEihm4Q9kDMmPVRWQlUspl1B7XbEeIhpdcbpwpRZ9xIspJgaPccD0ps7tYDbCHTyaZ4IqKz2lKlv3j7f4WKC2yUjjv-QL9Clv4l57wIGRg3Pr2grn8sJuZz3YnRUnhKI9JYYLGr.

9. Pearpop.首页［EB/OL］.［2023-09-08］https://pearpop.com/.

10. K.C.伊梵伊.PearPop希望通过将你与TikTok明星联系起

来，以提高你的社交关注度［EB/OL］.（2021-04-15）［2023-09-08］https://www.fastcompany.com/90575666/pearpop-wants-to-boost-your-social-following-by-connecting-you-to-tiktok-stars-for-collabs.

11. Cameo.首页［EB/OL］.［2023-09-08］https://www.cameo.com/.

12. 克洛伊·摩根.一位身穿比基尼摆姿势思考自己与"每天早上在巴厘岛田里采米的男人"生活有何不同的网红被贴上了"自恋"的标签［N/OL］.每日邮报，2019-06-14［2023-09-08］https://www.dailymail.co.uk/femail/article-7141965/Influencer-posed-bikini-overlooking-rice-field-SLAMMED-humble-brag.html.

13. 林浩伟.你的帖子违背了我们的Instagram平台公约（如何修复）［EB/OL］.（2020-11-11）［2023-09-08］https://www.followchain.org/post-goes-against-community-guidelines/.

第十一章

1. Linkedin.［EB/OL］.［2023-09-08］https://www.linkedin.com/pulse/its-better-light-single-candle-than-curse-darkness-robert-zulkoski.

2. Statista.2021年10月全球最受欢迎的社交网络，按活跃用户数量排名［EB/OL］.［2023-09-08］https://www.statista.com/statistics/272014/global-social-networks-ranked-by-number-of-users/.

3. https://www.facebook.com/terms.php.

4. 西尔维斯特·罗德里格斯.如何看到哪些网站正在与Facebook分享你的信息，并阻止他们［N/OL］.美国全国广播公司财经频道，2020-01-29［2023-09-08］https://www.cnbc.com/2020/01/29/facebook-gets-info-about-you-from-other-web-sites-how-to-stop-it.html.

5. 娜塔莉·马克斯菲尔德.在社交媒体上避免测试和其他身份盗

窃计划［EB/OL］.（2021-12-15）［2023-09-08］https://www.mcafee.com/blogs/consumer-cyber-awareness/quizzes-and-other-identity-theft-schemes-to-avoid-on-social-media/.

6. 布雷特·米兰. 探索睡眠不足的大脑［N/OL］. 哈佛公报，2018-03-30［2023-09-08］https://news.harvard.edu/gazette/story/2018/03/harvard-talk-probes-sleep-deprived-brain/.

7. 安莫尔·巴蒂亚，詹妮弗·伦奇纳，阿巴辛·萨达巴迪. 生物化学，多巴胺受体［J/OL］. FL: StatPearls 杂志，2022［2023-09-08］. https://www.ncbi.nlm.nih.gov/books/NBK538242/；诺拉·D. 沃尔考，达尔多·托马西，吉恩-杰克·王，等. 睡眠剥夺下调人脑腹侧纹状体多巴胺 D2R 的证据［J］. 神经科学杂志，2012，32（19）.

8. 莉西·布拉彻. 30 天养成新习惯［EB/OL］.（2021-05-31）［2023-09-08］https://www.teamusa.org/USA-Triathlon/News/Blogs/MultisportLab/2019/June/17/Form-new-habits-in-30-days#:~: text=Everyone%20is%20different%2C%20but%2030,things%20that%20work%20for；斯科特·弗罗辛汉姆. 一个新的行为需要多长时间才能变成自觉行为［EB/OL］.（2019-10-24）［2023-09-08］https://www.healthline.com/health/how-long-does-it-take-to-form-a-habit.

9. 埃里克·W. 多兰. 研究发现，听你喜欢的音乐会让你的大脑释放更多多巴胺［EB/OL］.（2019-02-02）［2023-09-08］https://www.psypost.org/2019/02/listening-to-the-music-you-love-will-make-your-brain-release-more-dopamine-study-finds-53059；托凯特姆·欧文豪. 提高多巴胺水平的七种自然方法［EB/OL］.（2021-04-25）［2023-09-08］https://www.verywellmind.com/natural-ways-to-increase-your-dopamine-levels-5120223；索纳克希·克里. 这七种促进多巴胺分泌的食物会

让你感到快乐和充满活力［EB/OL］.（2020-04-03）［2023-09-08］https://www.healthshots.com/healthy-eating/superfoods/these-7-dopamine-boosting-foods-will-make-you-feel-happy-and-energized/；李·克勒塞.提振情绪的食物［EB/OL］.（2018-01-17）［2023-09-08］https://www.lecreuset.co.za/blog/foods-boost-mood.

10. 安娜·霍玛耶.关于社交媒体，青少年希望父母知道些什么［N/OL］.华盛顿邮报，2018-01-09［2023-09-08］https://www.washingtonpost.com/news/parenting/wp/2018/01/09/what-teens-wish-their-parents-knew-aboutsocial-media/.

11. 卡尔·兰德斯坦纳.即使是短暂的远离社交媒体也会导致戒断症状［EB/OL］.（2018-11-14）［2023-09-08］https://medicalxpress.com/news/2018-11-abstinence-social-media-symptoms.html.

12. 孟显林，阿克沙亚·维贾亚拉克希米，拉塞尔·拉克兹尼亚克.了解父母对青少年社交媒体网红的看法和行动：父母社交媒体使用和授权的作用［J/OL］.心理学前沿，2019［2023-09-08］.https://www.frontiersin.org/articles/10.3389/fpsyg.2019.02664/full.

13. 克里·帕特森，约瑟夫·格雷尼，罗恩·麦克米兰，等.关键对话（第二版）［M］.纽约：麦格劳·希尔出版社，2011.

14. 海伦·布鲁顿.社交困境［EB/OL］.（2020-09-18）［2023-09-08］https://activatelearning.com.au/2020/09/the-socialdilemma/.

15. 瓦莱丽·施特劳斯.教孩子们发现社交媒体上的错误信息，以及确认是否采取了足够的措施来摆脱它［N/OL］.华盛顿邮报，2020-10-20［2023-09-08］https://www.washingtonpost.com/education/2020/10/22/teaching-kids-spot-misinformation-social-mediawhether-enough-is-being-done-get-rid-it/.

16. 雷·桑切斯，罗莎·弗洛雷斯，埃德·拉万德拉.休斯顿消防局日志显示，致命的太空世界音乐节失控数小时［N/OL］.美国有线电视新闻网，2021-11-12［2023-09-08］https://www.cnn.com/2021/11/12/us/travis-scott-concert-houston-friday/index.html.

17. E. J. 迪杰森. TikTok 没有阻止太空世界恶魔阴谋论［J/OL］.滚石杂志，2021［2023-09-08］.https://www.rollingstone.com/music/music-news/tiktok-astroworld-conspiracy-theories-satanism-1255358/.

总　结

1. Imdb.《美食总动员》（2007）［EB/OL］.［2023-09-08］https://www.imdb.com/title/tt0382932/characters/nm0004951.

2. Meta. 引入元：一家社会科技公司［EB/OL］.（2021-10-28）［2023-09-08］https://about.fb.com/news/2021/10/facebook-company-isnow-meta/.

3. 凯文·鲁斯.Facebook 比我们所知道的还要脆弱［N/OL］.纽约时报，2021-11-12［2023-09-08］https://www.nytimes.com/2021/10/04/technology/facebook-files.html.

4. Merriam webster. 什么是"元宇宙"［EB/OL］.（2021-10-30）［2023-09-08］https://www.merriam-webster.com/words-at-play/meaning-of-metaverse.

5. 佚名.解说：什么是"元宇宙"［N/OL］.英国路透社，2021-10-21［2023-09-08］https:// www.reuters.com/technology/what-is-metaverse-2021-10-18/.

6. Topia.Topia 简介［EB/OL］.［2023-09-08］https://topia.io/.

7. 社群壁画.［Now x Topia 的未来］：元宇宙和共融者的兴起

［EB/OL］.（2021-10-13）［2023-09-08］https://community.mural.co/events/43-the-future-of-now-x-topia-the-metaverse-and-the-rise-ofthe-confluencer.

8. Merriam webster.Confluence 词条［EB/OL］.［2023-09-08］https://www.merriam-webster.com/dictionary/confluence.

9. 达里娅·贝洛斯.《堡垒之夜》与爱莉安娜·格兰德的裂痕巡演收视率统计［EB/OL］.（2021-08-12）［2023-09-08］https://streamscharts.com/news/fortnite-x-ariana-grande-rift-tour-viewership-stats；阿德里安·潘宁顿.爱莉安娜·格兰德的《堡垒之夜》演唱会开启了元宇宙的大门［EB/OL］.［2023-09-08］https://amplify.nabshow.com/articles/ariana-grandes-fortnite-concert-opensup-the-metaverse/.

10. PCGamesN.《堡垒之夜》V 币：它们是什么，它们的价格是多少，你能得到免费的 V 币吗［EB/OL］.（2021-12-14）［2023-09-08］https://www.pcgamesn.com/fortnite/fortnite-free-v-bucks-win-prices-buy.

后　记

1. Goodreads. 当整个世界都安静下来，即使只有一个声音也会很有力量［EB/OL］.［2023-09-08］https://www.goodreads.com/quotes/930638-when-the-whole-world-is-silent-even-one-voice-becomes.

2. 戴维斯·贝尔. 以下是有史以来最受欢迎的推文列表（2022 年更新）［EB/OL］.（2022-01-03）［2023-09-08］https://blog.oneupapp.io/here-is-a-list-of-themost-liked-tweets-ever-2020-update/.

3. https://www.youtube.com/watch?v=kJQP7kiw5Fk.

4. 贾兹明·杜里贝.TikTok 上最受喜爱的视频是什么？以下是前十名［EB/OL］.（2023-04-21）［2023-09-08］https://www.popbuzz.com/

internet/social-media/most-liked-video-tiktok/.

5. Opoyi. 在世界摄影日一枚获得 5 500 多万赞的鸡蛋的照片成为 Instagram 上最受欢迎的照片［EB/OL］.［2023-09-08］https://opoyi.com/world-photography-day-an-egg-with-more-than-55-million-likes-is-most-liked-instagram-photo.

6. 本杰明·富兰克林. 赛伦斯·杜古德 1722 年 7 月 9 日第 8 号［EB/OL］.［2023-09-08］https://founders.archives.gov/documents/Franklin/01-01-02-0015.

7. Goodreads. 压制意见表达的特殊弊端［EB/OL］.［2023-09-08］https://www.goodreads.com/quotes/26613-the-peculiar-evil-of-silencing-the-expression-of-an-opinion.

附录 A

1. 思维工具. 真实性：如何做真实的自己［EB/OL］.［2023-09-08］https://www.mindtools.com/pages/article/authenticity.htm.

2. 社群壁画.［Now x Topia 的未来］：元宇宙和共融者的兴起［EB/OL］.（2021-10-13）［2023-09-08］https://community.mural.co/events/43-the-future-of-now-x-topia-the-metaverse-and-the-rise-ofthe-confluencer.

3. 克里·帕特森，约瑟夫·格雷尼，罗恩·麦克米兰，等. 关键对话（第二版）［M］. 纽约：麦格劳·希尔出版社，2011.

4. Merriam webster. 什么是"元宇宙"［EB/OL］.（2021-10-30）［2023-09-08］https://www.merriam-webster.com/words-at-play/meaning-of-metaverse.

5. 梅丽莎·马修斯. 这些病毒式的"吃播"明星以牺牲自己的

身体为代价大吃特吃［EB/OL］.（2019-01-18）［2023-09-08］https://www.menshealth.com/health/a25892411/youtube-mukbang-stars-binge-eat/；https://vm.tiktok.com/ZMdqFJYoX/.

6. 同附录A第4条.

7. 马里克·德·维曼,莱斯劳特·哈若思,米歇尔·R.尼尔森.什么是网红营销？它如何定位于儿童？综述及未来研究方向［J/OL］.心理学前沿，2019［2023-09-08］. https://www.frontiersin.org/articles/10.3389/fpsyg.2019.02685/full.

8. Evyanwhitney.evyanwhitney简介［EB/OL］.［2023-09-08］https://www.evyanwhitney.com/about.

9. Yourdictionary.［EB/OL］.［2023-09-08］https://www.yourdictionary.com/zeitgeist.

附录B

1. Emojipedia.Emojipedia首页［EB/OL］.［2023-09-08］https://emojipedia.org/; Emojis.Emojis首页［EB/OL］.［2023-09-08］https://emojis.wiki/.

参考文献

Bargh, John. *Before You Know It*. New York: Atria, 2018.

Boxer Wachler, Brian. *Perceptual Intelligence*. Novato, CA: New World Library, 2017.

Butler, E. M. *The Myth of the Magus*. Cambridge: Cambridge University Press, 1993.

Cialdini, Robert B. *Influence: The Psychology of Persuasion*. New and expanded. New York: Harper Business, 2021.

Collins, Jim. *Good to Great*. New York: Harper Business, 2001.

Falls, Jason. *Winfluence*. Irvine, CA: Entrepreneur, 2021.

Gladwell, Malcolm. *Blink*. New York: Back Bay Books, 2007.

Hennessy, Brittany. *Influencer*. New York: Citadel, 2018.

Kane, Brendan. *Hook Point*. Cardiff-by-the-Sea, CA: Waterside Productions, 2020.

Kawasaki, Guy. *The Art of Social Media*. New York: Portfolio, 2014.

Keenan, Kelly. *Everyone Is an "Influencer."* Ideapress, 2021.

Kerpen, Dave. *Likeable Social Media*. 3rd ed. New York: McGraw-Hill, 2019.

Lanier, Jaron. *Ten Arguments for Deleting Your Social Media Accounts Right Now*. New York: Picador, 2019.

Miles, Jason. *Instagram Power*. 2nd ed. New York: McGraw-Hill, 2019.

Patterson, Kerry, Joseph Grenny, Ron McMillan, and Al Switzler. *Crucial Conversations*. 2nd ed. New York: McGraw-Hill, 2011.

Peace, Jeremy. *Social Media Marketing 2022*. Independently published, 2021.

Peltz, Chelsea. *What to Post*. Independently published, 2020.

Russell, Amanda. *The Influencer Code*. Long Island City, NY: Hatherleigh, 2020.